DUMONT
RICHTIG WANDERN

Pyrenäen

Susanne Lipps

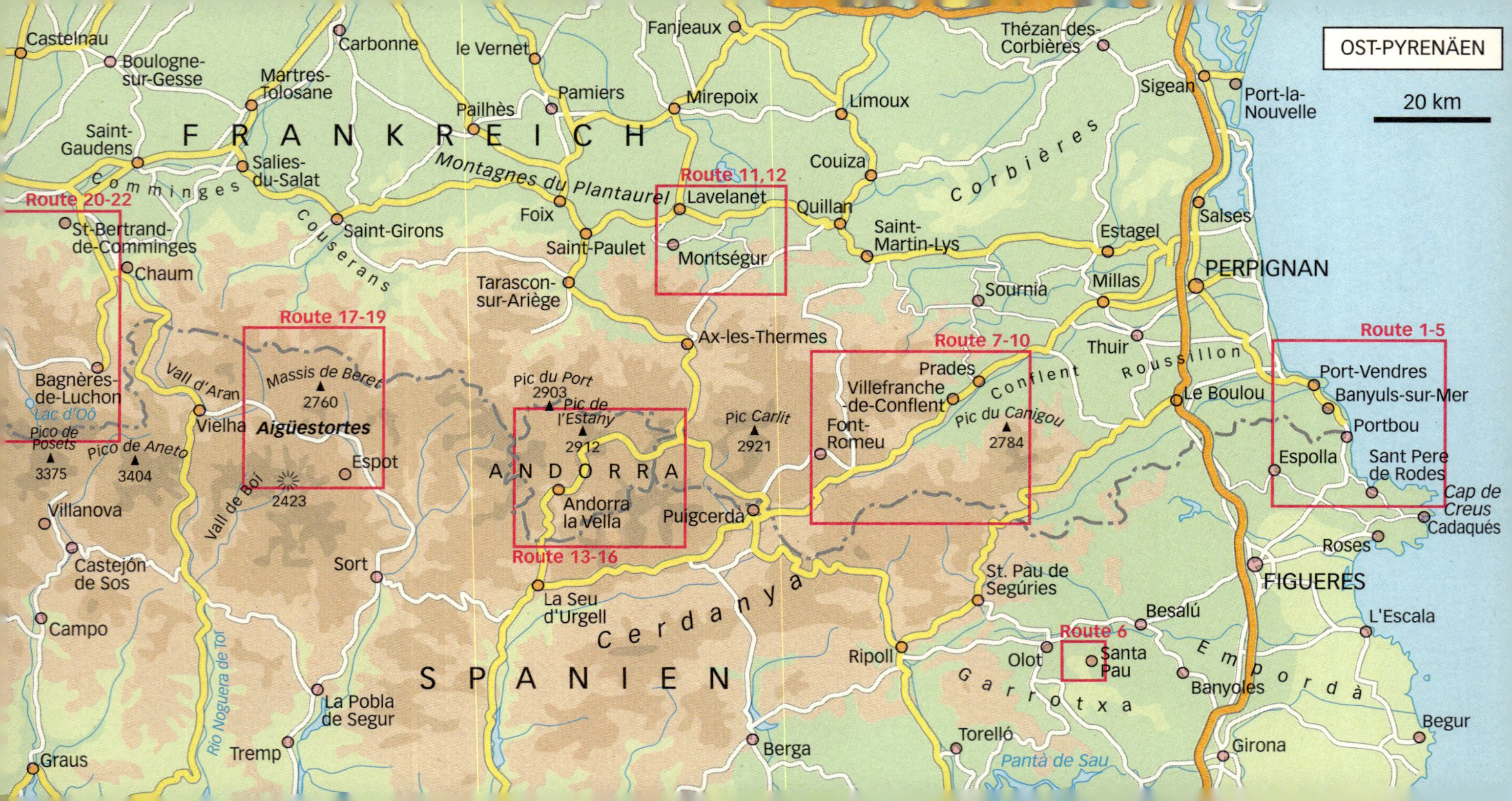
OST-PYRENÄEN
20 km
FRANKREICH
SPANIEN
ANDORRA
Route 1-5
Route 6
Route 7-10
Route 11,12
Route 13-16
Route 17-19
Route 20-22
Castelnau
Boulogne-sur-Gesse
Carbonne
le Vernet
Fanjeaux
Thézan-des-Corbières
Martres-Tolosane
Pamiers
Pailhès
Mirepoix
Limoux
Sigean
Port-la-Nouvelle
Saint-Gaudens
Salies-du-Salat
Montagnes du Plantaurel
Couiza
Corbières
Comminges
Couserans
Saint-Girons
Foix
Lavelanet
Quillan
Salses
St-Bertrand-de-Comminges
Saint-Paulet
Montségur
Saint-Martin-Lys
Estagel
Chaum
Tarascon-sur-Ariège
Sournia
Millas
PERPIGNAN
Ax-les-Thermes
Thuir
Roussillon
Conflent
Prades
Villefranche-de-Conflent
Port-Vendres
Banyuls-sur-Mer
Le Boulou
Portbou
Espolla
Sant Pere de Rodes
Cap de Creus
Cadaqués
Roses
FIGUERES
Bagnères-de-Luchon
Lac d'Oô
Pico de Posets
3375
Pico de Aneto
3404
Vall d'Aran
Vielha
Massis de Beret
2760
Aigüestortes
Espot
2423
Vall de Boí
Pic du Port
2903
Pic de l'Estany
2912
Pic Carlit
2921
Font-Romeu
Pic du Canigou
2784
Andorra la Vella
Puigcerdà
Villanova
Castejón de Sos
Sort
La Seu d'Urgell
Cerdanya
St. Pau de Segúries
Besalú
L'Escala
Campo
Ripoll
Olot
Santa Pau
Empordà
Garrotxa
Banyoles
La Pobla de Segur
Rio Noguera de Tor
Tremp
Berga
Torelló
Pantà de Sau
Girona
Begur
Graus

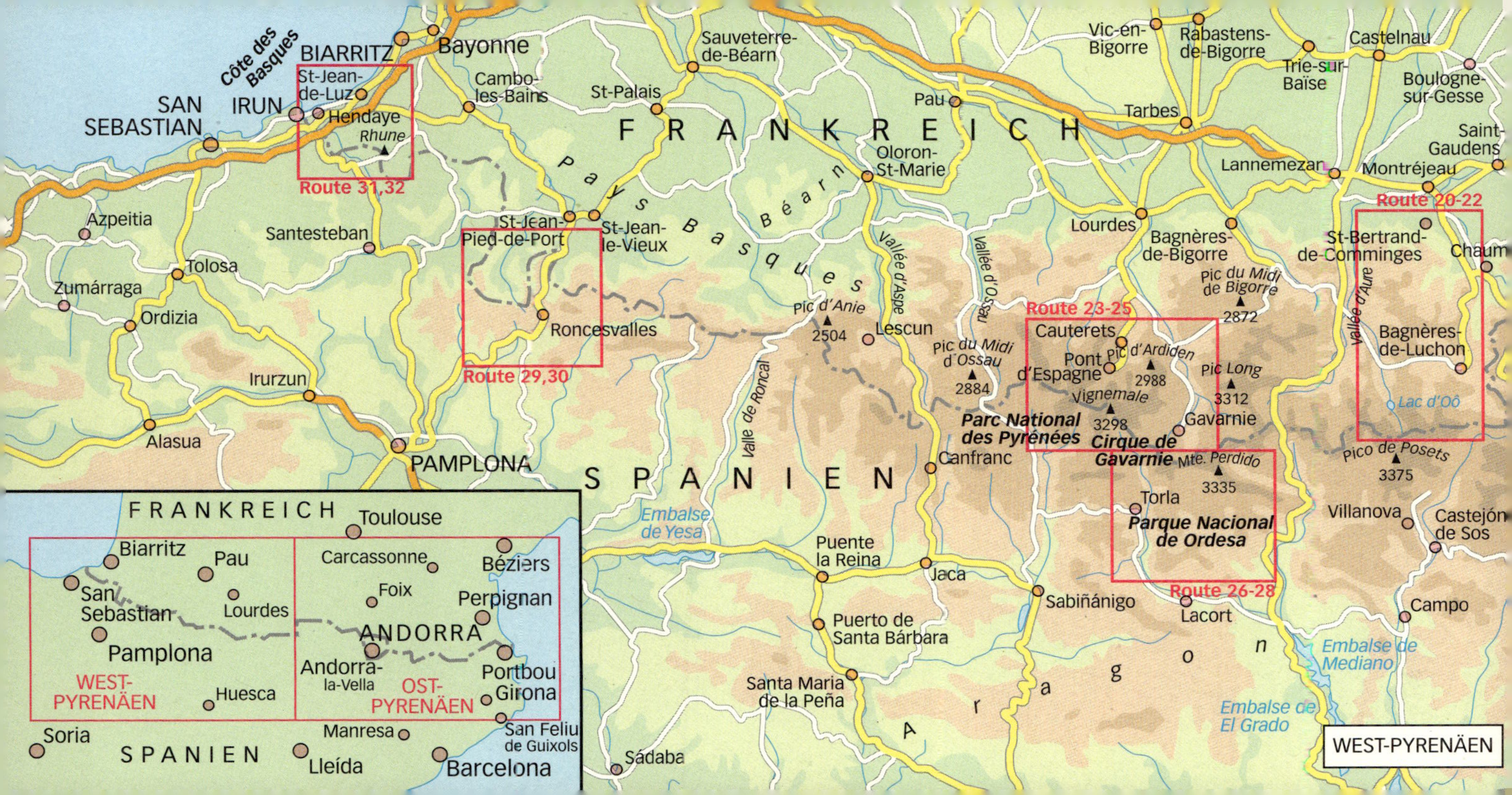
WEST-PYRENÄEN
FRANKREICH
SPANIEN
Côte des Basques
BIARRITZ
Bayonne
SAN SEBASTIAN
IRUN
St-Jean-de-Luz
Hendaye
Rhune
Route 31,32
Cambo-les-Bains
St-Palais
Sauveterre-de-Béarn
Pays Basques
Béarn
St-Jean-Pied-de-Port
St-Jean-le-Vieux
Roncesvalles
Route 29,30
Azpeitia
Santesteban
Tolosa
Zumárraga
Ordizia
Irurzun
Alasua
PAMPLONA
Pau
Oloron-St-Marie
Vallée d'Aspe
Vallée d'Ossau
Pic d'Anie
2504
Lescun
Valle de Roncal
Pic du Midi d'Ossau
2884
Vic-en-Bigorre
Rabastens-de-Bigorre
Tarbes
Lourdes
Bagnères-de-Bigorre
Pic du Midi de Bigorre
2872
Route 23-25
Cauterets
Pont d'Espagne
Pic d'Ardiden
2988
Vignemale
3298
Pic Long
3312
Gavarnie
Parc National des Pyrénées
Cirque de Gavarnie
Mte. Perdido
3335
Canfranc
Torla
Parque Nacional de Ordesa
Route 26-28
Castelnau
Trie-sur-Baïse
Lannemezan
Montréjeau
Boulogne-sur-Gesse
Saint-Gaudens
Route 20-22
St-Bertrand-de-Comminges
Chaum
Vallée d'Aure
Bagnères-de-Luchon
Lac d'Oô
Pico de Posets
3375
Villanova
Castejón de Sos
Campo
Embalse de Mediano
Embalse de El Grado
Lacort
Sabiñánigo
Jaca
Puente la Reina
Embalse de Yesa
Puerto de Santa Bárbara
Santa Maria de la Peña
Sádaba
Aragon
FRANKREICH
Toulouse
Biarritz
Pau
San Sebastian
Lourdes
Pamplona
WEST-PYRENÄEN
Huesca
Carcassonne
Foix
Béziers
Perpignan
ANDORRA
Andorra-la-Vella
OST-PYRENÄEN
Portbou
Girona
San Feliu de Guixols
Manresa
Soria
SPANIEN
Lleída
Barcelona

Titelbild: Blick auf Torla – pyrenäisches Dorf in der Nähe des Ordesa-Nationalparks
Titelvignette oben: Blühende Distel
Titelvignetten unten: Schäfer in den Bergen, Riglos de Mallos, Im Hafen von Collioure

Besonderer Dank gilt meinem Mann Volker Lipps, ohne dessen engagierte Mitwirkung die Erstellung des Werkes nicht möglich gewesen wäre. Außerdem danke ich Frau Birgit Häußler, die bei mehreren Wanderungen eine unermüdliche Weggefährtin war.

Über die Autorin: Susanne Lipps, geboren 1957, studierte Geographie, Geologie und Biologie; Promotion 1985. Sie ist freiberuflich als Lektorin und Reisebuchautorin tätig. Die Pyrenäen lernte Frau Dr. Lipps bei zahlreichen Aufenthalten als Studien-Reiseleiterin kennen, die sie vor allem nach Portugal, Spanien und Frankreich führten.

Die Deutsche Bibliothek-
CIP-Einheitsaufnahme
Lipps, Susanne:
Pyrenäen/Susanne Lipps
Köln: DuMont, 1994
[Richtig Wandern]
ISBN 3-7701-3414-1

Druck und buchbinderische
Verarbeitung: Boss-Druck, Kleve

Printed in Germany ISBN 3-7701-3414-1

Inhalt

Natur und Kultur in den Pyrenäen

Die Wanderungen

Der Pyrenäenraum ist vielsprachig. Neben der spanischen und der französischen Sprache gewinnen das Baskische und das Katalanische als regionale Amtssprache immer mehr an Bedeutung. Außerdem sind zahlreiche Varianten südfranzösisch-okzitanischer und hocharagonesischer Dialekte gebräuchlich. Die Schreibweisen und Abkürzungen von geographischen Namen variieren dementsprechend stark und sind nicht immer eindeutig festzulegen. Im Buch wurde in der Regel die ortsübliche Version verwendet.

Eine unberührte Bergwelt

Die Pyrenäen, eine der letzten intakten Gebirgslandschaften Europas, sind ein ideales Wandergebiet. Mit ihren einsamen Tälern, schroffen Gipfeln und der vielfach noch unberührten Vegetation bieten sie zahlreiche Reize für den Naturliebhaber. Auch die klimatischen Vorzüge dieser Region (viele Sonnentage, vom Frühjahr bis in den Herbst angenehm mild, nicht zu heiß) locken von Jahr zu Jahr mehr Urlauber in die Pyrenäen.

Noch werden die Pyrenäen als touristischer Geheimtip gehandelt. Zwar gab es schon im vorigen Jahrhundert erste Ansätze eines Fremdenverkehrs, als exklusive Kuraufenthalte in den Heilbädern der Gebirgstäler oder an der Atlantikküste in Mode kamen. Doch wurden die Pyrenäen erst nach dem Zweiten Weltkrieg für größere Bevölkerungsgruppen erschlossen, und ein Ziel des Massentourismus sind sie bis heute nicht geworden. Im Winter findet ein maßvoller Skitourismus statt, im Sommer zieht es vor allem Individualisten, die eine unberührte Landschaft genießen wollen, in die Berge.

Drei Nationalparks sind in den Zentralpyrenäen geschaffen worden, zwei auf spanischer, einer auf französischer Seite. Hier wie auch vielfach außerhalb der Parks leben einige rar gewordene Tierarten, dazu gehören der Braunbär und Pyrenäen-Steinbock, die Pyrenäen-Gemse und der Luchs. Meist haben Urlauber jedoch nur wenig Chancen, diese Tiere zu Gesicht zu bekommen. Häufiger sieht man hingegen die großen Greifvögel, den Adler und verschiedene Geierarten. Selten gewordene Pflanzen entdeckt man in- und außerhalb der Nationalparks, davon viele, die nur in den Pyrenäen heimisch sind.

Die Pyrenäen wollen erwandert werden. 32 detaillierte Routenbeschreibungen erschließen die verschiedenen Landschaftsformen der Pyrenäen. In allen Teilen der Region gibt es lohnende Wanderwege aller Schwierigkeitsgrade. Angesichts der Vielfalt erschien es sinnvoll, die Streckenbeschreibungen auf zehn besonders interessante und charakteristische Gebiete zu konzentrieren, die genügend Unterkunftsmöglichkeiten und eine gute Anbindung an das Verkehrsnetz bieten. Der Reisende mit durchschnittlicher körperlicher Verfassung wird die Wanderungen ohne weiteres bewältigen können und dabei die Vielseitigkeit der Pyrenäen kennenlernen.

Neben der genauen Wegbeschreibung bietet der Wanderführer begleitende Informationen zur Landschaft, Tier- und Pflanzenwelt der Pyrenäen sowie zu Geschichte, Kultur und Wirtschaft. Praktische Informationen zu den Reiseländern und den Wandergebieten ergänzen den Band.

Wanderweg im Cirque de Gavarnie

Land und Leute

Die Entstehung der Pyrenäen

Unvermittelt schroff aus der aquitanischen Ebene aufsteigend – so präsentieren sich die Pyrenäen dem Betrachter, der sich von Norden nähert. Vielerorts legen in diesem Massiv, das zu den höchsten Gebirgen Europas zählt, offen zutage tretende Gesteinsserien Zeugnis über seine Entstehungsgeschichte ab – ein Jahrmillionen währender Prozeß, der auch heute noch nicht zum Stillstand gekommen ist. Ist die Genese der Pyrenäen auch eng mit derjenigen der Alpen verbunden, so haben doch regionale Besonderheiten hier eine völlig eigenständige, wilde und unzugängliche Bergwelt geschaffen.

ERDALTERTUM

Im Erdaltertum, vor etwa 250 Mio. Jahren (Perm), befand sich an der Stelle der Pyrenäen ein Mittelgebirge ähnlich dem heutigen Schwarzwald. Weite Teile Europas waren vor dieser Zeit zu Gebirgen aufgefaltet worden (variskische Gebirgsbildungsphase) – so auch die Pyrenäen.

ERDMITTELALTER

Die Erdkruste unter dem durch Erosion immer flacher gewordenen Gebirge blieb aber weiterhin in Bewegung. In mächtigen Störungszonen sanken die alten Gesteinsserien ab. Das Meer fand Zugang zu dem nach und nach entstehenden Becken. Während des gesamten Erdmittelalters (vor 225–65 Mio. Jahren) flutete ein flacher Ozean, ähnlich der heutigen Nordsee, über das abgesunkene Gebirge und bedeckte es mit seinen kalkigen Ablagerungen – Resten von im Meer lebenden Organismen, deren Fossilien man u. a. im spanischen Ordesa-Nationalpark findet.

ERDNEUZEIT

An der Wende vom Erdmittelalter zur Erdneuzeit (vor etwa 65 Mio. Jahren) begann dann die alpidische Gebirgsbildungsphase, in deren Verlauf nicht nur die Alpen, sondern die meisten Hochgebirge der Welt von den Anden bis zum Himalaya aufgebaut wurden. In Europa begann diese Phase im Bereich der Pyrenäen, wo die Erdkruste besonders labil war. Der iberische und der europäische Kontinentalblock bewegten sich aufeinander zu. Als Folge der Kollision wurden Teile der Erdkruste gefaltet, und so entstand vor etwa 40 Mio. Jahren das Gebirge in seiner heutigen Form.

Auffällig erscheint, daß die Pyrenäen – im Gegensatz zu anderen alpidischen Gebirgen Europas – symmetrisch und geradlinig aufgebaut sind. Das liegt daran, daß hier die Faltungen nicht wie in den Alpen so steil aufgeworfen wurden, daß sie umkippten und sich als Decken über das umstehende Gebirge schoben. Deshalb sind die Pyrenäen ein Faltengebirge und kein sogenanntes Deckengebirge (wie etwa die Alpen).

Die steilsten Faltungen – also die heutigen höchsten Berge – befinden sich im Zentrum. Altes variskisches Gestein (Gneis, kristalliner Schiefer) baut diese Zone auf. An manchen Stellen konnte die Erosion sogar den Granitkern des alten Gebirges freilegen. Durch die alpidische Faltung erfuhren die schon recht starren variskischen Gesteine eine weitere Verformung. Oft zerbrachen sie dabei. Es taten sich Spalten auf, in denen sich Gangerze bildeten. Heute sprudeln aus diesen Spalten die zahlreichen Mineralquellen der Pyrenäen.

Nördlich und südlich grenzt eine Zone erdmittelalterlicher Kalkablagerungen an. Diese reagierten viel elastischer auf die alpidische Gebirgsbildung und legten sich in Falten, ohne zu zerbrechen. Im Monte-Perdido-Massiv erreichen sie Höhen von über 3000 m.

Das Tal von Ordesa und der Cirque de Gavarnie sind eindrucksvolle Erosionsformen in den Kalksedimenten. Überhaupt hat die Erosion schon kräftig an dem jungen Gebirge genagt. Bäche und Flüsse transportieren unablässig eine gewaltige Sedimentfracht zu Tal, die sie auf französischer Seite im aquitanischen Becken und auf spanischer Seite im Ebrobecken ablagern.

Landschaftsformen und klimatische Gegensätze

Auf etwa 450 km Länge erstrecken sich die Pyrenäen vom Atlantik bis zum Mittelmeer und bilden so eine natürliche Barriere zwischen Frankreich und der Iberischen Halbinsel. Ihre größte Breite erreichen sie im zentralen Bereich mit etwa 140 km. Nur Quertäler gliedern den Gebirgszug, aber keine Längstalfurchen. Die Pyrenäen sind also recht verkehrsfeindlich, was die Erhaltung unterschiedlichster traditioneller Lebensweisen auf kleinstem Raum ermöglichte. Der Hauptkamm mit den höchsten Gipfeln entspricht zugleich der spanisch-französischen Grenze. Am Nordrand tauchen die Pyrenäen fast unvermittelt aus dem südfranzösischen Flachland auf, während sie im Süden sanft zum Ebrobecken absinken.

Die Pyrenäenkette gliedert sich in drei recht verschiedene Landschaftsräume: die Westpyrenäen (Baskische oder Atlantische Pyrenäen), die Zentralpyrenäen und die Ostpyrenäen (Mittelmeerpyrenäen). Zahlreiche Gipfel im Hochgebirge der Zentralpyrenäen erreichen Höhen von über 3000 m. Den höchsten Berg der Pyrenäen, den Pico de Aneto (3402 m), findet man auf spanischer Seite im Maladeta-Massiv. Der Zentralbereich des Gebirges wird nach Westen etwa durch den Somport-Paß östlich vom Pic du Midi d'Ossau und die Täler der Aspe und des Aragón begrenzt. Im Osten verläuft die Grenze östlich von Andorra.

ZENTRAL-PYRENÄEN

Im Bigorre

OSTPYRENÄEN

Mit dem Pic Carlit (2921 m) und dem Puigmal (2913 m) erreichen die Ostpyrenäen noch Höhen von fast 3000 m. Östlich des Pic du Canigou (2784 m) senkt sich das Gebirge jedoch rasch zum Mittelmeer ab. Der kristalline Hauptkamm läuft im schmalen Gebirgszug der Albères aus, der heute die Grenze zwischen Spanien und Frankreich bildet. Nördlich und südlich davon befinden sich die Ebenen des Roussillon und des Ampurdán.

WESTPYRENÄEN

Die Westpyrenäen präsentieren sich als weitläufiges Hügelland. Zwar ragen sie im Osten mit dem Visaurin (2668 m) und dem Pic d'Anie (2504 m) noch in stattliche Höhen auf, doch fallen sie dann zum Atlantik hin rasch auf Mittelgebirgsniveau ab. Der Rhune (900 m), der bekannteste Berg des Baskenlandes, prägt weithin sichtbar das Landschaftsbild.

KLIMA

Nicht zuletzt die klimatischen Gegensätze machen den Reiz dieser Gebirgslandschaft aus – Gegensätze zwischen Nord- und Südseite, Berg und Tal, Atlantik- und Mittelmeerküste. Ein Großteil der Pyrenäenkette befindet sich in der gemäßigten Klimazone und wird von ozeanischen Einflüssen geprägt. Nur die Ostpyrenäen liegen im Bereich des Mittelmeerklimas. Mediterrane Einflüsse reichen bis auf die sonnendurchfluteten Hochebenen des Capcirs und der Cerdagne und machen die östlichen Pyrenäen zur heitersten Region des Gebirges. Ganz im Gegensatz dazu stehen schon die angrenzenden Landschaften Andorras und des oberen Ariège, in denen rauhes, wenn auch noch recht trockenes Bergklima herrscht.

Weite Gebiete der Zentralpyrenäen sind bis in den Juni hinein meterhoch von Schnee verhüllt, der meist gegen Winterende oder im zeitigen Frühjahr fällt. Während sich die Niederschläge in den Westpyrenäen gleichmäßig über die Jahreszeiten verteilen, regnet es in den Ostpyrenäen vorwiegend im Winterhalbjahr, wobei zeitiges Frühjahr und Herbst oft feuchter sind als der eigentliche Winter, der durch trockene Nordwestwinde recht rauh werden kann. Im Sommer regnet es dagegen dank des Mittelmeerklimas in den Ostpyrenäen nur selten. Die spanischen Pyrenäenprovinzen gelten als die niederschlagreichsten Gebiete Spaniens. Dennoch sind sie merklich trockener und sonnenverwöhnter als die französische Seite des Gebirges.

In den Bergregionen weist das Klima kleinräumig starke Unterschiede auf. Aus den großen Tälern weht täglich während des Vormittags ein stetiger Wind bergauf. Gegen Mittag bilden sich dann Wolken an den Gipfeln. Nachmittags verläuft die Entwicklung in umgekehrter Richtung. Für den Wanderer sind daher oft die frühen Morgenstunden besonders günstig.

OBERFLÄCHENFORMEN

Klimatische Einflüsse vergangener Zeiten haben die Oberflächenformen der Pyrenäen entscheidend geprägt. So be-

Gletscher im Vignemale-Massiv

deckten die Gletscher der letzten Eiszeit bis vor 15 000 Jahren weite Teile des Gebirges. Heute ist dies kaum vorstellbar, da die Pyrenäen so gut wie nicht mehr vergletschert sind (10 km^2 gegenüber 400 km^2 in den Alpen). Doch verdanken die zahlreichen kleinen Seen, gezackten Gipfel, steilen Talschlüsse und Wasserfälle, die den besonderen Reiz der Hochgebirgsregionen ausmachen, ihre Entstehung einzig der Wirkung der eiszeitlichen Gletscher.

Die Gletscher paßten sich den bereits vorhandenen Talzügen an. Nie war das Gebirge vollständig von Eis bedeckt, stets ragten die höchsten Gipfel heraus. Firnschnee konnte sich nur an flach geneigten Hängen am Fuß dieser Erhebungen sammeln. Im Laufe vieler Jahre verdichtete er zu Eis und begann zu fließen. Solche Gletscheranfänge, als Kare bekannt, gab es in reicher Zahl – meist um jeden Gipfel herum mehrere, wie die vielen kleinen Gebirgsseen in den Pyrenäen beweisen. Langsam fließendes Eis und Firnschnee vertieften den Karboden immer mehr, bis eine Senke entstand, in der sich heute, nachdem das Eis schon lange geschmolzen ist, ein See gebildet hat. Reich an Karseen, von denen es in den Zentralpyrenäen mehrere hundert gibt, sind vor allem die Granitmassive, während in den recht porösen Kalkgesteinen das Wasser sofort versickert.

Karsee am Perdiguero

Oberhalb der Karregion lag ein Gebiet steiler, wandartiger Aufragungen mit rauher Oberfläche. Diese Welt der Wände und Grate wurde durch ständige Abwitterung von Gesteinsbruchstücken, deren Abtransport durch den Gletscher erfolgte, frisch und steil erhalten. Heute ist diese Gipfelwelt der allmählichen Zerstörung ausgesetzt. Am Fuß der Wände und Grate türmen sich Schutthalden, und es fehlt der Gletscher, um die Felsbrocken abzutragen.

Die kurzen Quertäler der Pyrenäen weisen ein besonders starkes Gefälle auf, sind daher sehr tief und steilwandig. Von den Gletschern zu Trogtälern ausgeformt, enden sie heute oft in überaus tiefen, amphitheaterförmigen Talschlüssen. Zu den schönsten Beispielen solcher Talschlüsse in den Zentralpyrenäen zählen der Cirque de Gavarnie auf der französischen und das Ordesa-Tal auf der spanischen Seite (s. Wanderungen 23, 28). Wasserfälle stürzen in den Talschlüssen und an den steilen Flanken der Täler Hunderte von Metern in die Tiefe.

Wasserfall im Nationalpark Ordesa

Neben den eiszeitlichen Formen brachten auch die Verkarstungsprozesse interessante Gebilde hervor. Zahlreiche Höhlen bergen vorgeschichtliche Funde und Wandmalereien oder beeindrucken durch ein bizarres Innenleben. Im Verlauf der Gebirgsbildung sind die Kalkgesteinspakete vielfach gebogen, gedehnt und geknickt worden, so daß sie heute von etlichen Klüften durchzogen werden. Diese dienen als natürliche Sickerbahnen für Regenwasser, das auf diesem Weg in tiefere Gesteinsschichten vordringt. Die im Regenwasser ge-

Die Steilwand des Cañón Arazas

löste Kohlensäure löst ihrerseits den Kalk auf – die Klüfte erweitern sich nach und nach. Auf diese Weise können im Untergrund ausgedehnte Höhlensysteme entstehen. An der Schnittstelle zweier Klüfte bildet sich oft eine trichterförmige Hohlform, Doline genannt; diese kann man häufig in den nackten Kalkregionen des Hochgebirges entdecken.

Trifft das Wasser in der Tiefe auf undurchlässige Schichten, sammelt es sich zu einem unterirdischen Fluß, der an anderer Stelle seitlich aus dem Berg abfließt. Es gibt zahlreiche solcher Quellen in den Pyrenäen, so die von Fontestorbes bei Montségur im französischen Ariège, die in der trockenen Jahreszeit im stündlichen Rhythmus zeitweilig aussetzt und dann wieder eine große Wassermenge fördert. Oder die Quelle, die den großen Wasserfall des Cirque de Gavarnie speist. Auf spanischer Seite hat ein Quellfluß der Garonne seinen Ursprung in einem unterirdischen Flußlauf, der in den Uelhs deht Jueu austritt und in 30 m hohen Kaskaden herabstürzt.

Durch weitere Zerklüftung des Gesteins in der Tiefe können sich unterirdische Flüsse verlagern. Die einstigen Flußbetten liegen dann in mehreren Stockwerken übereinander wie etwa in der Höhle von Bétharram bei Lourdes, wo man fünf Galerien besichtigen kann, oder in der Höhle von Labouiche bei Foix, die einen wunderschönen unterirdischen Wasserfall birgt. Schreitet die Kalklösung weiter fort, entstehen riesige Hohlräume, wie man sie u. a. aus der Grotte von Lombrives bei Tarasconsur-Ariège kennt, in der es eine über 100 m hohe ›Kathedrale‹ zu bestaunen gibt. Teilweise kann man mit einer Kleinbahn oder per Boot durch die langen Höhlenwege mit ihren Tropfsteinformationen fahren.

Völker, Sprachen, Traditionen

Die französisch-spanische Grenze zieht eine künstliche Trennlinie zwischen Völkern, die historisch eng mit den Pyrenäen verbunden sind. In den westlichen Pyrenäen dies- und jenseits der Grenze leben die Basken, am östlichen Gebirgsrand die Katalanen.

Im Dunkeln liegt nach wie vor die Herkunft des baskischen Volkes, das vermutlich bis zur Bronzezeit größere Gebiete im nördlichen Spanien besiedelte. Von den Römern und später auch von den Westgoten wurden die Basken in ihr heutiges Siedlungsgebiet abgedrängt. Es gelang ihnen, in dieser Region ihre Sprache und Kultur zu erhalten und sich der Romanisierung zu widersetzen. Die baskische Sprache, das Euskera, weist keinerlei Beziehung zu den indoeuropäischen Sprachen auf. Ein Teil des baskischen Wortschatzes entspricht dem Altgeorgischen (einer kaukasischen Sprache). Beide dürften einer archaischen Sprachschicht angehören, die weit älter ist als die indoeuropäischen Idiome. Bis heute kann man Überreste einer uralten, matriarchalischen Kultur nachweisen. Zahlreiche Traditionen werden im Baskenland gepflegt; besonders beliebt sind Kraft- und Geschicklichkeitswettbewerbe wie Steineheben, Holzspalten und das baskische Ballspiel Pelota.

Ein Teil der Basken lebte bis zum 16. Jh. in einem eigenen, pyrenäenübergreifenden Staat (Navarra), der bis ins 18. Jh. hinein in mancher Hinsicht autonom blieb. Die baskischen Provinzen in Frankreich verloren als Folge der Französischen Revolution ihre relative Selbständigkeit. So kam es seit dem 19. Jh. zu Streitigkeiten zwischen Basken und ihren Nachbarvölkern, die besonders in Spanien zu einem schweren Problem werden sollten. Der starke wirtschaftliche Aufschwung in den baskischen Provinzen Spaniens tat ein übriges, um den Nationalismus zu fördern. Unter der Diktatur General Francos wurden die baskische Sprache und Kultur aufs schärfste unterdrückt, vor allem in den Provinzen, die im Bürgerkrieg auf seiten der Republikaner gekämpft hatten. Der baskische Nationalismus nahm daraufhin neue, radikalere Formen an. Es bildete sich die Befreiungsorganisation ETA (*Euskadi ta Askatasuna* – Baskenland und Freiheit), die die Vereinigung aller Basken nördlich und südlich der Pyrenäen in einem sozialistischen Staat mit allen Mitteln durchsetzen wollte und auch vor Gewalt nicht zurückschreckte. Nach der Demokratisierung Spaniens erhielten die baskischen Provinzen – mit Ausnahme von Navarra, da dort keine Mehrheit dafür zustande kam – ein Autonomiestatut, das ihnen weitgehende Selbstverwaltungsrechte garantiert. Seither findet die ETA nur noch wenig Unterstützung.

Heute leben etwa 700 000 Basken in Spanien und 100 000 in Frankreich. Baskisch wird nur von einer Minderheit be-

Das alte Brauchtum ist noch lebendig: Baskenfest ›Force du Basque‹

herrscht. Ein großes Problem für die Erhaltung der baskischen Identität ist die Zuwanderung spanischer Gastarbeiter in die Industriezentren der Biscaya. Seither zählen die großen Städte nicht mehr zum baskischen Sprachgebiet. Baskische Sprache und Kultur erfahren neuerdings durch die Regionalregierung eine starke Förderung. Das spanische Baskenland ist offiziell zweisprachig, Baskisch ist Pflichtschulfach, und viele Erwachsene erlernen es in Abendkursen.

Weniger rätselhaft ist die Herkunft der Katalanen. Seit alters her besiedelten iberische Völker den Küstenstreifen zwischen Béziers und Alicante. Im Bereich des heutigen Katalonien drangen sie auch weit landeinwärts vor. Die griechische Kolonisation schuf hier seit dem 6. Jh. v. Chr. eine griechisch-iberische Kultur. Im Ebro-Land und ebenso im östlichen Teil der Provinz Narbonensis (dem heutigen Roussillon) setzte schon frühzeitig eine weitgehende Romanisierung ein. Beide Gebiete standen nur kurzzeitig unter arabischer Herrschaft. Hier ist der Ursprung der katalanischen Sprache zu suchen. Ihre spätere Ausbreitung nach Süden bis Valencia und auf die Balearen verdankt sie der Reconquista.

Bis ins 16. Jh. war das Katalanische eine lebendige Schriftsprache. Mit der Stabilisierung der Zentralgewalt in Spanien und dem wirtschaftlichen Niedergang Kataloniens nach der Entdeckung Amerikas verlor es jedoch an Bedeutung und wurde im 18. Jh. vom Kastilischen auch als Unterrichtssprache verdrängt. Im 19. Jh. erlebte das Katalanische ähnlich wie das Baskische eine Wiedergeburt. Auch in Katalonien führte die im Vergleich zum restlichen Spanien gesteigerte Wirtschaftskraft zu einer Stärkung des Nationalbewußtseins. Nach dem Verbot unter der Franco-Diktatur ist die katalanische Sprache heute neben dem Kastilischen zweite Amtssprache. Etwa 5 Mio. Katalanen leben in Katalonien, und ähnlich wie die Basken verweisen auch sie mit Stolz auf ihren autonomen Status als Region, was sich u. a. in einer selbständigen Erziehungs- und Kulturpolitik ausdrückt.

Am Wochenende kann man in vielen Pyrenäenorten Volksfeste miterleben: Weinfest an der Mittelmeerküste

In Andorra, wo man etwa 40 000 Katalanen zählt, war Katalanisch stets die einzige Amtssprache. Im französischen Roussillon lebten etwa 300 000 Katalanen. Seit ihrer Eingliederung in den französischen Zentralstaat im 17. Jh. klammern sie sich an die kulturelle Zugehörigkeit zu Katalonien. Weit verbreitet ist neuerdings der Wunsch nach einer Teilautonomie nach katalanischem Vorbild.

Bis heute ist der Reigentanz Sardana Ausdruck katalanischer Identität. Er ist sowohl im Roussillon als auch in Katalonien, wo er unter Franco nur ungern geduldet wurde, lebendige Tradition. Sonntags wird er auf dem Stadtplatz getanzt, von den Klängen oboeähnlicher Blasinstrumente begleitet. Auch der Brauch des Castells, einer Mischung aus Sport und Folklore, bei der es um den geschickten Aufbau von Menschentürmen geht, wird gerne gepflegt.

In den französischen Pyrenäen spricht man außerhalb des katalanischen und des baskischen Sprachraums Okzitanisch, dessen Wurzeln in der Vermischung der römischen Sprache mit einheimischen gallischen Dialekten im Bereich des heutigen Süd-Frankreich zu suchen sind. Das Gebiet nördlich der Pyrenäen war Kernland dieser sogenannten Langue d'oc, die sich bis zum 10. Jh. herauskristallisierte. Als Sprache der Troubadoure fand sie im 11. bis 13. Jh. weite Verbreitung und wurde zur ersten europäischen Literatursprache. Nach den Albigenserkriegen verlor das Okzitanische jedoch rasch an Bedeutung. Französisch – also der Pariser Dialekt – wurde per Dekret zur alleinigen Amtssprache erhoben, und verblieben ist in Südfrankreich nur ein charakteristischer Akzent. Erst in neuerer Zeit gibt es Bemühungen zur Wiederbelebung des Okzitanischen als Kultursprache, das seit 1970 in französischen Schulen als Wahlfach gelehrt wird.

In der spanischen Provinz Aragón spricht man Spanisch (Kastilisch). Die Verbindungen mit den Gebieten jenseits der Pyrenäen waren infolge der Unzugänglichkeit des Hochgebirges stets lockerer als im Baskenland oder in Katalonien.

Die Pflanzen- und Tierwelt

Höhenstufen und Vegetationsformen

Abwechslungsreichtum kennzeichnet die Vegetation einer Gebirgslandschaft – so auch die der Pyrenäen. Mehr als 3000 Planzenarten kommen hier vor, eine außerordentliche Vielfalt, die das Gebirge seiner geologischen Vergangenheit verdankt. Mit zunehmender Höhe verschlechtern sich die Umweltbedingungen, verringert sich die Zahl der Arten, die fähig sind, sich an die ungünstigen Verhältnisse auf spezielle Weise anzupassen. Unterschiedliche Standorte (Nord-, Süd- oder Felshänge, Schutthalden, Schneetälchen etc.) sorgen andererseits auf kleinstem Raum für eine große Vielfalt. Auch die jahrhundertelangen menschlichen Eingriffe – zielgerichtet oder mittelbar – führten zu Veränderungen in der Vegetationsdecke.

Im allgemeinen gliedern Botaniker die Gebirgsflora in mehrere Vegetationsstufen, die sich, für den Betrachter mehr oder weniger deutlich erkennbar, als Gürtel um die Bergflanken ziehen. Dabei lassen sich die Grenzen zwischen den verschiedenen Stufen erstaunlich klar festlegen, denn von gewissen Höhenlagen an verschwinden bestimmte Pflanzen aus dem Landschaftsbild – bekanntestes Beispiel ist die Baumgrenze. In den Pyrenäen werden fünf Vegetationsstufen unterschieden:

Die **kolline Stufe** reicht am Nordrand des Gebirges bis in 800 m, am Südrand bis in etwa 1100 m Höhe. Eichen und Kastanien kennzeichnen diese Zone, doch mußten in den Pyrenäen bereits vor Jahrhunderten die meisten Wälder landwirtschaftlichen Kulturen weichen. An den Ost- und Südostabhängen ist die Vegetation stark mediterran beeinflußt.

Nach oben schließt sich die **montane Stufe** an, in der jedem Besucher die hohe Luftfeuchtigkeit auffällt. Regelmäßig hängen hier Wolken. Wer aus der Ebene ins Gebirge hineinfährt, kann dies fast täglich beobachten. Hohe Niederschlagsmengen (1000–2000 mm/Jahr) sowie häufiger Nebel sorgen für ständige Feuchtigkeit. Die sommerlichen Temperaturen erreichen wegen des meist bedeckten Himmels selten Spitzenwerte, und im Winter fällt zwar recht viel Schnee, doch schmilzt er frühzeitig ab: die Vegetation wird also durch Kälte kaum beeinträchtigt. Dies sind ideale Bedingungen für den Baumwuchs. Dichter Buchenwald, meist durchsetzt mit Tannen *(Abies alba)*, löst die Eichenwälder ab. Auf sehr kalkarmen, nassen Standorten sieht man hin und wieder reine Tannenwälder. An trockenen und sonnigen Hängen ist auch häufig die Waldkiefer *(Pinus sylvestris)* zu entdekken. Der Unterwuchs ist üppig und sehr artenreich. In der montanen Stufe verschwinden viele Kulturpflanzen der Ebene (Wein, Mais, die meisten Obstbäume) und machen einer Weidenutzung Platz, die in den vergangenen Jahrhunderten besonders auf der französischen Seite viel Raum in Anspruch genommen hat, heute aber stark im Rückgang begriffen ist.

Geflecktes Knabenkraut

Zwischen Mai und August sind häufig das Gefleckte Knabenkraut *(Dactylorhiza maculata)* und Fuchs' Knabenkraut *(Dactylorhiza fuchsii)* anzutreffen, allerdings nie gemeinsam. Ersteres meidet kalkhaltigen Boden und wächst daher meist auf silikatreichem Urgestein, wo es auf lichten Wiesen oft in größerer Zahl vorkommt. Es bevorzugt stets sonnige, aber bodenfeuchte Standorte, während das Fuchs' Knabenkraut insbesondere auf Kalkgestein, dort häufig im Buchen-Tannen-Wald und meist in Einzelexemplaren wächst. Beide Knabenkrautarten blühen rosa, können jedoch durch ihre Wuchsform unterschieden werden. Fuchs' Knabenkraut wird deutlich höher (bis 80 cm) als das Gefleckte Knabenkraut, das höchstens 60 cm, meist aber nur 40 cm erreicht.

Die obere Grenze der montanen Stufe liegt im Norden bei etwa 1700 m, im Süden bei 1900 m. Im schmalen Übergangsbereich wachsen häufig Birken und Ebereschen. Darüber verschwinden die Laubbäume und machen einem lichten Nadelwald Platz. Es ist dies der Krummholzgürtel der **subalpinen Stufe**. Nur noch eine einzige Baumart kommt in den Pyrenäen in dieser Zone vor, die Hakenkiefer *(Pinus uncinata).* Sie ist mit der Bergkiefer oder Latsche der Alpen verwandt, wächst aber im Gegensatz zu dieser immer aufrecht. Aufgrund ihrer geringen Frostanfälligkeit kann sie bis in 2500 m Höhe gedeihen. Von der Waldkiefer unterscheidet sich die Hakenkiefer durch ihre schwärzliche Rinde. Die Rinde der Waldkiefer weist zumindest im oberen Stammdrittel stets eine rötliche Färbung auf. Auch sind die Nadeln der Hakenkiefer kürzer, und ihre Zapfen sitzen direkt dem Zweig auf, während die Zapfen der Waldkiefer deutlich gestielt sind.

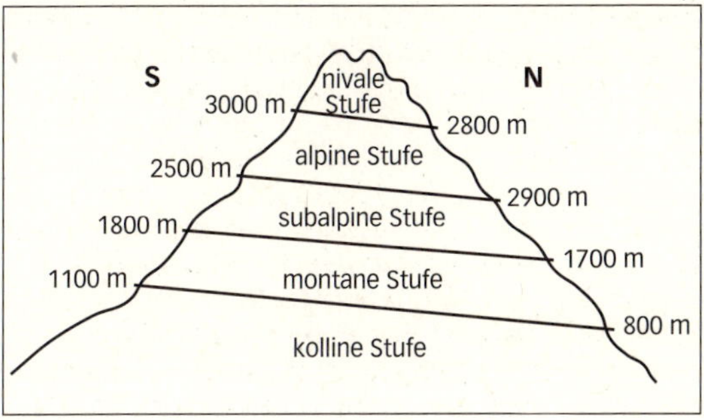

Höhenstufen und Vegetationsformen

Die subalpine Stufe liegt meist oberhalb der Wolkendecke und stellt den Pflanzen daher extreme Lebensbedingungen. Hoher Sonneneinstrahlung am Tag steht eine starke nächtliche Abkühlung entgegen. Ebenso sind die Unterschiede zwischen Sommer und Winter recht groß. Während von November bis Mai, in ungünstigen Lagen sogar noch länger, eine dichte Schneedecke liegt, kann es während der Sommermonate tagsüber recht heiß werden. Die Pflanzen haben spezielle Anpassungen an diese Bedingungen entwickelt. Allen gemeinsam ist der Zwergwuchs – die starke Reduktion der oberirdischen Pflanzenteile (Stengel, Blätter) – mit Ausnahme der meist prächtig entwickelten Blüten. Polsterpflanzen sitzen halbkugelförmig direkt auf dem Boden oder Fels. Ihre kleinen, harten Blätter sind oft dicht behaart und ermöglichen so der Pflanze, Wind, Kälte und Austrocknung bestmöglich zu widerstehen. Ähnlich verhält es sich bei den Rosettenpflanzen. Ihre kurzstieligen Blätter liegen meist direkt auf dem Boden und bilden eine Rosette. Bei den Spaliersträuchern schließlich handelt es sich um sehr niedrige Holzgewächse, deren vielfach verzweigte Triebe über den Boden oder Fels kriechen.

Frühlingsenzian (links) und Großblütige Gemswurz (rechts)

Die subalpine Stufe weist unterschiedlichste Lebensräume auf. Am häufigsten sind die sogenannten Rasen vertreten. Der Mensch hat ihr Areal auf Kosten des Hakenkiefernwaldes in der Vergangenheit stark vergrößert. So entstanden die Almen oder Sommerweiden, auf die jahrhundertelang Rinder- und Schafherden getrieben wurden. Vor allem im Frühjahr sind die Almen blumenübersät, wobei besonders der Pyrenäen-Hahnenfuß *(Ranunculus pyrenaeus)*, das Alpenglöckchen *(Soldanella alpina)*, der Frühlings-Enzian *(Gentiana verna*), die Hunds-Zahnlilie *(Erythronium dens-canis)*, das Windröschen *(Anemone vernalis)* sowie verschiedene Krokusarten hervorzuheben sind. Weithin sichtbar leuchten im Juli und August auf vielen Bergwiesen die tiefblauen bis violetten Blüten der Pyrenäen-Schwertlilie *(Iris latifolia)*.

Seit etwa 50 Jahren jedoch nimmt der Viehbestand in den Pyrenäen stark ab, und die selten genutzten Almen werden allmählich von Sträuchern überwuchert. Es bilden sich die sogenannten Zwergstrauchheiden. Meist werden sie, je nach

Standort, von einer oder zwei Pflanzenarten beherrscht. Die Rostrote Alpenrose *(Rhododendron ferrugineum)* bildet zusammen mit der Rauschbeere *(Vaccinium uliginosum)* ausgedehnte Bestände an Nordhängen auf silikatreichem Urgestein. An sonnenreichen Standorten sind dagegen häufig Zwergwacholder *(Juniperus nana)* und die Immergrüne Bärentraube *(Arctostaphylos ura-ursi)*, eine Verwandte der Preiselbeere, zu finden. Auch die Pyrenäenweide *(Salix pyrenaica)*, eigentlich ein Zwergbaum, dominiert zuweilen die Zwergstrauchheide. Selten erreichen die winzigen Sträucher mehr als 50 cm Höhe. Im Winter hüllt die Schneedecke meist die ganze Pflanze ein und schützt sie so vor Frostschäden.

Die **alpine Stufe** stellt der Pflanzenwelt die härtesten Bedingungen. Am Nordrand der Pyrenäen bei 2300 m, am Südrand bei 2500 m ist sowohl für Bäume als auch für die Sträucher der subalpinen Stufe die Obergrenze erreicht. Darüber gibt es nur noch Almen und Felsflächen oder Schutthalden. Sehr kalte Winter, Temperaturunterschiede zwischen Tag und Nacht von bis zu 50 °C an der Bodenoberfläche und

Pyrenäen-Steinbrech (links) und Berg-Hauswurz (rechts)

Schneebedeckung von sieben bis zehn Monaten lassen nur einen spärlichen Bewuchs mit Zwergpflanzen aufkommen, die jedoch besonders üppig und farbenprächtig blühen. An Felshängen wachsen Polster- und Rosettenpflanzen, auf Schutt herrschen Pflanzen mit Rhizomen vor – unterirdischen Sproßachsen, aus denen, wenn die oberirdischen Pflanzenteile durch Schuttbewegungen zerstört werden, neue Blätter austreiben können. Die ständige Bewegung verhindert, daß Schutthalden flächendeckend besiedelt werden können. Auch aus den niedrigen Rasen der Almen schaut überall der Felsen heraus. Ein besonderer Standort sind die Schneetälchen – feuchte Senken, in denen sich die Schneedecke besonders lange hält. Nach dem Abschmelzen fallen sie durch ihre sattgrüne Farbe auf. Nur Pflanzen mit äußerst langsamem Wachstum und ausgeprägtem Zwergwuchs können hier überdauern.

Gletscher und Firnschneefelder an den schattigen Nordflanken der Berge bilden die in den Pyrenäen nur schwach vertretene **nivale Stufe.** Wegen der ständigen Schneebedeckung können Blütenpflanzen hier nicht gedeihen. Nur einige Flechten halten sich an vereinzelt herausragenden Felsen.

Zur Besonderheit der Pyrenäenflora zählen über 100 endemische Arten: Pflanzen, die nirgendwo sonst auf der Welt heimisch sind (außer zum Teil noch in den nordspanischen Gebirgen). Die gegenüber den anderen Hochgebirgsketten Europas vergleichsweise isolierte Lage führte zu einer unabhängigen Entwicklung der Flora und somit zu einer hohen Zahl von Endemiten. Oft kommen endemische Pflanzen an Rückzugsstandorten vor wie beispielsweise an Felshängen, wo sie nicht der Konkurrenz anderer Arten ausgesetzt sind. Vielfach gibt es in den Alpen ähnliche Arten, die von einer gemeinsamen Ursprungsform abstammen. So der Borstige Mannsschild *(Androsace hirtella)*, der in den Westpyrenäen heimisch ist und dort Fels- und Schuttstandorte auf Kalk besiedelt.

Die Pyrenäen – Ein Wildtierrefugium

Die unterschiedlichen Lebensräume und Umweltfaktoren führen nicht nur bei der Vegetation, sondern auch in der Tierwelt zu enormer Vielfalt. Naturgemäß nimmt der Artenreichtum mit der Höhe und den damit einhergehenden extremen klimatischen Verhältnissen ab. Viele Tiere sind aufgrund ihrer Spezialisierung auf gewisse Nahrungsquellen oder Versteck- und Schlafplätze an bestimmte Vegetationsstufen gebunden, andere wandern mit den Jahreszeiten bergauf oder bergab, wieder andere verbringen nur den Sommer im Gebirge. Obwohl die Pyrenäen noch wesentlich unberührter sind als beispielsweise die Alpen, wurden auch hier die großen Säugetiere und Vögel durch Jagd und Lebensraumvernichtung stark dezimiert. So schränkt die Ausdehnung landwirtschaftlicher Flächen und die damit einhergehende Abholzung von Hecken, die Verwendung von Insektiziden und Austrocknung von Sümpfen sowie die Ausweitung touristischer Gebiete (Skisportzentren, Straßenbau etc.) den Lebensraum vieler Tiere sehr stark ein. Einige Tierarten konnten sich neuerdings dank eines verbesserten Schutzes wieder vermehren, andere bleiben weiterhin gefährdet.

Die Pyrenäen sind eines der letzten Refugien für Braunbären *(Ursus arctos)*. Einst lebte der Braunbär überall in Europa. Bereits im Mittelalter begann mit den groß angelegten Jagden und der weitflächigen Waldrodung der Rückzug des Braunbären in die unzugänglicheren Gebirge. Anfang des 20. Jh. war er dann in den Alpen bereits endgültig ausgerottet. In den Pyrenäen sollen noch 15 Exemplare, von denen man recht wenig weiß und die auch kaum jemand zu Gesicht bekommt, bis auf den heutigen Tag überlebt haben. Für den Wanderer besteht daher kaum die Chance, einem dieser

Bärenspuren

Pyrenäen-Gemse

friedliebenden Waldbewohner zu begegnen. Die wenigen Braunbären der Pyrenäen leben in den Tälern von Aspe und Ossau im Béarn, außerdem gibt es einige in der Gegend von Luchon und im Ariège. Der Braunbär ernährt sich vorwiegend vegetarisch, doch kann es vorkommen, daß er ein Stück Vieh reißt. Als Bären noch häufiger waren, führten die Hirten stets ein Gewehr bei sich, und in jedem Pyrenäental gab es spezielle Bärenjäger. Erst im Jahr 1972 wurde in Frankreich die Bärenjagd verboten. Seither erhalten die Hirten für jene Tiere, die dem ›Bärenhunger‹ zum Opfer fallen, vom Staat eine Entschädigung.

Von der Pyrenäen-Gemse *(Rupicapra rupicapra pyrenaica)* gibt es insgesamt etwa 4000 Exemplare, die übrigens außerhalb der Nationalparks nicht geschützt und somit zur Jagd freigegeben sind. Da die Gemse keine natürlichen Feinde mehr hat, wächst der Bestand heute wieder. Außerhalb der Touristensaison kann man auf den Almen des Hochgebirges hin und wieder Rudel von bis zu 150 Tieren beobachten. Der Pyrenäen-Steinbock *(Capra ibex pyrenaica)* ist dagegen extrem in seinem Bestand gefährdet. Einige wenige Exemplare – die genaue Zahl ist unbekannt – sollen noch ein kleines Gebiet am Monte-Perdido-Massiv im Ordesa-Nationalpark bewohnen. Nicht viel besser ergeht es dem Pardelluchs *(Lynx lynx pardinus.* Diese Unterart des Luchses war früher auf der Iberischen Halbinsel und in Südfrankreich weit verbreitet, kann sich inzwischen aber nur noch in wenigen Rückzugsgebieten halten. Maximal 10 Exemplare leben in den Hügelketten am Nordrand der Pyrenäen.

Das Alpen-Murmeltier *(Marmota marmota)* wurde Anfang des 20. Jh. im Nordwestteil des Gebirges ausgesetzt und breitete sich allmählich nach Osten hin aus. Insgesamt ist es aber noch wesentlich seltener anzutreffen als in den Alpen.

Rätselhaft erscheint der Pyrenäen-Desman *(Desmana pyrenaica)*, nähere Verwandte gibt es nicht. Entfernt ähnelt er dem Maulwurf. Mit Schwimmhäuten an den Füßen und Klappen vor Ohren und Nasenlöchern ist das mausgroße Tier mit dem Rattenschwanz perfekt an ein Leben im Wasser angepaßt. Sein rüsselartig verlängerter, beweglicher Mund saugt Insekten und Würmer auf. Über den nachtaktiven Desman weiß man nur wenig, selten bekommt man ihn zu sehen. Er lebt in Bergbächen und -sümpfen und wagt sich vereinzelt bis in Höhen von 2000 m. Die geringste Wasserverschmutzung reicht aus, um ihn für immer zu vertreiben.

Zu den interessantesten Vertretern der Pyrenäenfauna gehören die großen Greifvögel. An erster Stelle ist hier der Steinadler *(Aquila chrysaëtos)* zu nennen, der als einziger unter den Greifvögeln aufgrund seiner Schnelligkeit das ebenfalls sehr flinke Murmeltier schlagen kann. Sogar junge Gemsen fallen ihm hin und wieder zur Beute. Doch ernährt er sich vorwiegend von kleineren Tieren wie Feldmäusen oder Maulwürfen. Der Steinadler lebt am Nordhang des Gebirges, in den höchsten Lagen. Noch etwa 40 Brutpaare gibt es in den Pyrenäen. Jedes Paar hat ein Revier von etwa 100 km^2, das es regelmäßig nach Beute absucht. Für den ungeübten Betrachter ist der scheue Steinadler schwer auszumachen.

Häufiger bekommt man die verschiedenen Geierarten zu Gesicht, allen voran den Fahlroten Gänsegeier *(Gyps fulvus)*. Mit seiner enormen Spannweite von 2,50 m übertrifft er sogar den Adler (mit 1,90–2,30 m Spannweite). Zu erkennen ist er an seinem weißen Kopf und Hals sowie der ebenfalls weißlichen Halskrause. Der Gänsegeier nistet bevorzugt in Kalkfelswänden und siedelt dort in Kolonien von 10 bis 20 Exemplaren. Auf hochgelegenen Almen hält er Ausschau nach Kadavern, die er oft tagelang beobachtet, bevor er sie anrührt. Die Viehhirten schätzen die Geier in ihrer Funktion als ›Gesundheitspolizei‹. Wenn Weidetiere sterben, räumen sie den Kadaver meist beiseite, damit die Geier ihn zerreißen können. Die Jagdlust der Menschen hat auch den Gänsegeier stark dezimiert. In den spanischen Provinzen Aragón und Navarra ist er aber noch recht häufig zu beobachten.

Der Bartgeier *(Gypaëtus barbatus)* steht dem Gänsegeier an Größe nicht nach. Er schlägt in der Flugphase jedoch viel häufiger mit den Flügeln als seine Verwandten. Von Tal zu Tal inspiziert er Felswände und Abhänge auf der Suche nach Kadavern und Knochen. Oft kann man beobachten, wie der Bartgeier große Knochen über Felsen fallen läßt, damit sie zerbrechen und er an das Knochenmark herankommt. Heute brüten in den Pyrenäen noch etwa 35 bis 40 Paare, die meisten davon auf spanischer Seite.

Im Sommer belebt der Schmutzgeier *(Neophron percnopterus)* die Pyrenäen, der mit 1,50 m Spannweite zu den kleineren Geierarten gehört. Gesicht und Hals sind nackt und orangegelb, das Gefieder weiß, die Flügelspitzen schwarz gefärbt. Schmutzgeier treten meist paarweise auf und nisten in Felsnischen. Die jungen Nachkommen haben zunächst ein schwarzes Gefieder. Im Spätsommer fliegt die ganze Familie nach Zentralafrika, wo die Jungen vier Jahre bleiben, bis sie – nun weiß wie die erwachsenen Tiere – im Frühjahr in die Pyrenäen zurückkehren. Der Schmutzgeier kommt am Nordhang selten, in Aragón und Navarra aber recht häufig vor.

In großen Schwärmen drehen die Alpendohle *(Pyrrhocorax graculus)* und die etwas seltenere Alpenkrähe *(Pyrrhocorax pyrrhocorax)* ihre Kreise über Wiesen und Bergalmen. Beide werden oft verwechselt, obwohl sie an ihrem Schnabel – bei der Dohle gelb, bei der Krähe rot – leicht zu unterscheiden sind. Sie besiedeln in kleinen Gruppen die Felsnischen zwischen 600 und 2400 m Höhe.

Beim Alpen-Schneehuhn *(Lagopus mutus)* fällt insbesondere der jahreszeitliche Wechsel seiner ›Garderobe‹ auf. Im Winter hellt sich mit dem ersten Schnee sein Gefieder auf und wird ganz weiß. In der Übergangszeit nimmt es allmählich je nach Untergrund, eine graugelbe oder rostbraune Farbe an. So paßt es seine Färbung mehrmals im Jahr den veränderten Gegebenheiten an und ist damit für Feinde nur schwer auszumachen. Obwohl das Schneehuhn recht häufig vorkommt und sich im Winter sogar in die Nähe der Skistationen wagt, ist es doch wenig bekannt.

Sehr scheu zeigt sich dagegen das Auerhuhn *(Tetrao urogallus)*. Es lebt in Nadelwäldern und ernährt sich von Baumnadeln und verschiedenen Beerenarten. Wird das Auerhuhn überrascht, läßt es eine Federwolke fallen, um so den eventuellen Feind abzulenken.

Erwähnt sei noch der elegante Mauerläufer *(Tichodroma muraria)*, der mit seinem flatternden Flug und den leuchtend roten Schwingen an einen großen Schmetterling erinnert. Er zählt sicherlich zu den schönsten Gebirgsvögeln.

Die Reptilien sind in den Pyrenäen mit mehreren Schlangen- und Eidechsenarten vertreten. Sogar eine Giftschlangenart gibt es, die kletterfreudige Aspisviper *(Vipera aspis)*, die sich bis in Höhen von 2900 m hinauf windet. Ein schwarzes Zickzackband schmückt ihren gelben Rücken. Ihre Bisse wirken tödlich, wenn sie nicht behandelt werden. Doch der Wanderer läuft kaum Gefahr, einer Aspisviper zu begegnen, da diese – wie alle Schlangen – äußerst scheu ist.

An ungiftigen Schlangenarten kommen in den Pyrenäen die Gelbgrüne Zornnatter *(Coluber viridiflavus)* und die Vipernatter *(Natrix maura)* vor. Die Zornnatter bevorzugt trockene Stellen unterhalb von 1500 m. Sie ist ein guter Kletterer und verfolgt ihre Beute sogar springend. Die Vipernatter ist eine Wasserschlange, die bis in 2000 m Höhe Bäche und Tümpel belebt.

Von den verschiedenen Eidechsen ist die Iberische Gebirgseidechse *(Lacerta monticola)* erwähnenswert, die nur in der subalpinen Stufe der Gebirge im Norden und Westen der Iberischen Halbinsel beheimatet ist. Sie hält extreme Temperaturschwankungen aus. Leicht könnte man sie mit der Mauereidechse *(Podarcis muralis)* verwechseln, die ebenfalls bis in Höhen über 2000 m vordringt, sich jedoch optisch durch ihre grün gefärbte Unterseite von ihren Verwandten unterscheidet.

Unter den zahlreichen Amphibienarten verdient der Pyrenäen-Gebirgsmolch *(Euproctus asper)* besondere Aufmerksamkeit, der nur in den Pyrenäen verbreitet ist. Er bevölkert Bergseen und Bäche mit Temperaturen unter 15 °C. Gelegentlich wagt er sich bis in Höhen von 3000 m. In Farbe und Zeichnung präsentiert sich der bis zu 16 cm lange Molch recht variabel. Die Oberseite schwankt zwischen (oliv-) braun, grau und schwärzlichen Tönen. Der *Salamandra salamandra fastuosa*, eine Unterart des Feuersalamanders, ist ebenfalls in den Pyrenäen endemisch.

Noch vor wenigen Jahrzehnten angelte man in den hochgelegenen Bergseen nicht einen Fisch. Denn selbst für Forellen, die Wasserfälle hinaufsteigen können, blieben sie unerreichbar. Heute tummeln sich in allen größeren Gewässern der Pyrenäen zahlreiche Speisefische, die der Mensch angesiedelt hat.

Über 300 Schmetterlingsarten zählt man in den Pyrenäen, und jedes Tal beheimatet seine eigenen Unterarten. In einer Zeit, in der die Schmetterlinge überall in Mitteleuropa aussterben, erscheint diese Zahl erstaunlich. König unter den Faltern ist sicherlich der Apollo-Schmetterling *(Parnassius apollo)*. Auf den großen weißen Flügeln leuchten je zwei rote Punkte. Darüber hinaus besiedeln zahlreiche andere Insektenarten die Pyrenäen, von denen die verschiedenen Heuschrecken und Käferarten durch ihre Größe, Farbe und Zeichnung besonders ins Auge fallen.

Kulturgeschichte

Die Pyrenäen im Dunkel der Vorgeschichte

Vor 450 000 Jahren lebte in den Pyrenäen der sogenannte Tautavel-Mensch, dessen Überreste in der Nähe von Tautavel im Roussillon entdeckt wurden. Er gehörte zur Spezies des Homo erectus – eines Vorläufers des heutigen Menschen. Vor etwa 150 000 Jahren trat der Neandertaler in den Pyrenäen auf. Zahlreiche Funde aus der mittleren Altsteinzeit, vor allem in der Höhle von Isturits im französischen Baskenland, belegen seine Anwesenheit.

ALTSTEINZEIT

Während der jüngeren Altsteinzeit (vor 40 000–12 000 Jahren) bevölkerte dann schon ein Vertreter des Homo sapiens, der Cro-Magnon-Mensch, die Pyrenäen. In dieser Zeit entstanden die ersten Kunstwerke, man spricht daher auch von der Geburtsstunde der Kunst. In den Höhlen der französischen Pyrenäen fand man zahlreiche Felsmalereien und Skulpturen. Als herausragendes Beispiel ist die Höhle von Niaux (bei Tarascon im Ariège) zu nennen. Aber auch die Höhle von Gargas (bei St-Bertrand-de-Comminges) weist zahlreiche Wandmalereien auf, darunter mehr als 150 Abdrücke von verstümmelten Händen, denen möglicherweise rituelle Bedeutung zukam. Weniger gut erhalten sind die Felsbilder in der Höhle von Bédeilhac (in der Nähe von Niaux), die während des Zweiten Weltkriegs als Montagehalle für Flugzeuge diente. Sogar auf dem Boden dieser Höhle befinden sich Ritzzeichnungen.

MITTELSTEINZEIT

Mit dem Ende der Würm-Vereisung (vor etwa 10 000 Jahren) bildeten sich die verschiedenen Kulturen der mittleren Steinzeit heraus. Die Grotte von Mas-d'Azil im Ariège birgt Ritzzeichnungen und Malereien. Sie gehört zu den drei Höhlen der Welt, die breit genug sind, um eine Straße hindurchzuführen.

MEGALITHKULTUR DER JUNGSTEINZEIT

Die Jungsteinzeit (vor ca. 8000–6000 Jahren) brachte für den Pyrenäenraum zunächst wenig Veränderung. Seit dem 4. Jt. v. Chr. wurden dann Menschen aus dem nordafrikanisch-vorderasiatischen Raum erst im Westen, später auch im Osten der Pyrenäen ansässig und gründeten Handelsniederlassungen. Mit ihnen kamen die großen Steingräber der Megalithkultur – eine Küstenkultur, die den Handelsstraßen zu den spanischen und englischen Metallminen folgte. Selten drang sie tiefer ins Landesinnere vor. So erklärt sich die Häufung der Megalithbauten in den östlichen Pyrenäen und im Baskenland (s. auch Wanderung 29), während die Zentralpyrenäen von der neuen Kultur, die auch Viehzucht, Ackerbau und Kenntnisse über Metallverarbeitung vermittelte, weitgehend unberührt blieben.

Die ältesten Steingräber des Pyrenäenraums entstanden um 3000 v. Chr. Die zahlreichen Cromlechs (Opferplätze), Menhire (Opfersteine) und Hunderte von Dolmen (Steintische) weisen darauf hin, daß die Megalithkultur im pyrenäischen Raum große Bedeutung hatte. Bemerkenswert sind trotz ihrer geringen Größe die Dolmen von Mas-d'Azil, die in der Nähe der berühmten Höhle stehen. Die Deckplatte der Dolmen ist von einer runden Öffnung durchbrochen.

Schon Mitte des 2. Jt. v. Chr. begann der Niedergang der Megalithkultur. Endgültig zerstört wurde sie durch die Kelten, die gegen 700 v. Chr. in mehreren Wellen in den Pyrenäenraum einfielen und aus Zentralasien eine eigene Kultur mitbrachten. Doch blieben die alten Opferplätze häufig noch bis in christliche Zeit hinein als religiöse Kultstätten erhalten, und oft wurden später an diesen Orten Kirchen errichtet.

GRIECHEN

Mit der Gründung griechischer Kolonien an der Mittelmeerküste treten die Pyrenäen aus dem Dunkel der Vorgeschichte heraus. In Griechenland war es gegen 800 v. Chr. infolge starken Bevölkerungszuwachses zu einer Landknappheit gekommen. Die Stadtstaaten des Mutterlandes gründeten daraufhin rund ums Mittelmeer Kolonien, wo den Besitzlosen Grund und Boden zugewiesen wurde.

So entstand um 600 v. Chr. Massalia (Marseille), von wo aus sich Vorposten nach Südfrankreich und Nordspanien vorschoben. Zunächst wurden Agathe (Agde) und Leukate (Leucate) gegründet, später im heutigen Spanien Roda (Roses) sowie das weitaus bedeutendere Emporion (Ampurias). Der Küstenstreifen der Pyrenäen wurde damals von Iberern bewohnt, unter denen sich bald griechische Schrift und Sprache ausbreiteten. Eine lebendige griechisch-iberische Kultur entstand. Mit den griechischen Kolonien an der Mittelmeerküste entwickelte sich im 6. Jh. v. Chr. erstmals eine nennenswerte Baukunst im Pyrenäengebiet. Reste der Handelsniederlassung Emporion können noch heute auf dem Ausgrabungsgelände von Ampurias besichtigt werden.

Römer und Karthager

KARTHAGER

Nach Jahrhunderten des friedlichen Handels wurde die Mittelmeerküste der Pyrenäen in den Streit zwischen den beiden Großmächten Rom und Karthago gezogen. Die Niederlage gegen Rom im Kampf um Sizilien stellte Karthago nach 241 v. Chr. vor die Notwendigkeit, finanzielle Mittel für die Kriegsentschädigungen sowie neuen Siedlungsraum zu gewinnen. Beides fand man in Spanien, wo die Karthager bald ein Gebiet beherrschten, das im Norden bis an den Ebro reichte.

Im Jahr 218 v. Chr. brach Hannibal auf dem Landweg von Neu-Karthago (dem heutigen Cartagena) mit 38 000 Mann,

Hannibal, karthagischer Feldherr und Staatsmann – Selbstmord Hannibals 183 v. Chr. (Flämische Buchmalerei, 15. Jh., Gent, Universitätsbibliothek)

8000 Reitern und 37 Elefanten auf, um Rom zu erobern. (Andere Quellen sprechen von 60 000 Mann und 60 Kriegselefanten.) Nach Überschreiten des Ebro traf er zwar auf starken Widerstand, unterwarf jedoch das Gebiet bis zu den Pyrenäen, überquerte dann wahrscheinlich bei La Junquera am Col du Perthus das Gebirge und zog nach Italien weiter.

Römer

Während Hannibal in Italien schwere Verluste hinnehmen mußte, erreichten die Römer Gewinne im nördlichen Ebroland. Nach und nach fielen die iberischen Stämme von Karthago ab, und im Jahr 206 v. Chr. trug Rom in Spanien den endgültigen Sieg davon. Im Friedensvertrag von 201 v. Chr. trat Karthago unter anderem die Iberische Halbinsel ab. Die Römer begannen mit der Erschließung des Landesinneren.

In dieser Zeit blieb der Nordrand der Pyrenäen noch unangetastet. Erst 121 v. Chr. unterwarf Konsul Domitius von Aquae Sextiae (Aix-en-Provence) aus die Arverner, den mächtigsten keltischen Stamm westlich der Rhone. Domitius gründete die Provinz Narbonensis, die Richtung Westen bis nach Tolosa (Toulouse) reichte, und baute den Verbindungsweg nach Spanien aus. Am Kreuzungspunkt zwischen dieser Via Domitia und einem wichtigen Handelsweg nach Aquitanien entstand die Hauptstadt der neuen Provinz, Narbo Martius (Narbonne). Die römische Finanzwelt bemächtigte sich des reichen gallischen Südlandes, und so nahm die Wirtschaft dort einen starken Aufschwung. Rom war, im Gegensatz zu den Griechen, von vornherein auf eine Kontrolle des gesamten Landes bedacht. Zielstrebig und systematisch wurde das Verkehrsnetz ausgebaut. Straßen, Brücken und Aquädukte entstanden. Nach einheitlichem Schema erhielt jede Stadt ein Theater, ein Amphitheater, öffentliche Badeanstalten, Tempel und ein Forum. Die Ausgrabungsstätte von Ampurias zeugt von der Pracht römischer Siedlungen in den spanischen und gallischen Provinzen.

Römische Ausgrabungen in Ampurias

Unter der Diktatur Sullas seit 82 v. Chr. kam es in Spanien zum Aufstand. Der dortige Prätor Sertorius brachte innerhalb von vier Jahren den größten Teil der römischen Provinzen Spaniens in seinen Besitz und bildete in der Hauptstadt Osca (Huesca) am Südrand der Pyrenäen einen Gegensenat. Daraufhin wurde von Rom aus der junge Pompeius mit 40 000 Mann auf die Iberische Halbinsel geschickt. Unterwegs annektierte er das obere Garonne-Tal. Pompeius kämpfte jedoch recht glücklos gegen die Truppen des Sertorius. Erst als Sertorius 72 v. Chr. von seinen eigenen Leuten ermordet wurde, nahm der Umsturz ein schnelles Ende. Pompeius gründete an der oberen Garonne die Stadt Lugdunum Convenarum (St-Bertrand-de-Comminges), wo er Legionäre und Iberer ansiedelte. Ludgunum Convenarum entwickelte sich schnell zu einer der bedeutendsten Städte Galliens und zählte zeitweise 60 000 Einwohner (s. auch Wanderung 22).

SPANISCHER AUFSTAND UNTER SERTORIUS

Die Niederwerfung ganz Galliens, das unorganisiert und in Einzelbereiche zersplittert war, stand unmittelbar bevor. Im dritten gallischen Feldzug (56 v. Chr.) eroberte Crassus, der Legat Cäsars, Aquitanien. Aber erst Augustus konnte zwischen 30 und 27 v. Chr. die unruhigen Bergstämme in den Pyrenäen endgültig bezwingen. Von diesem Sieg zeugt noch heute der Triumphbogen in Lugdunum Convenarum. In der nun folgenden, weitgehend friedlichen Epoche, die rund 200 Jahre währte, erfolgte die fast vollständige Romanisierung der gallischen und spanischen Provinzen. Römische Städte bildeten Zentren des Geisteslebens, Einwanderer aus Italien vermischten sich mit der einheimischen Bevölkerung.

Germanische Invasion aus dem Norden

Inzwischen bahnte sich eine tiefergreifende Wandlung an. In Gallien kam es seit dem 3. Jh. zu immer ernsteren Vorstößen fränkischer und alemannischer Stämme, die das ohnehin geschwächte römische Reich bedrohten.

406 fielen die Vandalen in Gallien ein, und schon 412 folgten ihnen die Westgoten, die über längere Zeit starken Einfluß ausüben sollten. Honorius, Kaiser des schwachen Weströmischen Reiches, überließ ihnen große Teile von West- und Südfrankreich und sagte ihnen überdies Getreidelieferungen zu. Dafür verpflichteten sich die Westgoten, als Föderaten für das Reich zu kämpfen. Rom konnte jedoch die Getreide-

WESTGOTEN

Lange Zeit übten die Westgoten starken Einfluß auf die Kultur West- und Südfrankreichs aus

lieferungen nicht leisten, woraufhin die Westgoten im Jahr 413 Narbonne eroberten.

Lebensmittelknappheit zwang die Westgoten schließlich, Gallien zu verlassen und nach Spanien zu ziehen, wo ihr Führer Athaulf 415 ermordet wurde. Sein Nachfolger Wallia stellte den Vertrag mit dem Weströmischen Reich wieder her. Die Westgoten ließen sich nun in dem ihnen zugewiesenen Landstrich Aquitaniens zwischen Garonne und Loire nieder. Um erneute kriegerische Übergriffe in Spanien zu verhindern, erhielten sie keine Gebiete, die die Überschreitung der Pyrenäen ermöglichten. So entstand das Tolosanische Gotenreich, das nach der Hauptstadt Toulouse (Tolosa) benannt wurde. Rom besaß hier offiziell nach wie vor die Macht, aber immer deutlicher zeigte sich die Schwäche des Römischen Reiches. In der zweiten Hälfte des 5. Jh. eroberten die Westgoten große Teile Südgalliens und Spaniens.

FRANKEN

Das expandierende Frankenreich setzte dem Tolosanischen Gotenreich ein plötzliches Ende. Um 490 hatten die Franken ihren Herrschaftsbereich, von ihrem Stammland am Mittel- und Niederrhein ausgehend, bis an die Loire ausgedehnt. Dem Reichsgründer Chlodwig war das südlich angrenzende Gotenreich ein Dorn im Auge. Nach mehreren Kriegen schlug er schließlich die Westgoten 507 bei Poitiers vernichtend. Das Tolosanische Reich nördlich der Pyrenäen wurde dem Fränkischen einverleibt.

Noch unter römischer Herrschaft hatte sich im 4. Jh. das Christentum im Pyrenäenraum ausgebreitet. Reste einer Basilika aus dieser Zeit wurden in St-Bertrand-de-Comminges ausgegraben. Als die Westgoten im 5. Jh. die pyrenäischen Gebiete besiedelten, übernahmen sie die Kultur der einhei-

Die Grundmauern der Festung von Carcassonne stammen vermutlich von den Westgoten

mischen provinzialrömischen und ihnen zahlenmäßig weit überlegenen Bevölkerung weitestgehend. Sie errichteten kleine Kirchen aus mörtellos gefügtem, rohbehauenem Stein, die sie mit geometrischen Mustern und Rankenwerk verzierten. Typisch für die westgotische Architektur ist der Hufeisenbogen. Die Grundmauern der Festung von Carcassonne werden ihnen zugeschrieben, und in Ampurias grub man Reste einer frühchristlichen Basilika aus dem 6. und 7. Jh. aus. Am südlichen Gebirgsrand finden sich Reste westgotischer Kirchen in Fraga (bei Lleída) und Terrassa (bei Barcelona). Die meisten westgotischen Gotteshäuser wurden jedoch im 8. Jh. von den Mauren zerstört.

FRÜHCHRISTLICHE ARCHITEKTUR

Basken, Mauren und Franken

BASKEN

Das baskische Volk in den Rückzugsgebieten der westlichen Pyrenäen war der Romanisierung entgangen. Gegen Ende des 6. Jh. drangen die Basken in das nördliche Pyrenäenvorland ein, unterwarfen zunächst die Gascogne und dehnten ihren Herrschaftsbereich bald auf das übrige Aquitanien aus. 718 gelang es ihrem Herzog Eudo, die fränkische Oberhoheit abzuschütteln. Währenddessen war in Spanien das Westgotenreich durch die maurischen Invasoren zerstört worden. 720 überschritten die Araber die Pyrenäen, eroberten Narbonne und drangen von Pamplona aus in die Gascogne und nach Aquitanien ein. Herzog Eudo wurde 732 von den Arabern besiegt und mußte Karl Martell, den Hausmeier des Frankenreiches, um Hilfe bitten. Dieser schlug die Araber 732 bei Poitiers, ein Sieg, der später als Rettung des Abendlandes gefeiert wurde.

ARABER

FELDZUG KARLS DES GROßEN GEGEN DIE ARABER

Berühmtheit erlangte der Feldzug Karls des Großen gegen die Araber, der 778 vermutlich auf Veranlassung des rebellischen arabischen Statthalters Suleiman von Zaragoza mit einem großen Heer die Pyrenäen überschritt. Zunächst bezwang er das baskische Pamplona. Das arabisch besetzte Huesca ergab sich kampflos. Zaragoza konnte Karl jedoch nicht einnehmen, und er mußte, zurückgerufen an die Nordgrenze seines Reiches, wo sich die Sachsen erhoben hatten, erfolglos den Rückmarsch antreten. Den Statthalter Suleiman nahm er als Geisel mit. Unterwegs machte er zur Strafe für die ihm verweigerte Unterstützung Pamplona dem Erdboden gleich. Die empörten Basken stellten Karl daraufhin gemeinsam mit den Söhnen Suleimans einen Hinterhalt in den Pyrenäen. Sie überfielen seine Nachhut und befreiten die Geisel. Dabei fiel unter anderem der Graf der Bretagne Hruotland, der seither im ältesten französischen Heldenepos, dem Rolandslied verherrlicht wird. Die Sage verlegt den Ort dieser unrühmlichen Niederlage nach Roncesvalles (s. auch Wanderung 29).

Karl gab nicht auf und schickte seinen Sohn Ludwig (den Frommen), der im Jahr 801 Barcelona erobern konnte. Katalonien gehörte damit zum Frankenreich, wurde aber zusammen mit dem Roussillon unter einem Markgrafen selbständig verwaltet. Das Frankenreich war bestrebt, ›Pufferstaaten‹ südlich der Pyrenäen zwischen sich und den Mauren zu schaffen. So entstanden das Königreich Navarra mit der Hauptstadt Pamplona, das vorwiegend von Basken besiedelt war und damals noch bis an die Atlantikküste und über den Pyrenäenhauptkamm hinweg nach Norden (Niedernavarra) reichte, sowie das winzige Fürstentum Aragón mit der Hauptstadt Jaca, das nur aus einigen Bergtälern in den Pyrenäen bestand. In Pamplona setzten sich genau wie in Jaca jedoch bald schon einheimische Führer an die Stelle der fränkischen Statthalter. Auch im Osten schwand die kaiserliche Autorität. Örtliche Adelige aus Barcelona vergrößerten ihre Macht, so daß Katalonien praktisch autonom wurde, wenn auch nominell noch dem Frankenreich unterstellt.

NAVARRA

ARAGÓN

MOZARABISCHER BAUSTIL

Die maurische Herrschaft im Pyrenäengebiet hatte nur kurz gedauert, doch konnte die arabische Baukunst durch die Mozaraber (Christen, die zunächst unter maurischer Herrschaft gelebt hatten und später in die neu entstandenen christlichen Königreiche flohen) dennoch auf die Pyrenäen ausstrahlen. Typisch für den mozarabischen Kirchenbaustil ist die Vermischung von westgotischen (Hufeisenbogen) und maurischen (Rippenkuppel) Elementen. Beispiele für die mozarabische Architektur sind in Aragón die Unterkirche des Klosters San Juan de la Peña bei Jaca (Baubeginn wahrscheinlich schon im 9. Jh.) und in Katalonien die Apsis der Kirche Sant Quirze de Pedret bei Berga (Ende des 10. Jh.) sowie die ältesten Teile des Klosters St. Pere de Rodes (9. und 10. Jh.).

VORROMANISCHER BAUSTIL

Nördlich der Pyrenäen wurde der vorromanische Baustil von den Karolingern geprägt. Es entstanden Kirchenbauten sowohl nach byzantinischen (gleichschenkliges Kreuz mit überkuppeltem Zentralbau) als auch frühchristlich-römischen Vorbildern (Basilika mit langgestrecktem Hauptschiff, niedrigen Seitenschiffen, Ostchor und Krypta). Die Abteikirche von St-Michel-de-Cuxa (10. Jh.) bei Prades im Tal der Têt gehört zu den wenigen erhaltenen Bauwerken aus dieser Zeit.

Die Reconquista

Das Frankenreich war in Auflösung begriffen. Auf Karl den Großen folgten nur noch schwache Herrscher. Um die häufiger werdenden Überfälle der Normannen und Sarazenen auf französische Küsten und Flüsse kümmerten sie sich kaum. Erst um die Jahrtausendwende wurden die Raubzüge seltener (s. auch Wanderung 1). In Südfrankreich und Katalonien stellte sich daraufhin ein relativer Wohlstand ein. Gleichzeitig traten die christlichen Provinzen Nordspaniens, die den Anschluß an die übrigen christlichen Völker fast verloren hatten, aus ihrer Isolierung heraus. Die Pilgerfahrten aus ganz Europa nach Santiago de Compostela nahmen zu.

Mittlerweile setzte der innere Zerfall des Kalifats von Córdoba ein, und die eigentliche Reconquista (Wiedereroberung Spaniens durch die christlichen Könige) unter Führung des Königreichs León begann. Durch engere verwandtschaftliche Beziehungen der spanischen zu den französischen Adelsdynastien erfuhren die französischen Ritter von der Reconquista und zogen nach Spanien, wo sie sich, reiche Beute erhoffend, an den Feldzügen gegen die Araber beteiligten. Als sich dann auch der Papst einschaltete, zogen Ende des 11./Anfang des 12. Jh. weitere christliche Reiter über die Pyrenäen.

Aragón, seit 1035 selbständiges Königreich, eroberte mit Hilfe der französischen Kreuzfahrer Huesca (1096); 1118 fiel auch Zaragoza, das nun zur neuen Hauptstadt von Aragón wurde. Durch die Ehe der Königin von Aragón mit dem Grafen von Barcelona (1137) errang das neue Königreich Aragón – nun um Katalonien und das durch Erbschaft zugefallene Roussillon erweitert – eine Vormachtstellung, die es durch Gebietserwerbungen im westlichen Mittelmeerraum (Balearen, Sardinien, Sizilien, Teile Italiens) in der Folgezeit noch erheblich ausbauen konnte. Die Handelsgeschäfte dieses mächtigen Staates beherrschten bis ins 15. Jh. hinein das Mittelmeer.

FRÜHROMANIK

Überall entstanden Kirchen und Klöster. Erste Beispiele der Frühromanik finden sich in Katalonien. Die katalanische Romanik ist äußerst schlicht. Als typische Merkmale gelten die leicht zugespitzten Rundbögen. Oft besitzen die Kirchen einen freistehenden Glockenturm (Kampanile), so die Kathedrale von La Seu d'Urgell und die Kirche von Vilabertran (bei Figueres) sowie die ehemalige Klosterkirche St. María in Ripoll. Im Roussillon sind die Abteikirche St-Martin-du-Canigou (bei Vernet-les-Bains) und Teile der Abteikirche St-Michel-de-Cuxa der katalanischen Romanik zuzurechnen.

St. María in Ripoll: Detail des Portals

Auch entlang der Pilgerpfade nach Santiago de Compostela entstanden seit dem 11. Jh. Kirchen und Klöster. Meist wurden die Routen über den Ibañeta-Paß nach Roncesvalles und Pamplona oder über den Somport-Paß nach Jaca benutzt. Handwerker aus ganz Europa siedelten sich an. Die vielfältigen Einflüsse ließen die sogenannte ›Europäische Romanik‹ zu hoher Vollendung gelangen. Besonders eindrucksvoll sind die Kathedrale von Jaca, eine der ältesten Spaniens, und der Kreuzgang der Kirche San Pedro el Viejo in Huesca (beide 11. Jh.). Krypta und Kirche des Klosters Leyre (11. Jh.) zählen ebenfalls zu den ältesten romanischen Bau-

Teile der Abteikirche St-Michel-de-Cuxa sind der katalanischen Romanik zuzurechnen

ten Spaniens. Die bedeutendste romanische Festung ist die Burg Loarre südlich von Jaca, deren Kirche aus dem 12. Jh. besondere Beachtung verdient. Zu den schönsten romanischen Bauwerken der Pyrenäen zählen die Kathedrale von St-Bertrand-de-Comminges (teilweise gotisch) und die Basilika St-Just im nahegelegenen Valcabrère (Wanderung 22).

Frankreich wird zur Nation

987 starb der letzte Karolingerkönig. Frankreich stellte nun eine eigenständige, wenn auch vielsprachige und nicht sehr einheitliche Nation dar. Das Land zerfiel in kleine Fürstentümer, die Autorität des Königshauses ging dabei mehr und mehr verloren. Der König gebot nur über eine recht kleine Domäne rund um Paris. In Südwestfrankreich wurden die romanischen Gotteshäuser in dieser Zeit oft als Wehrkirchen errichtet. Sie dienten den Bewohnern der Pyrenäentäler als Zufluchtsstätten gegen aragonesische Überfälle. Eine beachtenswerte Wehrkirche aus dem 12. Jh. steht in Luz.

ALBIGENSERKRIEGE

Der Papst veranlaßte einen Kreuzzug gegen die ketzerischen Albigenser (Katharer), die sich zwischen Zentralmassiv und Pyrenäen niedergelassen hatten, Ludwig VIII. von Frankreich nutzte diesen, um das Languedoc zu erobern und dadurch Zugang zum Mittelmeer zu erlangen. In der Grafschaft Foix (dem heutigen Ariège) wütete der Albigenserkrieg besonders grausam. 1229 endete er mit der Unterwerfung des Grafen von Foix unter die französische Krone. Damit war in Frankreich die nationale Einheit weitgehend hergestellt.

GOTIK

Der gotische Baustil – Mitte des 12. Jh. in Nordfrankreich in Mode gekommen – fand im Pyrenäenraum nur langsam Eingang. In weiten Teilen Südfrankreichs kam die Bautätigkeit durch die Albigenserkriege Anfang des 13. Jh. praktisch zum Erliegen. Die Gotik konnte sich jedoch in den vom Krieg verschonten Gebieten im Südwesten Frankreichs zu dieser Zeit ebenso entfalten wie in Navarra, das sich im Besitz französischer Adelsfamilien befand. Die Kathedrale von Bayonne und die Stiftskirche von Roncesvalles entstanden in dieser Zeit, beide stark von nordfranzösischen Vorbildern geprägt. Nach den Albigenserkriegen (Ende 13./Anfang 14. Jh.) sollte die zwar offiziell zu Frankreich gehörige, aber eigenständige Region im Süden des Landes durch nordfranzösische Kulturimporte fester an die Zentralgewalt gebunden werden. Dennoch entwickelte sich hier ein anderer Stil (Gotik des Languedoc), der an die Romanik anschloß und weniger mit Skulpturen arbeitete als die eigentliche Gotik. Charakteristisch ist die Verwendung von Ziegeln. Dieser Stil beeinflußte nun auch die Baukunst im Roussillon und in Katalonien/Aragón (katalanische Gotik). Drei gleichhohe Schiffe (Hallenkirche) verleihen den Innenräumen der Kirchen eine majestätische Höhe. Schöne Beispiele sind die Kathedrale und das Rathaus von Huesca (15./16. Jh.), die Kathedrale (um 1500) und der Palast der Könige von Mallorca (13./14. Jh.) in Perpignan sowie die Kathedrale von Girona (um 1500).

Gotik nach nordfranzösischem Vorbild: Kathedrale von Bayonne

Die Einigung Spaniens

Auf der Iberischen Halbinsel hatten sich Aragón, Navarra, Kastilien/León und Portugal bis ins 15. Jh. hinein als selbständige Staaten behaupten können. 1479 kam es dann durch die Heirat der Katholischen Könige (Ferdinand von Aragón und Isabella von Kastilien) zur Vereinigung dieser beiden Königreiche, während Navarra weiterhin mehr nach Frankreich orientiert blieb. Die spanische Politik war von jetzt an auf eine Zentralisierung der Macht ausgerichtet. Damit und mit dem Rückgang des Mittelmeerhandels nach der Entdeckung Amerikas begann der Niedergang Kataloniens, das verstärkt in den Sog der kastilischen Dominanz geriet.

KATALANISCHER BÜRGERKRIEG

Zunehmende wirtschaftliche Schwierigkeiten sowie Erbfolgestreitigkeiten gipfelten 1462 im Ausbruch des katalanischen Bürgerkrieges, den Johann II. von Aragón nur mit Hilfe eines französischen Kredits und des Eingreifens französischer Truppen gewinnen konnte. Dafür verpfändete er die Grafschaften Roussillon und Cerdagne an Frankreich. Um das getrübte Verhältnis zu den Katholischen Königen zu verbessern und sich Rückendeckung für französische Expansionspläne in Italien zu verschaffen, gab Karl VIII. von Frankreich schließlich 1493 die Grafschaften an Ferdinand von Aragón zurück. Dieser konzentrierte daraufhin spanische Truppen im Roussillon und ließ 1497 die Festung Salses (nördlich von Perpignan) bauen, um die endgültige Zugehörigkeit des Roussillon zu Spanien zu demonstrieren.

ROUSSILLON UND CERDAGNE

NAVARRA

Navarra blieb zunächst unabhängig. Als Spanien 1511 mit Zustimmung des Papstes einer Heiligen Liga gegen Frankreich beitrat, sah sich das kleine Königreich jedoch zunehmender Bedrohung ausgesetzt. 1512 ließ König Ferdinand Navarra besetzen. Frankreich sah zunächst tatenlos zu. Erst 1520 gelang es französischen Truppen, Navarra vorübergehend in ihre Gewalt zu bekommen. Doch konnte Spanien die verlorenen Gebiete schon bald zurückerobern. Navarra wurde nun endgültig in den spanischen Zentralstaat integriert. Nur Niedernavarra mit der Hauptstadt St-Jean-Pied-de-Port blieb autonom.

Das spanisch-französische Verhältnis verschlechterte sich unter der Habsburger-Dynastie weiter. Philipp II. von Spanien mischte sich intensiv in die innenpolitischen Angelegenheiten Frankreichs ein. Der Calvinismus hatte sich zu dieser Zeit in Frankreich rasch ausgebreitet. Seit 1545 wurden die Calvinisten, bedingt durch eine harte Unterdrückung seitens der Krone, zunehmend radikalisiert. Jeanne d'Albret, die Tochter des Königs von Navarra und Erbin von Béarn, Bigorre und Foix, heiratete den Führer der Calvinisten-Bewegung, einen Bourbonen, der indirekte Ansprüche auf den französischen Thron geltend machte. In den Erblanden der Jeanne d'Albret befand sich bald eines der Zentren der neuen Bewegung.

HUGENOTTENKRIEG

1562 brach der erste Hugenottenkrieg aus, dem bis 1597 sieben weitere folgten. Die Kämpfe erfaßten ganz Frankreich, wobei Philipp II. von Spanien den papsttreuen König unterstützte. Dieser starb 1589 ohne Nachkommen, und Heinrich von Bourbon-Navarra, der Sohn Jeanne d'Albrets und damalige Führer der Calvinisten, trat als Heinrich IV. die Thronfolge an.

1595 erklärte er Philipp II. von Spanien offiziell den Krieg, der bis 1598 dauern sollte. Mit dem Friedensschluß endete die spanische Einmischung in die inneren Angelegenheiten Frankreichs. Heinrich IV. brachte nun seinen Territorialbesitz in die französische Krondomäne ein, darunter das bisher unabhängige Königreich Navarra (seit 1512 nur noch Niedernavarra) und die Lehnsfürstentümer Béarn, Bigorre und Foix. Gleichzeitig ging auch sein durch Erbschaft von den Grafen von Foix erworbenes Hoheitsrecht über Andorra, das er mit dem Bischof von Urgell teilte, an die französische Krone über.

FRANZÖSISCHE KLASSIK

Die französische Klassik (Ende 16. bis 18. Jh.) ist unmittelbar mit der Bourbonen-Dynastie verknüpft. Zu dieser Zeit entstanden viele Profanbauten, die sich oft an antiken Vorbildern orientierten. Im südwestfranzösischen Pyrenäengebiet wurden im 16. und 17. Jh. einige Schlösser im Renaissance- und Barockstil erbaut (Peyrehorade, Laàs bei Sauveterre-de-Béarn, Andurain in Mauléon-Licharre). Und auch in St-Jean-Pied-de-Port zeugen einige Stadthäuser von dieser Epoche.

Der Pyrenäenfrieden

DREIßIGJÄHRIGER KRIEG

Im Dreißigjährigen Krieg erlitten die Spanier gegen Frankreich, das von England unterstützt wurde, schwere Niederlagen, so daß sie sich 1658 zu Friedensverhandlungen gezwungen sahen. 1659 schloß man auf der Fasaneninsel im Bidasoa-Fluß, einem kleinen Stück Niemandsland bei Hendaye, den sogenannten Pyrenäenfrieden, in dem Spanien unter anderem das Roussillon und die nördlichen Teile der Grafschaft Cerdagne an Frankreich abtrat. Damit stand die heute gültige Grenze zwischen den beiden Staaten fest.

FESTUNGSBAU VAUBANS

Unter dem Sonnenkönig (Ludwig XIV.) stattete der berühmte Festungsbauer Vauban im 17. Jh. zahlreiche südfranzösische Städte mit Verteidigungsanlagen aus oder modernisierte vorhandene Zitadellen. Im Südwesten vervollkommnete er die Befestigungsanlagen von Bayonne, Navarrenx und St-Jean-Pied-de-Port sowie das Fort de Socoa bei St-Jean-de-Luz. Nach dem Pyrenäenfrieden errichtete er an der neuen französisch-spanischen Grenze im Roussillon zahlreiche Bastionen (Perpignan, Port-Vendres, Villefranche-de-Conflent, Mont-Louis, Prats-de-Mollo). Die Anlagen Vaubans weisen alle einen sternförmigen Grundriß auf und sind stets von tiefen Gräben umgeben (s. auch Wanderungen 1 und 7).

KATALANISCHER BAROCK

Der aus Italien importierte Baustil der Renaissance hatte sich im Pyrenäengebiet nie durchsetzen können. Statt dessen entwickelte sich in Spanien im 16. Jh. der Platereskstil, aus dem später der Churriguera-Stil (katalanischer Barock) hervorging. Typisch für beide Stilarten ist die Überfülle skulpturaler Ornamente, mit denen ganze Fassaden verziert wurden. Der prächtig übersteigerte katalanische Barock erreichte im 18. Jh. seinen Höhepunkt. In Aragón, Katalonien und auch im Roussillon, wo man an der traditionellen Verbundenheit mit Spanien festhielt, wurden überall die alten gotischen Kirchen erneuert und ausgeschmückt, meist mit Altarrückwänden (Retabeln) im Churriguera-Stil, für die sich besonders im Roussillon gelungene Beispiele in der Kathedrale von Perpignan, in der Hafenkirche von Collioure, in den Kirchen von Prats-de-Mollo und Prades sowie in der Ermitage von Font-Romeu (Wanderung 7) finden. In Aragón wurde die Kathedrale in Barbastro im Churriguera-Stil ausgekleidet.

SPANISCHER ERBFOLGEKRIEG

Im Jahr 1700 starb der letzte spanische Habsburger ohne Thronfolger. Ludwig XIV. wollte daraufhin seinen Enkel Philipp, also einen Bourbonen, auf den spanischen Thron bringen. Aber die österreichischen Habsburger beanspruchten den Thron für Erzherzog Karl. 1702 brach der Spanische Erbfolgekrieg aus. Fünf Jahre später war der Krieg zugunsten der Bourbonen entschieden. Philipp V. trieb den Zentralismus nach französischem Vorbild voran. Die Pyrenäenstaaten Aragón, Katalonien und Navarra wurden ihrer bis dahin bestehenden relativen Autonomie beraubt.

Die Französische Revolution

1789 brach die Französische Revolution aus. Die Sonderrechte einzelner Landesteile wurden abgeschafft, womit Niedernavarra und Béarn ihre Teilautonomie verloren. Es erfolgte eine recht willkürliche Einteilung in Départements.

1792 entschlossen sich die konservativen Mächte Europas zum Krieg gegen das revolutionäre Frankreich, in den auch Spanien eingriff. Eine spanische Streitmacht drang bis ins Roussillon vor, wurde aber vor den Toren von Perpignan zurückgeschlagen. Auch an der Côte Vermeille kam es verschiedentlich zu Gefechten. 1795 mußten die Spanier mit der französischen Republik Frieden schließen und einen Pakt eingehen. Das beinahe führungslose Spanien erwies sich jedoch als unzuverlässiger Bündnispartner, und Napoleon, seit 1804 Kaiser von Frankreich, beschloß, die Bourbonenherrschaft in Spanien zu beenden. Zunächst marschierte er 1807 mit spanischer Hilfe in Portugal ein. Dann wandte er sich dem noch arglosen Spanien zu, besetzte alle befestigten Plätze im Norden des Landes zwischen dem Baskenland und Katalonien und verlangte die Abtretung der nördlichen Provinzen an Frankreich. Kurz darauf nahmen französische Truppen Madrid ein. Napoleon erzwang die Abdankung Karls IV. und seines Sohnes Ferdinand. Anschließend bestellte er seinen Bruder Joseph zum künftigen König Spaniens (s. auch Wanderung 30). Napoleon hatte jedoch nicht mit dem Wider-

Reaktion auf die Niederwerfung der Demokratie in den Provinzen – 1795: Greuel von Tarascon (Holzstich, um 1880)

stand der spanischen Bevölkerung gerechnet. Ein Aufstand gegen die französischen Besatzungstruppen in Madrid war der Auftakt zum Unabhängigkeitskrieg, der Unterstützung von England erhielt. 1813 mußte König Joseph Madrid verlassen, und wenige Monate später bereiteten englische Truppen unter Wellington den Franzosen bei Irún die entscheidende Niederlage.

Spanien blieb politisch instabil. Als König Ferdinand VII. 1833 starb, entbrannte ein Zwist um die Nachfolge zwischen seiner Tochter Isabella und seinem Bruder Don Carlos. Noch im gleichen Jahr brach der erste der sogenannten Karlistenkriege aus. Karls Operationsbasis lag in Navarra, das durch den liberalen Zentralismus der Regentin den Verlust seiner alten Vorrechte befürchten mußte. Karl versprach den Basken die Wahrung ihrer Teilautonomie. Auch Katalonien und die nördlichen Provinzen unterstützen die Karlisten. Doch liberale Truppen besetzten das Baskenland und Katalonien, und Navarra verlor 1841 endgültig seine Stellung als eigenständiges Königreich. Es galt von da an als spanische Provinz.

BELLE EPOQUE

Mitte des 19. Jh. entdeckten die Herrscherhäuser Spaniens und Frankreichs ihre Vorliebe für die Biscaya-Küste, und so ließ sich Königin María Cristina von Spanien in San Sebastián eine Sommerresidenz bauen. Kurz darauf tat es ihr die französische Kaiserin Eugénie in Biarritz gleich. Beide Orte entwickelten sich zu eleganten Seebädern. Architektonische Spuren der Belle Epoque sind noch vereinzelt zwischen den modernen touristischen Zweckbauten auszumachen. Auch die Thermalbäder der französischen Pyrenäen erfreuten sich seit dem 19. Jh. großer Beliebtheit. Es kristallisierte sich sogar ein Thermal-Baustil heraus (Hospitäler und Villen in Ax-les-Thermes, Bagnères-de-Luchon, Luz-St-Saveur, Cauterets). In Cambo-les-Bains ließ sich der Dichter Edmond Rostand zu Beginn des 20. Jh. die Villa Arnaga im neobaskischen Stil errichten, in Font-Romeu entstand zur gleichen Zeit der Kolossalbau des Grand Hôtel.

Diktatur und Bürgerkrieg

Nach dem Ersten Weltkrieg, in dem Spanien neutral geblieben war, zeichnete sich durch katalanische Separationsbestrebungen eine innenpolitische Krise immer deutlicher ab. 1923 gelangte General Primo de Rivera durch einen Staatsstreich an die Macht. Unter seiner Diktatur wurden die Autonomiebestrebungen unterdrückt. Die sogenannte ›Verschwörung von San Sebastián‹ löste 1930 einen Aufstand republikanisch gesinnter Offiziere im aragonesischen Jaca aus, der blutig niedergeschlagen wurde. Doch die Diktatur war nicht mehr aufrechtzuerhalten. 1931 verließ König Alfons

Im spanischen Bürgerkrieg: Nationale spanische Truppen verhören gefangene Milizionäre

XIII. das Land, während gleichzeitig überall die Republik ausgerufen wurde. Katalonien erhielt einen Autonomiestatus. Schon bald nahm jedoch der Einfluß der Monarchisten wieder zu. In Katalonien und im Baskenland kam es zu Unruhen, 1934 erfolgte die Ausrufung einer katalanischen Republik. Die separatistische Bewegung wurde allerdings durch die Zentralregierung rasch niedergerungen.

In den folgenden zwei Jahren gewann in Spanien der Faschismus an Boden. 1936 brach der Bürgerkrieg aus. Innerhalb weniger Tage befanden sich große Teile des Landes in der Hand der nationalen Bewegung unter General Franco. Katalonien war die Hochburg der Republik. Aber auch die baskischen Provinzen Guipúzcoa und Vizcaya kämpften auf Seiten der Republikaner. Sie nutzten die Gelegenheit, um eine baskische Provinz (Euskadi) zu errichten. Doch während des ersten Kriegsjahres wurde die Grenzstadt Irún von den Nationalen erstürmt und fast völlig zerstört. Im Jahr 1937, nach dem Fall Bilbaos, mußten die Basken kapitulieren. Die republikanischen Truppen wurden 1938 nach Katalonien zurückgedrängt. Die sogenannte Ebro-Schlacht wurde zur letzten großen Offensive der Republik. Es folgte der Einmarsch der Nationalen in Katalonien. Die republikanische Front bei Lleída brach zusammen. 1939 besetzten nationale Einheiten widerstandslos Barcelona. 400 000 Menschen flüchteten über die Pyrenäen nach Frankreich ins Exil. Der Spanische Bürgerkrieg war beendet.

Der Zweite Weltkrieg

Fünf Monate später brach der Zweite Weltkrieg aus. Der Waffenstillstand von 1940 sah die Bildung einer weitgehend entmilitarisierten Republik im von deutschen Truppen nicht besetzten Teil Frankreichs mit der Hauptstadt Vichy vor, also beinahe dem gesamten Süden des Landes. Lediglich ein Streifen an der Atlantikküste bis hinunter an die spanische Grenze wurde von der deutschen Wehrmacht eingenommen, um von dort den Kampf gegen Großbritannien zu führen. Nachdem 1942 die Vichy-Truppen in Nordafrika zu den Alliierten übergegangen waren, ließ Hitler auch den bis dahin noch freien Teil Frankreichs okkupieren. Während dieser Zeit flüchteten zahlreiche Menschen über die Berge der Pyrenäen, um quer durch Spanien das englische Gibraltar zu erreichen. Die deutschen Truppen legten nun überall an der Mittelmeerküste Verteidigungsanlagen an. Unterdessen formierte sich der Widerstand im Hinterland. Die Pyrenäen waren von 1940 bis 1944 ein wichtiges Rückzugsgebiet der Résistance.

Nach dem Zweiten Weltkrieg – vor allem seit den sechziger Jahren – entwickelten sich die mondänen Badeorte das 19. Jh. zu Stätten des Massentourismus. Neue kamen hinzu. Jedoch blieben die Pyrenäen und ihre Küsten von den schlimmsten Auswirkungen des touristischen Baubooms glücklicherweise verschont.

Moderne Entwicklung

Unter der Diktatur General Francos wurde in Spanien eine Eigenständigkeit Kataloniens und des Baskenlandes nicht mehr geduldet. Nach Francos Tod im Jahr 1975 bestieg Juan Carlos I. den spanischen Thron. Innerhalb weniger Jahre fand der Übergang zu einer Demokratie statt. Katalonien erhielt 1977 einen Autonomiestatus, das Baskenland folgte 1979.

In Frankreich besteht seit Anfang der 70er Jahre eine Tendenz zur verwaltungsmäßigen Dezentralisation. Zu diesem Zweck wurden Regionen und Großregionen geschaffen, die eine großräumige Wirtschaftsplanung ermöglichen sollen. In den Pyrenäen haben daran die Regionen Aquitaine (Pyrénées-Atlantiques), Midi-Pyrénées (Hautes-Pyrénées, Haute-Garonne, Ariège) und Languedoc (Pyrénées-Orientales) Anteil. Die beiden ersteren gehören zur Großregion Sud-Ouest, das Languedoc zur Großregion Méditerranée.

Andorra, über das der Bischof von La Seu d'Urgell und der französische Staatspräsident gemeinsam regiert hatten, gab sich 1993 eine neue Verfassung und wurde von Spanien und Frankreich als souveräner Staat anerkannt.

Die Wanderziele auf einen Blick

Die Pyrenäen sind eine ausgedehnte, vielseitige Gebirgsregion, die man schwerlich in einem zwei- oder dreiwöchigen Urlaub erschöpfend kennenlernen kann. Sinnvoller erscheint es da, je nach persönlicher Interessenlage und sportlichen Ambitionen einzelne Wandergebiete herauszugreifen, um diese intensiver zu durchstreifen. Zur Orientierung des Lesers sollen hier einige Charakteristika der beschriebenen Regionen aufgeführt werden, um die Auswahl des oder der Reiseziele zu erleichtern.

Da ist zunächst die Reisezeit zu berücksichtigen. Für Hochgebirgswanderungen kommen nur die Monate Juni bis September in Frage. Dies betrifft die Wanderrouten 9, 10, 13-15, 17-21 sowie 23-28. Die Saison beginnt hier frühestens Anfang Juni, und schon Ende September kann es zu Schneefällen kommen. Frühjahr (April–Juni) und Herbst (September, Oktober) sind dagegen ideale Reisezeiten für tiefergelegene Wandergebiete z. B. in Mittelmeernähe (Wanderungen 1–8), wo es im Hochsommer unangenehm heiß werden kann. Alle anderen Wanderungen (11, 12, 16, 22, 29-32) sind vom Frühjahr bis in den Herbst hinein zu empfehlen, wobei man auf französischer Seite die Sommerferien (Juli/August) vermeiden sollte, in denen die Urlaubsgebiete stark frequentiert sind.

Die Hochgebirgswanderungen weisen in der Regel mittlere bis anspruchsvolle Schwierigkeitsgrade auf. Eine gute Wanderausrüstung wird benötigt, Ausdauer und Trittsicherheit sind erforderlich. Es handelt sich jedoch nie um gefährliche Bergtouren. In den tieferen Lagen kann man zwischen leicht zu bewältigenden Wanderwegen (Wanderungen 2, 3-6, 16, 22, 32) und mittelschweren Touren, die eine gewisse Ausrüstung und Kondition voraussetzen (Wanderungen 1, 7, 8, 11, 12, 16, 19, 29-32), wählen.

Für kulturell interessierte Wanderer sind die Touren 1–9, 11, 12, 16, 19, 22, 29 und 30 besonders reizvoll. Botanikfreunde kommen bei den Wanderungen 10, 13-15, 23, 26-28 sowie 32 auf ihre Kosten. Grandiose Landschaftseindrücke gewinnt man vor allem auf den Wanderungen 17, 18, 20, 21, 23, 28-31.

Gewisse Einschränkungen ergeben sich für Wanderer ohne eigenes Fahrzeug, denn einige Wandergebiete sind mit öffentlichen Verkehrsmitteln gar nicht oder nur sehr umständlich zu erreichen. Dagegen bieten sich für diese die Wanderungen 1–3, 5-10, 13-16, 22-25 sowie 31 und 32 in idealer Weise an.

Blick auf den Pic du Midi d'Ossau

Wer besonderen Wert auf eine gediegene Unterkunft an einem zentralen Standort legt, von dem aus mehrere Wanderungen ohne größeren Aufwand durchführbar sind, kann auf französischer Seite das Wintersportzentrum Font-Romeu und die Badeorte Bagnères-de-Luchon und Cauterets sowie in Spanien die kleinen Ferienorte Espot und Torla am Rande der Pyrenäen-Nationalparks anlaufen. Auch Andorra sowie die Küstengebiete an Atlantik und Mittelmeer bieten gute Unterkunftsmöglichkeiten. Campingfreunde finden überall in den Pyrenäen schöne und nicht überfüllte Plätze in unmittelbarer Nähe der Wandergebiete.

Die Mittelmeerküste

Am Ostrand senken sich die Pyrenäen zum Mittelmeer ab. Letzter Ausläufer der Gebirgskette ist das Albères-Massiv. Es trennt das französische Roussillon im Norden von der spanischen Ampurdán-Ebene. Höchste Erhebung der Albères ist der Pic Neulos (1256 m). In Küstennähe erreichen sie noch 600–700 m Höhe. Dort, wo das Gebirge ins Meer abfällt, entstand eine wunderschöne Felsenküste mit malerischen Buchten. Auf französischer Seite wird sie Côte Vermeille, also Purpurküste, genannt. Ihre markanteste Landspitze ist das Cap Béar. In Spanien gehört der nördliche Teil der Costa Brava, der Wilden Küste, noch den Pyrenäen an. Ein Ausläufer der Albères, die mit dem Cap Creus weit ins Meer vorspringende Serra de Roses, begrenzt diesen Küstenabschnitt nach Süden.

Die unteren, flacheren Hänge des Küstengebirges werden im Roussillon für den Weinbau intensiv genutzt. Hier gedeiht der feurige Banyuls-Wein. Bis heute wird er nach althergebrachten Methoden – im Mittelalter von den Mönchen des Templerordens eingeführt – in einem jahrelangen Prozeß zur Reife gebracht. Entlang der Côte Vermeille kann man ihn in Probierstuben testen und auch kaufen. Auf spanischer Seite sind heute an der Küste viele Weinberge aufgelassen. Die Bewohner leben inzwischen vom Fremdenverkehr oder sind in die Industriezentren abgewandert. Im Hinterland dagegen, am Nordrand des Empordà, liegt rund um Peralada ein bedeutendes Weinbaugebiet, das auch für die Sektherstellung bekannt ist.

In Höhen über 200 m werden die Hänge zu steil, die Humusauflage zu dünn für den Weinbau. Unkontrollierter Brennholzeinschlag und häufige Buschbrände haben in den vergangenen Jahrhunderten dazu beigetragen, daß die Vegetation zu einer niedrigen, dürren Zwergstrauchgesellschaft verkümmerte, die nur im zeitigen Frühjahr und dann noch einmal nach den ersten herbstlichen Regenfällen kurzfristig zum Leben erwacht. Dann verwandelt sich die Landschaft über Nacht und ist morgens von einem bunten Blütenteppich überzogen. Die Franzosen nennen diese Buschvegetation *Garrigue.*

In den mittleren Lagen ist die Garrigue sehr artenreich. Kermeseichen *(Quercus coccifera)*, Pfriemenginster *(Spartium junceum)*, verschiedene Zistrosen *(Cistus sp.)* und Immortellen *(Helichrysum stoechas)* beherrschen das Bild. Dazu kommen im Frühjahr und nach den herbstlichen Regenfällen für kurze Zeit eine Reihe von Wildblumen wie die Schopfblättrige Traubenhyazinthe *(Muscari comosum)*, Ästiger Affodill (*Asphodelus aestivus)*, Mittagsschwertlilie *(Gynandriris sisyrin-*

chium) und verschiedene Orchideen-Arten. In höheren Lagen ab etwa 400 m dominiert die Baumheide *(Erica arborea)*, verglichen mit unseren heimischen Heidearten ein wahrer Riese von bis zu 4 m Höhe.

Die Gipfel der Gebirgskette werden von zahlreichen kleinen Felsenschwalben *(Hirundo rupestris)* umflogen. An der Steilküste findet man Silbermöwenkolonien. Im Frühjahr und Sommer huschen Eidechsen durch die Felsen. Recht zahlreich sind die Insekten in der Garrigue vertreten. Besonders häufig sieht man Heuschrecken, deren stahlblaue oder orangerote Flügelunterseiten im Flug aufblitzen.

Das Mittelmeergebiet ist die touristisch am besten erschlossene Region der Pyrenäen. Wenn auch die meisten Urlauber von den Stränden angelockt werden, so bieten sich doch auch für den Wanderer sehr gute Möglichkeiten. An Unterkünften aller Preisklassen herrscht kein Mangel, die Verkehrsanbindungen sind ausgezeichnet, und als Ausgleich zum Wandersport bieten die Küstenorte vielfältige touristische Attraktionen.

Als Standort eignen sich auf französischer Seite die malerischen Hafenstädtchen Collioure, Port-Vendres, Banyuls und Cerbère, auf spanischer Seite die Küstenorte Port-Bou, Colera, Llançà und El Port de la Selva. Alle genannten Orte verfügen über Hotels und Campingplätze verschiedener Kategorien. Die Bahnlinie von Perpignan nach Barcelona über Figueres verbindet alle Küstenorte zwischen Argelès und Llançà miteinander. Die Züge verkehren mehrmals täglich. Aktuelle Fahrplanauszüge sind bei den örtlichen Fremdenverkehrsämtern und in den Bahnhöfen erhältlich. Stets muß man an der Grenzstation Port-Bou den Zug wechseln, da die spanische Eisenbahn eine breitere Spur benutzt als die übrigen europäischen Bahnen.

Auskünfte erteilen: Maison du Tourisme, Palais Consulaire, Quai Lattre de Tassigny, F-66000 Perpignan; Dirección Provincial del Ministerio de Transportes, Turismo y comunicaciones, Avenida Ramón Folch, 2, E-17001 Gerona.

Der Hafenort Collioure an der Côte Vermeille

1

Zum Aussichtsberg der Côte Vermeille

Von Port-Vendres zum Tour de Madeloc

Militärische Verteidigungsanlagen aus verschiedenen Jahrhunderten, die entlang der Küste und der französisch-spanischen Grenze errichtet wurden, säumen den Weg. Ziel ist der Tour de Madeloc, ein Wachtturm aus dem frühen Mittelalter, von dem man einen hervorragenden Rundblick über die Küste und das Hinterland genießen kann.

i

WEGVERLAUF: Port-Vendres – Fort Ste-Elme (40 Min.) – Redoute Dugommier (ca. 1 Std.) – Col d'en Raxat (1 Std. 20 Min.) – Coll. del Mollo (2 Std. 10 Min.) – Batterie de Taillefer (3 Std.) – Tour de Madeloc (3 Std. 50 Min.) – Batterie 500 (4 Std. 15 Min.) – Coll. del. Mollo (ca. 5 Std.) – Mas Ferrand (6 Std.) – Port-Vendres (6 Std. 30 Min.).

DAUER: 6 Std. 30 Min.

HÖHENUNTERSCHIED: Etwa 600 m.

SCHWIERIGKEITSGRAD: Mittelschwer mit steilem Anstieg im oberen Teil.

WEGBESCHAFFENHEIT: Durch Weinberge geht es zunächst sanft bergauf. Später erfolgt ein steiler Anstieg über einen kargen Felskamm hinauf zum Tour de Madeloc. Für kreislaufschwache Wanderer ist der obere Teil des Aufstiegs zum Tour de Madeloc nicht zu empfehlen.

AUSRÜSTUNG: Feste Bergschuhe, Sonnenschutz.

JAHRESZEIT: Frühjahr oder Herbst; im Hochsommer nur in den frühen Morgenstunden.

KARTENMATERIAL: Carte de Randonnées 1 : 50 000, Pyrénées, carte n°11: Roussillon.

EINKEHRMÖGLICHKEIT: Imbißstube in der Batterie 500 (nur während der Hochsaison geöffnet).

VERKEHRSANBINDUNG: Mit dem Zug nach Port-Vendres. Bei Anfahrt per Auto in Port-Vendres den Schildern zum Bahnhof (S. N. C. F.) folgen.

DER WANDERWEG

Ausgangspunkt ist der Bahnhof (S. N. C. F.) von **Port-Vendres.** Wir wenden uns zunächst rechts und an der nächsten Gabelung links. Nun folgen wir der Route du Fort Ste-Elme, die aus dem Ort heraus und schräg am Hang durch die berühmten Weinberge von Banyuls aufwärts führt. Den linker Hand abzweigenden Feldweg lassen wir unbeachtet. In einem kleinen Korkeichenwäldchen beschreibt die Straße dann eine scharfe Linkskurve. Hinter der nächsten Biegung ist in der Ferne bereits der Tour de Madeloc auszumachen, und dann kommt zur Rechten das **Fort**

Ste-Elme in Sicht, das wir bald darauf erreichen (40 Min.). Der wuchtige Festungsbau befindet sich heute in Privatbesitz und kann leider nicht besichtigt werden, aber hinter dem Fort bietet ein Aussichtspunkt einen herrlichen Blick auf den hübschen Hafenort Collioure und die weite Küstenebene des Roussillon.

Wir folgen weiter dem Fahrweg, der bald in eine nicht asphaltierte Straße übergeht. Dann lassen wir die Ruine der **Redoute Dugommier** rechts liegen (ca. 1 Std.) und gehen auf dem hier recht steinigen Fahrweg sanft bergab. Weinberge und Korkeichenhaine wechseln sich ab. Die Weinbergterrassen sind von einem auffälligen Grabensystem durchzogen, das kreuz und quer über die Hänge verläuft und dem Schutz vor Erosion dient. Der Weg führt jetzt entlang eines felsigen, gestrüppbewachsenen Kammes.

Dann gelangen wir an den kleinen Paß **Col d'en Raxat** (1 Std. 20 Min.), dort zweigt rechs ein asphaltierter Fahrweg nach Collioure ab. Links führt ein schmaler Pfad bergab. Wir jedoch gehen geradeaus weiter. Der Weg steigt jetzt stetig bergan, und die Weinberge werden bald von trockenem Steineichengestrüpp abgelöst. Hinter einer Rechtskurve geht es noch einmal leicht bergab, bis wir die Straße zum Tour de Madeloc erreichen. Wir folgen ihr etwa 200 m nach rechts bis zur Gabelung am **Coll. del Mollo** (2 Std. 10 Min.). Dort biegen wir rechts in Richtung Collioure

Wanderung 1: Von Port-Vendres zum Tour de Madeloc

ab, folgen also nicht der Beschilderung zum Tour de Madeloc.

In der nächsten Linkskurve zweigt rechts ein schmaler Pfad ab, der hinab zur **Ermitage de Consolation** führt. Wir sehen sie tief im Tal aus einer grünen Insel hoher Bäume heraufleuchten. Ersatzweise kann man über die Ermitage (berühmte Einsiedelei, in deren Kapelle zahlreiche Votivgaben von Seeleuten aufbewahrt werden) in das malerische Hafenstädtchen Collioure hinunterwandern und einen Rundgang machen. Von dort besteht auch Zuganschluß nach Port-Vendres oder Perpignan.

Um zum Tour de Madeloc zu gelangen, bleiben wir zunächst noch ein kurzes Stück auf der Fahrstraße. Bald erscheint rechts ein Eisengeländer, und dort geht es auf der gegenüberliegenden Straßenseite auf einem blau-weiß markierten Pfad steil bergauf über einen Felsgrat. Rechts wendet sich nun der Blick auf das Tal des Ravaner und den hoch auf einer Bergkuppe wachenden Tour de la Massane. Auf einem flachen Vorsprung treffen wir auf die Ruine der **Batterie de Taillefer** (3 Std.). Vor der Batterie steigen wir links auf dem nun wieder breiteren Weg etwas bergab. Linker Hand sehen wir tief unten aneinandergereiht die Buchten von Port-Vendres, Paulilles und Banyuls.

Eine Abzweigung links lassen wir unbeachtet. Rechts biegt kurz darauf ein wiederum blau-weiß-markierter, gut ausgebauter Pfad ab, dem wir steil bergauf folgen. In den Wegbiegungen sieht man immer wieder, nun schon ganz nah, den **Tour de Madeloc** auftauchen, den wir so lange aus den Augen verloren hatten. Nach anstrengendem Aufstieg ist der Turm erreicht (3 Std. 50 Min.), der heute eine Satelliten-Empfangsstation beherbergt. Er kann nicht bestiegen werden. Seewärts bietet sich eine grandiose Aussicht auf die Côte Vermeille bis zum Cap Cerbère und in der anderen Richtung bis weit hinter Canet-Plage. Landeinwärts blikken wir auf die kahle Bergwelt der Albères-Kette.

Für den Rückweg wählen wir die Fahrstraße. Zunächst steil, dann sanfter bergab führt sie zur 1886 erbauten **Batterie 500** (4 Std. 15 Min.). Später kommen wir an zerfallenen Kasernen vorbei, die einst für die Soldaten der Batterie errichtet worden waren. Kurz darauf erreichen wir eine breitere Fahrstraße (4 Std. 35 Min.), auf der wir uns nach links wenden. Tief unten liegt die Batterie de la Galline. Wir passieren

Landschaft mit Weinbergen in der Nähe von Port-Vendres

noch eine zweite Kasernensiedlung, an der ein Aussichtspunkt mit Orientierungstafel angelegt wurde. Unter uns sehen wir schon die Straßengabelung am **Coll. del Mollo**, an der wir auf dem Hinweg in Richtung Collioure abgebogen waren.

An der Gabelung (ca. 5 Std.) gehen wir rechts und biegen nach 200 m links in eine steinige Fahrstraße ein, die wir schon vom Hinweg kennen. In der langgezogenen Rechtskurve, noch vor Erreichen des **Col d'en Raxat**, zweigt rechts ein unscheinbarer Pfad ab. (Wer diesen verpaßt, kann auch über das **Fort Ste-Elme** nach Port-Vendres zurückkehren.) Der Pfad führt zunächst durch niedriges Gestrüpp und ist stark zugewachsen. Später erreichen wir ein Kiefernwäldchen und wandern dann durch Weinberge und eine Mandelbaumallee. Es handelt sich hier um Privatgelände des Landgutes **Mas Ferrand** (6 Std.). Hinter der Allee treffen wir auf einen öffentlichen Fahrweg, der durch Weinberge talabwärts nach **Port-Vendres** führt. Ein kleiner Tunnel leitet unter dem Bahndamm hindurch, und kurz darauf erreichen wir den Ausgangspunkt unserer Wanderung.

Denkmäler aus kriegerischen Zeiten

Die Geschichte der kleinen Hafenorte an der Côte Vermeille geht bis in die vorrömische Zeit zurück. Port-Vendres und Collioure stritten sich um die Nachfolge der legendären Stadt Pyrène, einer der wichtigsten iberischen Ansiedlungen, von der übrigens die Pyrenäen ihren Namen erhielten. Die Römer bauten Port-Vendres (lat.: *portus Veneris)* zu einem wichtigen Hafen aus. Der Name leitet sich von einem bedeutenden Venus-Heiligtum ab, das sich damals auf dem vorgelagerten Cap Béar befand. In westgotischer Zeit sank die Bedeutung des Hafenstädtchens, das von da an im Schatten des benachbarten Collioure stand.

Im 7. oder 8. Jh. – ob noch in der Spätzeit der Westgotenherrschaft oder schon während der arabischen Besetzung ist nicht bekannt – wurde auf einer Anhöhe oberhalb von Port-Vendres der Madeloc-Turm (Tour de Madeloc) errichtet. Er diente jahrhundertelang als Wachtturm, um die Sarazenen, die immer wieder von See her die Küste unsicher machten, frühzeitig zu erspähen. Tagsüber stiegen Rauchsäulen auf, nachts wurden Feuersignale übermittelt. Ein weiterer Teil des Wachnetzes und Gegenstück zum Tour de Madeloc war der Tour de la Massane, dessen Ruine landeinwärts, ebenfalls auf einem Gipfel der Albères, auszumachen ist. Von dort aus konnte man das gesamte Roussillon überblicken und bei Annäherung von Seeräubern die Städte der Ebene rechtzeitig warnen.

Wie kam es nun zu der eigentümlichen Konzentration von Befestigungsanlagen in und um Port-Vendres? Schon im 16. Jh. war, noch unter spanischer Herrschaft, das wuchtige Fort Ste-Elme auf einsamer Höhe oberhalb der Stadt erbaut worden. Im Jahr 1659 schlossen Frankreich und Spanien den Pyrenäenfrieden, der die Grenze zwischen beiden Staaten entlang des Gebirgshauptkamms festlegte. Das Roussillon wurde damit endgültig Frankreich zugesprochen. Nun erlangte Port-Vendres erneut Bedeutung. Das absolutistische Frankreich wollte seine Südgrenze abriegeln. Im Auftrag des Sonnenkönigs, Ludwig XIV., reiste der berühmte Festungsbauer Vauban ins Roussillon. Nach eingehender Inspektion kam er zu dem Schluß, daß Port-Vendres der wichtigste französische Stützpunkt in Grenznähe werden sollte. Verschiedene Kriege, in die Frankreich verwickelt war, verschlangen jedoch so viel Geld, daß Vaubans Pläne zunächst nur ansatzweise verwirklicht werden konnten.

Erst über 100 Jahre später nahm Marschall de Mailly, der damalige Oberbefehlshaber der Streitkräfte des Roussillon, den Ausbau von Port-Vendres zu einem gewaltigen militärischen Bollwerk in die Hand. Die Französische Revolution beendete nur vorübergehend die Bauarbeiten. In unmittelbarer Nähe der Festung Ste-Elme entstand die Redoute Dugommier, eine kleinere Schanze, deren Ruinen allmählich von Gestrüpp überwuchert werden. General Dugommier hatte 1794 die Spanier von der Côte Vermeille vertrieben.

Gegen Ende des 19. Jh. wurden dann das Fort Béar auf der Landspitze östlich des Ortes sowie mehrere Artilleriestützpunkte auf dem Bergkamm des Madeloc errichtet (Batterie de Taillefer, Batterie 500, Batterie de la Galline). Die Ruinen der dazugehörigen Kasernen säumen die Bergstraße Circuit des Crêtes, die, ursprünglich aus strategischen Gründen angelegt, sich inzwischen zu einer beliebten Ausflugsroute entwickelt hat. Bunker und Stellungen aus dem Zweiten Weltkrieg schließlich, die später gesprengt wurden, findet man am Cap Béar.

Der Wachtturm Tour de Madeloc aus dem 7./8. Jh.

2

In die Küstengarrigue

Von Port-Vendres zum Cap Béar

Die leichte Wanderung führt zum Cap Béar, der markantesten Landspitze der Côte Vermeille. Zunächst geht es durch das malerische Hafenstädtchen Port-Vendres zum Denkmal von Sidi-Ferruch, das an die französische Kolonialzeit in Algerien erinnert, anschließend oberhalb der Küste durch die karge Landschaft der Garrigue bis zum Leuchtturm am Kap. Dort bietet sich ein herrlicher Rundblick über die gesamte Küste des Roussillon.

i

WEGVERLAUF: Port-Vendres – Monument de Sidi-Ferruch (20 Min.) – Leuchtturm (*Phare*) am Cap Béar (ca. 1 Std.) – Cap Béar (1 Std. 15 Min.).

DAUER: Mit Rückweg 2 Std. 30 Min. (ohne Besichtigungszeit).

HÖHENUNTERSCHIED: Etwa 100 m.

SCHWIERIGKEITSGRAD: Leicht.

WEGBESCHAFFENHEIT: Der breite Fahrweg verläuft oberhalb der Küste bis zum Leuchtturm am Cap Béar. Ein steiniger Pfad führt zur äußersten Spitze des Kaps hinab.

AUSRÜSTUNG: Leichte Wanderschuhe, Sonnenschutz.

JAHRESZEIT: Frühjahr oder Herbst; im Hochsommer in den Morgen- und Abendstunden.

KARTENMATERIAL: Carte de Randonnées 1 : 50 000, Pyrénées, carte n°11: Roussillon.

EINKEHRMÖGLICHKEIT: Nur in Port-Vendres.

BESICHTIGUNGSZEITEN: Das Denkmal von Sidi-Ferruch ist geöffnet: Mo–Sa 10–12, 16–18 Uhr, So 14.30–18 Uhr.

VERKEHRSANBINDUNG: Mit dem Zug nach Port-Vendres. Bei Anfahrt per Auto in Port-Vendres den Schildern zum Bahnhof (S. N. C. F.) folgen.

DER WANDERWEG

Ausgangspunkt der Wanderung ist der Bahnhof von **Port-Vendres.** Wir wenden uns rechts, biegen an der nächsten Gabelung links ab und gehen kurz darauf rechter Hand eine Treppe hinunter, überqueren einen großen Platz, steigen eine weitere Treppe hinunter und passieren die Hauptstraße. Hier wenden wir uns rechts, um wenige Meter weiter nach links zum Hafenkai abzubiegen. Diesem folgen wir, bis die Straße einen Bogen nach rechts beschreibt. Wir bleiben auf der Straße und gehen an den Hafenanlagen vorbei. Von nun an ist das Monument de Sidi-Ferruch ausgeschildert. An einem Campingplatz vorbei geht es auf das Hôtel des Tamarins zu. Hinter einer kleinen Parkanlage, vor einem Tunnel, biegt die Straße rechts ab. Im Bogen führt sie bergauf zum Grabmal von **Sidi-Ferruch** (20 Min.).

Nach der Besichtigung gehen wir auf den Fahrweg zurück und an einigen Ferienhäusern vorbei allmählich bergan. Auf halber Höhe bietet sich immer wieder eine malerische Aussicht auf den Hafen von Port-Vendres. In die Ferne schweift der Blick bis zu den Bergketten der Cevennen. Rechter Hand erhebt sich auf dem höchsten Punkt der Kuppe das Fort Béar. Links unten, in der Nähe der Hafeneinfahrt, sind die Reste eines älteren, schon von Vauban errichteten Forts zu erkennen.

Links zweigt ein Weg in Richtung Hafenmole ab. Wir bleiben jedoch auf dem Fahrweg und stehen kurz darauf ganz unvermittelt hoch über dem Meer. Der durch eine niedrige Mauer gesicherte Weg führt nun direkt oberhalb der Küste entlang. Hinter einer Biegung öffnet sich bald schon der Blick auf die neuerrichtete Signalstation und den Leuchtturm am Cap Béar.

An der Signalstation beschreibt der Weg eine Biegung, und dahinter schauen wir erstmals auf die Bucht von Banyuls und die dahinterliegenden Landzungen. Ein Schild weist hier nach links zum Cap Béar. Wir folgen dem schmalen Pfad bergab. Nach wenigen Metern treffen wir wieder auf den Fahrweg. Unten rechts liegt die kleine Badebucht Anse Ste-Cathérine, in der Nähe ein paar Ferienhäuser. Wir halten direkt auf den Leuchtturm zu. Der Fahrweg endet vor einer Toreinfahrt. Rechts zweigt der **Sentier Littoral** ab, ein beschilderter, gut gesicherter, aber nur für Trittsichere geeigneter Pfad, der oberhalb der Steilküste bis zur 2,5 km entfernten Bucht von Paulilles führt. Von dort besteht Busanschluß nach Port-Vendres.

Vor der Toreinfahrt geht es links hinauf zum **Leuchtturm** (ca. 1 Std.), der nicht zu besichtigen ist. Nun sind es noch etwa 500 m bis zum **Cap Béar**. Links am Turm vorbei steigen wir auf einem steinigen Pfad zur Funkstation

Wanderung 2: Von Port-Vendres zum Cap Béar

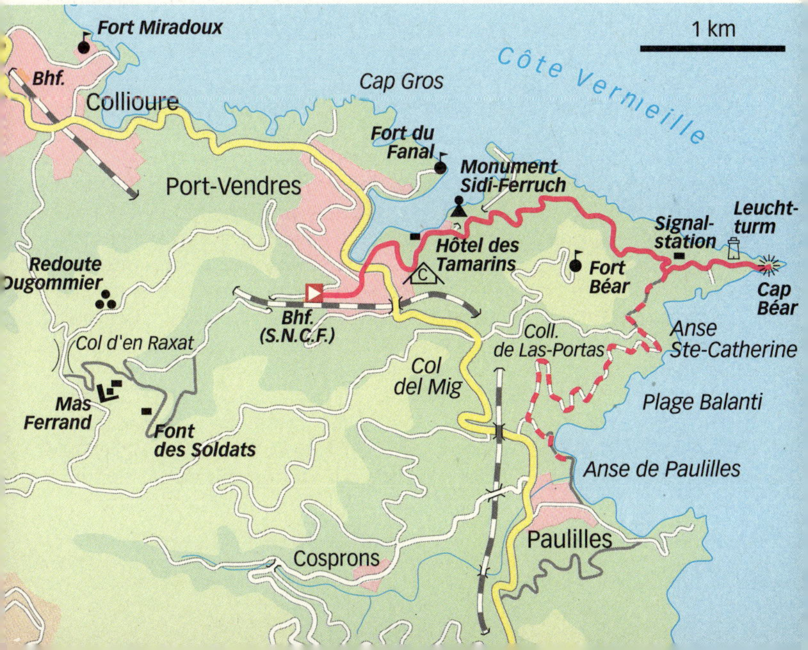

Im Hafen von Port-Vendres

hinunter. Der Weg wird von Bunkern und Stellungen aus dem Zweiten Weltkrieg gesäumt. Hinter dem Sendemast kann man noch bis zur vordersten Stellung weitergehen (1 Std. 15 Min.). Von hier aus bietet sich der beste Rundblick auf die gesamte Küste des Roussillon. Rechts schaut man fast bis zur spanischen Grenze am Cap Cerbère, links in der Ferne liegen die Urlaubsorte Argelès-Plage, St-Cyprien-Plage und Canet-Plage, hinter denen Bergketten aufragen.

Auf dem Rückweg gilt es hinter der Signalstation aufzupassen. Rechts biegt ein steiniger Fahrweg ab, der zunächst parallel zum Hauptweg verläuft, dann aber bald endet. Diesen sollte man keinesfalls wählen. Sobald das rote Leuchtfeuer auf der Hafenmole von Port-Vendres in Sicht kommt, zweigt rechts, dort, wo die Begrenzungsmauer endet, ein schmaler Pfad ab, der in einen steinigen Fahrweg mündet. Auch dieser führt in eine Sackgasse. Man sollte daher unbedingt auf dem Hauptweg bleiben. Hinter dem Denkmal von Sidi-Ferruch kann man dann einen Abstecher zu den zwei kleinen Badestränden im Hafenbereich anschließen, indem man rechts durch den Tunnel geht.

Sidi-Ferruch – Erinnerungen an Algerien

Der Hafen von Port-Vendres besaß große Bedeutung für den Handel mit Algerien. Die Unabhängigkeit der ehemaligen Kolonie im Jahre 1962 setzte dem regen Schiffsverkehr jedoch ein Ende. Heute ist Port-Vendres der wichtigste Fischereihafen der Côte Vermeille. An die französische Kolonialzeit in Algerien erinnert das Monument des Sidi-Ferruch. Die Rekonstruktion des Grabmals von Sidi-Ferruch wurde 1988 in der Nähe der Hafeneinfahrt errichtet.

In der Bucht von Sidi-Ferruch, wenig westlich von Algier gelegen, landeten am 14. Juni 1830 französische Truppen mit dem Ziel, dem drei Jahre währenden Handelsstreit ein Ende zu setzen und Algerien gewaltsam einzunehmen. Reiche Damen konnten damals Plätze auf Vergnügungsbooten buchen, um die Eroberung von See aus zu verfolgen. Zwei Wochen später fiel Algier, und das bis dahin unabhängige Land wurde zur französischen Kolonie deklariert. Im Zweiten Weltkrieg war die Bucht von Sidi-Ferruch erneut Kriegsschauplatz, als englische und amerikanische Truppen 1942 dort an Land gingen, um den Kampf gegen das Vichy-Regime in Nordafrika aufzunehmen.

In jüngster Zeit wurde in Sidi-Ferruch ein großer Touristenkomplex mit mondänem Yachthafen erbaut – in der Hoffnung, daß die Franzosen ein weiteres Mal landen, diesmal mit Devisen.

Das Sidi-Ferruch-Denkmal erinnert an die Kolonialzeit in Algerien

3

Zum Grab des Bildhauers

Von Banyuls zum Tombeau Aristide Maillol

Vom bekannten Ferienort Banyuls-sur-Mer führt diese leichte Wanderung landeinwärts durch Weinberge und Obstgärten zum Haus des berühmten französischen Bildhauers Aristide Maillol, der hier seine letzten Jahre verbrachte. Das Haus wurde in ein Museum umgewandelt, im Garten ist das Grab des Künstlers mit einer von ihm geschaffenen Skulptur zu besichtigen.

i

WEGVERLAUF: Banyuls (Place Paul Reig) – Tombeau Aristide Maillol (1 Std.).

DAUER: Mit Rückweg 2 Std. (ohne Besichtigungszeit).

HÖHENUNTERSCHIED: Etwa 100 m.

SCHWIERIGKEITSGRAD: Leicht.

WEGBESCHAFFENHEIT: Asphaltierte Nebenstraßen.

AUSRÜSTUNG: Leichte Wanderschuhe und einen ausreichenden Sonnenschutz.

JAHRESZEIT: Frühjahr oder Herbst; im Hochsommer während der Morgen- oder Abendstunden.

KARTENMATERIAL: Carte de Randonnées 1 : 50 000, Pyrénées, carte n°11: Roussillon.

EINKEHRMÖGLICHKEIT: Nur in Banyuls.

VERKEHRSANBINDUNG: Mit dem Zug nach Banyuls.

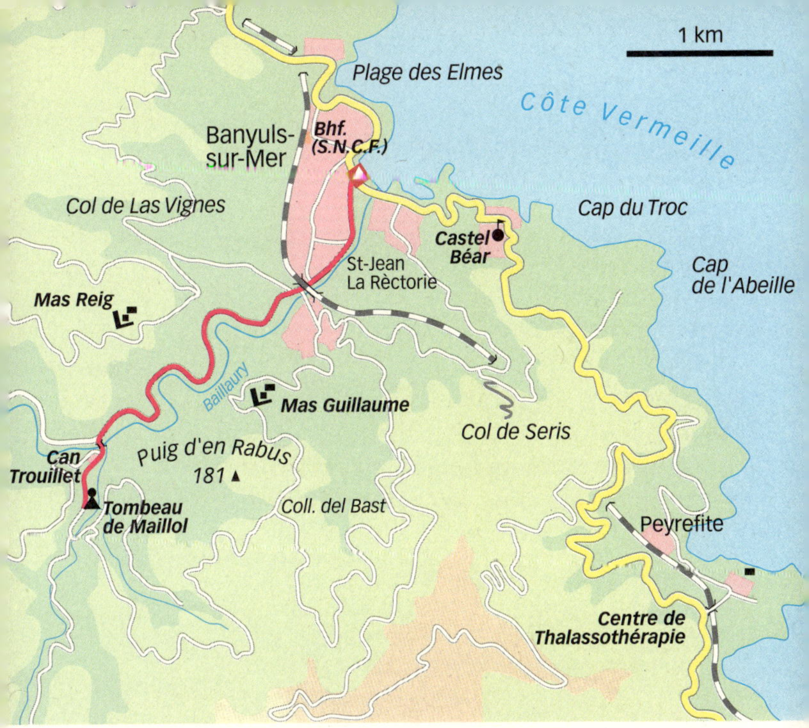

Wanderung 3: Von Banyuls-sur-Mer zum Tombeau Aristide Maillol

DER WANDERWEG

Die Wanderung beginnt an der Uferpromenade von **Banyuls**, am Place Paul Reig. Rechts neben dem Bürgermeisteramt *(Mairie)* und der Post zweigt die Avenue du Général de Gaulle ab, der wir landeinwärts folgen. Zunächst führt unser Weg unter einer Eisenbahnbrükke hindurch. Dahinter biegt die Hauptstraße nach rechts ab, wir aber wandern geradeaus auf einer Nebenstraße weiter, die oberhalb eines breiten Flußbettes an Weinbergen vorbei entlangführt. Die Felswände zur Rechten sind dicht von Feigenkakteen überwuchert, die im Juni mit ihren gelbleuchtenden Blüten erfreuen. Im Talgrund werden Pfirsiche und Aprikosen in großen Plantagen angepflanzt.

Bald treffen wir auf ein Schild, das nach links zum ›Tombeau de Maillol‹ weist (50 Min.). Auf einer Brücke queren wir das Flußbett, dem wir die ganze Zeit zu unseren Linken gefolgt sind und kommen gleich darauf an eine Straßengabelung. Geradeaus geht es nun allmählich, aber sanft bergauf in einen flachen Talgrund hinein. Schon bald gilt es auf ein blaues Schild mit weißer Schrift zu achten, das vor einem Eisengeländer und einer Betonpfostenreihe zur Linken wiederum zum **›Tombeau Aristide Maillol‹** weist (1 Std.).

Nach wenigen Schritten bergab treffen wir unten links auf das restaurierte Haus des Künstlers, das inzwischen zum Museum umgestaltet wurde. Rechts befindet sich das Grab von Aristide Maillol mit der von ihm geschaffenen Skulptur ›La Pensée‹. Der Garten und die Schatten spendenden hohen Bäume laden zum Verweilen ein, bevor wir auf demselben Weg nach **Banyuls-sur-Mer** zurückkehren.

Aristide Maillol – Bildhauer von Weltruf

Banyuls ist der Geburtsort des berühmten katalanischen Künstlers, hier starb er auch 1944 im Alter von 83 Jahren. Als Zwanzigjähriger ging er nach Paris und widmete sich zunächst der Malerei, aber auch der Wiederbelebung des Kunsthandwerks (Keramik, Teppichweberei). Von Paul Gauguin angeregt, schloß er sich dem Kreis der ›Nabis‹ an, einer Gruppe von Künstlern, die gegen Ende des 19. Jh. versuchten, eine inhaltsleer gewordene Kunst durch einen neuen Symbolismus zu überwinden.

Häufig waren Maler in dieser Zeit zugleich bildhauerisch tätig, oder Skulpteure kamen von der Malerei, so auch Aristide Maillol, der um 1900 zur Bildhauerkunst wechselte. Damals setzte in der Malerei die Blütezeit des Expressionismus ein. Maillol gilt unter den Bildhauern als ältester Vertreter dieser neuen Kunstrichtung. Grazil und kraftvoll zugleich sind seine Akte. Mit der Mischung aus formaler Verhaltenheit und sinnlicher Fülle, die sein gesamtes Schaffen auszeichnete, war er richtungsweisend für die nächste Künstlergeneration.

In späteren Jahren liebte es Maillol, sich zur Sommerzeit in sein kleines Haus in der Nähe von Banyuls zurückzuziehen, in dessen Garten man ihn auf eigenen Wunsch auch beerdigt hat. Sein Grab wird von einem seiner Werke (›La Pensée‹) geschmückt, einer massiven Bronzestatue. Auch das Denkmal für die im Krieg gefallenen französischen Soldaten am Hafen von Banyuls hat er geschaffen. Auffallend einfach ist es und dadurch wohl besonders beeindruckend.

La Pensée

4

Klosterruinen und schattiger Quell

Von Vilamaniscle zum Monestir Sant Quirze de Colera

Durch die Weingärten von Vilamaniscle, einem winzigen Dorf am Rande der Empordà-Ebene, geht es ins Tal des Riu de Sant Quirze. Am Rande eines Nationalparks führt der Weg, dem Bachlauf folgend, zu den Ruinen des romanischen Konvents Sant Quirze de Colera, wo man an einer schattigen Quelle im ehemaligen Klostergarten verweilen kann.

WEGVERLAUF: Vilamaniscle – Riu de Sant Quirze (25 Min.) – Monestir de Sant Quirze de Colera (1 Std. 10 Min.) – Vilamaniscle (2 Std. 30 Min.)

DAUER: 2 Std. 30 Min.

HÖHENUNTERSCHIED: Etwa 200 Meter.

SCHWIERIGKEITSGRAD: Leicht.

WEGBESCHAFFENHEIT: Erst Feldweg, dann breite Piste.

AUSRÜSTUNG: Feste Wanderschuhe, Sonnenschutz.

JAHRESZEIT: Frühjahr oder Herbst; im Hochsommer in den Morgen- und Abendstunden.

KARTENMATERIAL: Mapa topográfico Excursionista. Costa Brava II – Cadaqués. 1 : 80 000. Editorial Alpina, Barcelona.

EINKEHRMÖGLICHKEIT: Nur in Vilamaniscle.

VERKEHRSANBINDUNG: Mit öffentlichen Verkehrsmitteln ist der Ausgangspunkt der Wanderung nicht zu erreichen.

DER WANDERWEG

Ausgangspunkt ist das kleine Bauerndorf Vilamaniscle. Im Ort biegt man von der Hauptstraße in die zweite Straße links ein, die etwas bergauf führt. Hinter den letzten Häusern weist ein kleines Schild nach Sant Quirze de Colera. Die schmale Asphaltstraße führt an einer Schweinefarm vorbei und geht bald darauf in eine holprige Piste über. An einer Abzweigung (10 Min.) gehen wir geradeaus weiter. Nach weiteren 5 Minuten kündigt ein Schild die Gemeindegrenze von Rabós an. Es geht immer noch geradeaus, sanft bergab in eine weite Talung. An einem Korkeichenhain gabelt sich der Weg. Wir wählen den linken, breiteren. Auch an der nächsten Gabelung (20 Min.) bleiben wir links auf dem breiteren Weg, der allmählich ins Tal führt.

Nach 25 Min. erreichen wir das Flußbett des Riu de Sant Quirze. Hier biegen wir rechts in eine breite Piste ein, der wir talaufwärts folgen. Die rot-weiße

Wanderung 4: Von Vilamaniscle zum Monestir Sant Quirze de Colera
Wanderung 5: Von Espolla zum Dolmen von Barranc

Markierung des Fernwanderwegs G.R.11 begleitet uns von nun an. Rechts des Weges liegt der Naturpark Paratxe Natural Interes Nacional de la Ribera. Am gegenüberliegenden Talrand erkennt man einige Getreidefelder, die noch regelmäßig bestellt werden. Viele andere hat man in den vergangenen Jahren aufgelassen.

An der rechten Talseite erblicken wir nach 40 Gehminuten einige verfallene Häuser. Im Hintergrund erhebt sich die Serra d'Albera mit ihren bizarren Felsformationen. Wir folgen weiter talaufwärts der schnurgerade verlaufenden Piste. Zu unserer Linken fließt der von Korkeichen gesäumte Bach.

Nach 50 Gehminuten überquert der Weg das im Sommer praktisch ausgetrocknete Flußbett. Das Tal verengt sich nun etwas, der Weg steigt steiler an. Die landwirtschaftliche Nutzung hört auf, die Talränder sind mit Garrigue überwuchert. Unten am Bach leben wilde Enten, die hier seit ein paar Jahren nicht mehr geschossen werden dürfen und sich allmählich im Bestand erholen.

In einer Linkskurve kommt die Klosterruine in Sicht, in einem erweiterten

Talkessel gelegen. Ringsum ragen hoch die Berge der Serra d'Albera auf. Zur Linken erhebt sich die turmlose Ruine der Kapelle Santa Maria. Rechts führt ein Weg zum eigentlichen Klosterbezirk (1 Std. 10 Min.).

Auf der Rückseite des Klosters befindet sich eine Parkfläche für Pkw. Unterhalb des Parkplatzes an einem Wasserbecken treffen wir auf einen Fußpfad und überqueren auf einer Holzbrücke den Bach, der hier auch im Sommer noch ein wenig Wasser führt. Auf der anderen Talseite gehen wir hangaufwärts über einige verfallene Ackerterrassen – wohl der einstige Klostergarten – auf eine Baumgruppe zu. Hier befindet sich eine gefaßte Quelle (1 Std. 15 Min.), an der man mit Blick auf das Kloster im Schatten von Kastanien rasten kann.

AM WEGE

Das **Kloster Sant Quirze de Colera** wurde schon im 9. Jh. erstmals urkundlich erwähnt. Es dürfte also kurz nach der Vertreibung der Mauren aus Katalonien gegründet worden sein. Aus dieser Zeit blieb allerdings so gut wie nichts erhalten. Der heutige Bau stammt aus der ersten Hälfte des 12. Jh. und wurde im romanischen Stil errichtet. Im Verlauf der Säkularisierung wurden 1836 die Mönche vertrieben, seither steht das Kloster leer und verfällt allmählich.

Die einstige Bedeutung von Sant Quirze de Colera läßt sich erahnen, wenn man die Ruine der dreischiffigen, einst wohl sehr eindrucksvollen Klosterkirche genauer betrachtet. Dicke Mauern verleihen ihr unverkennbar den Charakter einer Festung. Im Gegensatz zum ansonsten eher schlichten Bau wurden die drei Apsiden aufwendig im lombardischen Stil verziert mit Blindbögen, Halbsäulen und horizontalen Dekorationsbändern (Lisenen). Norditalienische Baumeister hatten diese frühe Form der Romanik nach Katalonien gebracht, wo sie vor allem in den Pyrenäentälern große Verbreitung fand. In schlechtem Zustand befinden sich der Kreuzgang und die anderen Klostergebäude. Recht gut erhalten blieb dagegen die Ruine der kleinen Kirche Santa Maria (12. Jh.), die sich ein wenig abseits vom Klosterkomplex erhebt.

Das verlassene Kloster Sant Quirze de Colera

5

Rätsel der Megalithkultur

Zum Dolmen von Barranc

Durch Weinberge und Olivenhaine geht es vom malerischen Ort Espolla zu der schattigen Quelle Font Cadecàs und weiter zum verlassenen Bauernhof Mas Guerols. Höhepunkt der Wanderung ist der Besuch des vorgeschichtlichen Dolmens von Barranc.

i

WEGVERLAUF: Espolla – Font Cadecàs (40 Min.) – Mas Guerols (1 Std. 30 Min. – Dolmen del Barranc (ca. 2 Std. 10 Min.) – Espolla (3 Std.)

DAUER: 3 Std.

HÖHENUNTERSCHIED: Etwa 150 m.

SCHWIERIGKEITSGRAD: Leicht bis mittelschwer.

WEGBESCHAFFENHEIT: Auf Feldwegen geht es nach Mas Guerols. Ein schmaler Pfad führt durch die Garrigue zum Dolmen von Barranc. Auf breiten Wegen wandern wir zurück nach Espolla.

AUSRÜSTUNG: Feste Bergschuhe, Sonnenschutz.

JAHRESZEIT: Frühjahr oder Herbst; im Hochsommer in den Morgen- oder Abendstunden.

KARTENMATERIAL: Mapa topográfico Excursionista. Costa Brava II – Cadaqués. 1 : 80 000. Editorial Alpina, Barcelona.

EINKEHRMÖGLICHKEIT: Nur am Ausgangs- und Endpunkt Espolla.

VERKEHRSANBINDUNG: Mit dem Zug über Llançà bis Figueres. Mit dem Bus aus Richtung Roses/Ampuriabrava nach Figueres. Von dort mit dem Bus nach Espolla.

DER WANDERWEG

Ausgangspunkt ist der untere Ortsrand von Espolla. Durch schmale Gassen schlendern wir bergauf Richtung Kirche bis zum zentralen Platz. Von dessen rechtem oberen Ende zweigt eine enge Straße ab, der wir geradeaus folgen. An einer Kreuzung hinter den letzten Häusern halten wir uns links, dem Hinweisschild Dolmen del Barranc folgend, auf zwei auffällige Silos zu. Nach 10 Gehminuten biegen wir an einer Gabelung auf einen betonierten Weg nach links ab, zwischen Weinfeldern geht es leicht bergab. An einer weiteren Gabelung – ein Schild weist nach rechts zum Dolmen del Barranc – gehen wir links und dann sanft bergauf. Immer häufiger sieht man jetzt Olivenhaine und aufgelassene Weinäcker, die neuerdings mit Kiefern aufgeforstet werden.

In einem feuchten Talgrund liegt die gefaßte Quelle Font Cadecàs (40 Min.). – ein schöner Platz zum Rasten. Im weiteren Verlauf des Weges darf man sich von Abzweigungen nicht irritieren lassen. Stets folgen wir dem Hauptweg. Wenige Minuten hinter der Quelle geht es geradeaus auf einen Olivenhain zu – nicht links abbiegen. Kurz nach Passieren des Olivenwäldchens taucht links des Wegs die Ruine einer Wassermühle auf. Der massige Mühlstein ist noch auszumachen. Hier wurde früher Olivenöl gepreßt.

Gleich darauf überqueren wir den Mühlbach auf einer niedrigen Brücke. Von nun an wird der Weg recht steinig. An einer Gabelung (1 Std. 20 Min.) können wir wahlweise entweder dem Hauptweg nach links oder dem steileren Weg nach rechts folgen. Beide treffen bald wieder zusammen. Am Wegrand stehen hier einige gewaltige Korkeichen. Auffällig viele Schmetterlinge beleben diesen Teil des Weges in den Sommermonaten, darunter der seltene Schwalbenschwanz *(Papilio machaon)*, ein großer, gelb gefärbter Falter mit schwarzer Zeichnung und roten Augenflecken.

Bald kommt am gegenüberliegenden Hang der verlassene Bauernhof Mas Guerols in Sicht. Gleich darauf blicken wir nach rechts in einen üppig begrünten Talgrund hinunter. Die Talhänge, früher intensiv landwirtschaftlich genutzt, sind heute von der Garrigue überwuchert. Rosmarin und Thymian verbreiten einen aromatischen Duft.

An einer Gabelung (1 Std. 30 Min.) gehen wir rechts, direkt auf den verlassenen Bauernhof zu. Noch vor dem ersten Gebäude, eine ehemalige Scheune, biegen wir rechts in einen schmalen Wiesenweg ein, der hinunter in den Talgrund führt. Parallel zum Bach geht es dann ein kurzes Stück talaufwärts bis zu einer Brücke.

Auf der anderen Talseite führt der Pfad zunächst steil bergan. Hinter einer Rechtskurve kommen wir durch einen Korkeichenhain, in dem im Frühjahr zahlreiche Zistrosen blühen. Links zweigt ein schmaler Weg ab (1 Std. 55 Min.), den wir nicht einschlagen. Vielmehr halten wir auf den Bergrücken zu, der sich rechts voraus erhebt. Der Weg führt am linken Hang des Bergrükkens höhenparallel weiter – nicht den steil bergaufführenden Weg wählen (2 Std. 5 Min.), der rechts abzweigt.

Anschließend geht es sanft bergab, auf den etwas niedrigeren, vorderen Teil des Bergrückens zu. Voraus blickt man weit in die Ebene des Empordà bis hin zum Golf von Roses. Nach wenigen Minuten zweigt rechts ein Weg ab – nur noch ein paar Meter bis zum Dolmen von Barranc, der direkt auf dem Bergrücken errichtet wurde. Vom Hauptweg aus ist der sehr flach gebaute Dolmen nicht zu sehen, daher muß man genau auf die Abzweigung achten.

Nach der Besichtigung des Dolmens folgen wir dem Hauptweg weiter bergab. Bald zweigt links ein breiter Weg ab (2 Std. 20 Min.). Wir aber gehen geradeaus steil in den Talgrund hinunter. Nach weiteren 5 Min. gabelt sich der Weg. Wir halten uns links auf den Riu Orlina zu, dessen Lauf von üppiger Vegetation gesäumt wird. Hier gibt es keine Brücke. Wir queren das Bachbett auf rundgeschliffenen Steinen, was bei stärkerer Wasserführung im Frühjahr nicht ganz einfach sein dürfte.

Auf der gegenüberliegenden Talseite kann man im Schatten hoher Bäume etwas verweilen, bevor es dann steil aufwärts aus dem Talgrund herausgeht. Der Weg ist hier wesentlich breiter, bleibt aber steinig. (Ein weiterer Weg kommt von rechts unten herauf.) Es geht weiter bergauf, bis nach 2 Std. 40 Min. der obere Rand des Tals erreicht ist. Wir bleiben nun auf dem breiten Hauptweg, der hier wieder von Weinfeldern gesäumt wird. Nach wenigen Minuten treffen wir auf den breiten, betonierten Weg, den wir vom Beginn unserer Wanderung kennen, und folgen diesem nach links bis Espolla, das wir nach 3 Std. erreichen.

Glanz und Niedergang eines Benediktinerklosters

Höhepunkt eines Aufenthalts an der spanischen Pyrenäenküste ist der Besuch des einst bedeutenden Benediktinerklosters Sant Pere de Rodes, das sich hoch über der Küste mit seinen Natursteinwänden harmonisch in die Landschaft einfügt. Eine schmale Straße führt vom Bade- und Hafenstädtchen Port de la Selva hinauf. Auch über Vilajuïga ist die Anfahrt möglich.

Erstmals wurde über Sant Pere de Rodes im Jahr 879 berichtet. Die ältesten noch erhaltenen Teile des Klosters sind Beispiele für den mozarabischen Kirchenbaustil und stammen aus dem 9. oder 10. Jh. Durch Schenkungen vergrößerte sich das Anwesen, und das Kloster genoß weit über die Region hinaus Achtung und Ansehen.

Unmittelbar oberhalb des Klosters, auf dem Gipfel des Sant Cristóbal, befand sich die Burg Sant Salvador de Verdera, von den Lehnsherren, den Grafen von Empúries, zur Bewachung des Klosters und der umliegenden Dörfer errichtet. Hier stand früher rund um die Uhr ein Wachtposten, um den Horizont nach sich annähernden Piratenschiffen abzusuchen. Vom Kloster kann man zur Burgruine hinaufsteigen. Der schmale, fast zugewachsene Pfad zweigt direkt vor dem Klostereingang rechts ab. Auf- und Abstieg dauern insgesamt etwa 30 Min.

Im Jahr 1401 starb das Adelsgeschlecht aus, und mit dem Übergang des Besitzes an fremde Häuser verlor auch das Kloster Sant Pere de Rodes rasch an Bedeutung. Immer mehr Einwohner verließen das nahe des Klosters entstandene Sta. Creu de Rodes. Im 16. Jh. wurde die Ortschaft völlig aufgegeben. Heute ist nur noch die Ruine der Dorfkirche Sta. Elena erhalten.

Das Kloster selbst ist seit 1798 unbewohnt. 1835 wurde es säkularisiert und danach von den Bewohnern der Umgebung geplündert. Die Anlage verfiel völlig.

Heute zählt Sant Pere de Rodes zu den interessantesten Sehenswürdigkeiten der nördlichen Costa Brava mit einer dreischiffigen Kirche aus dem 9. oder 10. Jh., dem 27 m hohen Glockenturm (10.–12. Jh.) und dem um 1200 entstandenen Kreuzgang. Öffnungszeiten: April–Sept. 9–13.45 Uhr und 16–19.45 Uhr, Okt.–März 9–13 und 14–17 Uhr.

Das ehemalige Benediktinerkloster Sant Pere de Rodes

6

Die Kapelle im Vulkan

Zum Volcà de Santa Margarida

Zahlreiche Vulkankrater prägen die Landschaft der Garrotxa, die 1986 zum Naturpark erklärt wurde. Unter ihnen hat der Volcà de Santa Margarida eine Besonderheit zu bieten: Im lauschigen Wiesengrund des Kraters erhebt sich eine schlichte Kapelle.

i

WEGVERLAUF: Parkplatz an der Straße von Olot nach Santa Pau – Volcà de Santa Margarida (30 Min.) – Parkplatz an der Straße von Olot nach Santa Pau (1 Std.)

DAUER: 1 Std.

HÖHENUNTERSCHIED: Etwa 200 m.

SCHWIERIGKEITSGRAD: Leicht.

WEGBESCHAFFENHEIT: Breiter Waldweg mit steilem An- und Abstieg, im Krater schmaler Pfad.

Festa Major in Figueres: ›Ball der Giganten‹

AUSRÜSTUNG: Feste Wanderschuhe.

JAHRESZEIT: Frühjahr bis Herbst.

KARTENMATERIAL: Mapa topográfico Excursionista. Garrotxa. 1 : 80 000. Editorial Alpina, Barcelona.

EINKEHRMÖGLICHKEIT: Einfache Bar am Wege.

VERKEHRSANBINDUNG: Mit dem Bus von Girona über Banyoles und Santa Pau Richtung Olot oder von Figueres nach Olot, von dort weiter Richtung Santa Pau.

DER WANDERWEG

Ausgangspunkt ist ein Parkplatz kurz vor Santa Pau, von Olot kommend auf der rechten Straßenseite. Hier gibt eine Informationstafel Auskunft über das Vulkangebiet der Garrotxa. Durch Buchenwald wandern wir auf einem breiten Fahrweg schräg bergauf. Bereits nach etwa 150 m gelangen wir an eine Gabelung. Dort wenden wir uns nach rechts und folgen auf einem breiten Waldweg der Beschilderung Richtung ›Cràter Santa Margarida‹. Steineichen,

Die Vulkane der Garrotxa

Eine für die Pyrenäen einmalige Vulkanlandschaft erstreckt sich am Südrand des Gebirges, rund um die katalanischen Orte Olot und Santa Pau. Die mittelgebirgsähnliche Garrotxa, die Höhen um 1000 m erreicht, erinnert an die Eifel oder die Auvergne. Rund 40 Vulkankegel und erloschene Krater gibt es hier. Vor etwa 350 000 Jahren fanden die ersten Ausbrüche statt, die letzte Eruption liegt erst 11 500 Jahre zurück. Noch heute gelten die Vulkane in der Garrotxa als aktiv, wenngleich sie sich offenbar eine Ruhephase gönnen. Vulkanische Schlacken und Lapilli (Auswurfmassen) bauten die Vulkankegel und Kraterränder auf. Aber auch Lavaströme ergossen sich aus den Kratern. Sie verstopften die Täler, und die am Abfließen gehinderten Bäche wurden so zu Seen aufgestaut. Viele Seen sind heute verlandet, doch mancherorts findet man noch Sumpfgebiete, die eine wertvolle Flora und Fauna bergen.

Durch den Abbau von Basaltgestein wurden der Vulkanlandschaft in der Vergangenheit schwere Schäden zugefügt. 1985 hat man die Garrotxa zum Naturpark erklärt und viele der (oft ohne Genehmigung eingerichteten) Steinbrüche geschlossen. Einige Bereiche (rund 9 km^2 des insgesamt etwa 119 km^2 großen Vulkangebietes) wurden sogar unter völligen Schutz gestellt. Seither hat sich die dank abwechslungsreicher Standorte sehr artenreiche Vegetation wie die Fauna sichtlich erholt.

Viele Vulkankegel wurden zu Wallfahrtsorten, an denen sich Kapellen erheben. Besonders beeindruckend, sowohl wegen seines guten Erhaltungszustands als auch wegen seiner nicht unerheblichen Ausmaße (350 m Durchmesser, 60 m Tiefe) ist der Krater des Volcà de Santa Margarida. Etwas kleiner, aber in fast perfekter Kegelform präsentiert sich der Puig Subirà. Der höchste Vulkankegel der Umgebung, der Croscat, ist durch den Wald von Tosca zu erreichen. Vor etwa 11 500 Jahren öffnete sich seine Flanke zum vorerst letzten Ausbruch in der Garrotxa. Der Lavastrom ergoß sich bis in unmittelbare Nähe des Santa Margarida.

Über den Naturpark Garrotxa informiert eine Ausstellung im Casal dels Volcans im Stadtpark von Olot (Mo–Sa 10–14, 15–19, So 10–14 Uhr). Neben Informationen zur Geologie, Flora und Fauna der Vulkanzone werden Anregungen zu weiteren Wanderungen gegeben.

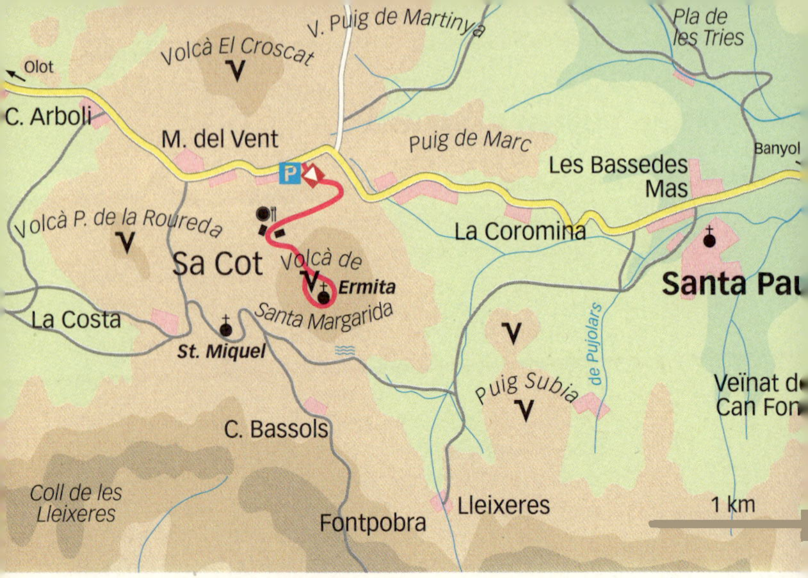

Wanderung 6: Zum Volcà de Santa Margarida

Eßkastanien und Kiefern säumen den Weg, die Stämme teilweise dicht mit Lianen überwuchert.

Bald darauf queren wir die Gebäude eines Bauernhofes (10 Min.). Der geschäftstüchtige Landwirt hat einen Andenkenladen und eine kleine Bar eingerichtet. Direkt hinter dem Gehöft gabelt sich der Weg. Ab hier wandern wir links bergauf weiter, an einigen prächtigen, hohen Kastanienbäumen vorbei. Gleich darauf tritt der Weg wieder in den Wald ein. Nach einem recht steilen Anstieg erreichen wir den Kraterrand (20 Min.). Von hier führt auf der rechten Seite ein breiter Weg auf einen Gebäudekomplex zu, der wie eine bewirtschaftete Berghütte aussieht, aber verschlossen ist.

Direkt hinter der Hütte zweigt links ein Weg in den Krater ab. Wer nicht hinabsteigen möchte, kann von hier den Blick ins Kraterinnere mit der schlichten Kapelle am Grund genießen. Der Kraterboden ist nach insgesamt 30 Gehminuten erreicht. Die Wiese rund um die Ermita lädt zur Rast ein. Ein Menhir erhebt sich neben dem kleinen Gotteshaus. Vielleicht versuchten schon die prähistorischen Menschen – wie später die Christen –, mit einem Symbol ihres Glaubens die feuerspeienden Kräfte des Erdinneren zu beschwören.

Hinter der Kapelle können wir wieder zum Kraterrand hinaufsteigen. Der Pfad mündet nicht weit von der Hütte in den uns bereits vertrauten Weg, der zum Parkplatz zurückführt.

Rund um den ›Kleinen Gelben Zug‹

Die östlichen Pyrenäen wurden bereits zu Beginn der Gebirgsbildung stärker als die übrige Gebirgskette gehoben. Lange der Erosion ausgesetzt, sind sie heute niedriger als der Zentralkamm. Doch erreichen sie mit dem Pic Carlit (2921 m) und dem Puigmal (2913 m) immerhin noch Höhen von fast 3000 m. Zwischen diesen beiden kristallinen Massiven dehnte sich einst ein gewaltiger Gebirgssee aus, der gegen Ende des Tertiärs mit Sedimenten bis auf eine Höhe von rund 1200 m zugeschüttet wurde. So entstand die Hochebene der Cerdagne am Oberlauf des Sègre, der nach Süden zum Ebro hin entwässert.

Die geschützte Lage macht die Cerdagne zu einem außerordentlich sonnenreichen Gebiet (etwa 3000 Sonnenstunden im Jahr). Daher wurde sie als Standort für die Sonnenkraftwerke in Mont-Louis und Odeillo gewählt. Die günstigen klimatischen Verhältnisse bieten auch der Landwirtschaft gute Voraussetzungen. Felder und Wiesen wechseln auf der Ebene ab. Die Hänge dienen zum Teil als Weidefläche – heute sind dort vielfach Skipisten angelegt –, teils sind sie bewaldet.

Ganz im Gegensatz dazu steht das Tal der Têt. Während die wasserreiche und klimatisch bevorzugte Region am Unterlauf der Têt, das Conflent, besonders intensiv für Obst- und Gemüseanbau genutzt wird, ist der enge Talabschnitt oberhalb von Prades stärker bewaldet.

In der Cerdagne bietet es sich an, die Ausgangspunkte der Wanderungen per Bahn anzusteuern. Der Train Jaune verkehrt etwa sechsmal täglich zwischen Villefranche-de-Conflent und Latour-de-Carol. Den aktuellen Fahrplan erhalten Sie bei den örtlichen Fremdenverkehrsämtern und in den Bahnhöfen. In Villefranche-de-Conflent besteht Anschluß nach Perpignan, so daß das Gebiet des Train Jaune auch von den Badeorten am Mittelmeer bequem erreichbar ist.

Wer direkt im Gebiet des Train Jaune wohnen möchte, kann sich in der Hochebene der Cerdagne im Wintersportzentrum Font-Romeu einquartieren. Font-Romeu ist per Bus an die Bahnlinie angeschlossen und bietet dem Urlauber jeden Komfort. Hotels, Pensionen und Ferienhäuser aller Preisklassen sind vorhanden, ebenso ein schöner Campingplatz, Restaurants und gute Einkaufsmöglichkeiten. Einfachere Unterkünfte bieten die umliegenden Orte wie Odeillo, Egat oder Saillagouse. Aber auch jeder andere Ort mit Anschluß an den Train Jaune eignet sich als Ausgangspunkt.

Nicht versäumen sollte man, dem **Sonnenkraftwerk in Odeillo** bei Font-Romeu einen Besuch abzustatten. Hier kann man beobachten, wie 63 drehbare Spiegel die Sonnenstrahlen auf den Parabolspiegel im Zentrum lenken, der aus 9500 einzelnen Glasteilen gefertigt wurde. So gelingt es, Energieeinheiten von 1000 kw auf kleinstem Raum zu bündeln; dabei werden Temperaturen von über 3500 °C erreicht. **Auskünfte erteilt**: Office du Tourisme, B. P. 55, F-66120 Font-Romeu.

Das Sonnenkraftwerk bei Font-Romeu

Eine altertümliche Schmalspurbahn

Ausgehend von Villefranche-de-Conflent (415 m) fährt eine kleine, gelbe Schmalspurbahn, der Petit Train Jaune, auf eingleisiger Strecke durch das Tal der Têt über den Col de la Perche (1592 m) zur Hochebene der Cerdagne. Im Sommer werden zum Spaß der Mitreisenden die Dächer der Waggons entfernt. Die Fahrt gehört zu den eindrucksvollsten Erlebnissen einer Pyrenäenreise.

Schon im 19. Jh. gab es Pläne, die Stadt Prades im Tal der Têt mit dem spanischen Puigcerdà zu verbinden. Doch erst zu Beginn des 20. Jh. verfügte man über die technischen Mittel, um an eine Verwirklichung des Projekts zu denken. Probleme bereitete vor allem die nicht unerhebliche Steigung. Etwa 1200 m Höhenunterschied waren auf der 63 km langen Strecke zu überwinden. Dies machte abenteuerliche Brückenkonstruktionen notwendig, die noch heute als wahre Meisterstücke der Technik erscheinen. In Villefranche begannen die Arbeiten, und nach acht Jahren Bauzeit konnte 1911 der Abschnitt bis Bourg-Madame eingeweiht werden. In den Jahren 1925–1927 wurde die Strecke dann bis Latour-de-Carol erweitert, um Anschluß an die inzwischen fertiggestellte Bahnverbindung von Toulouse nach Barcelona zu gewinnen.

Der malerischste Streckenabschnitt befindet sich zwischen Olette und Mont-Louis. Dort überwindet der Kleine Gelbe Zug zwei berühmte Brücken, die nach ihren Erbauern benannt sind. Die Pont Séjourné zwischen Thuès und Fontpédrouse besteht aus zwei Etagen. Unten überspannt ein einzelner, 30 m breiter und 18 m hoher Bogen die Schlucht der Têt. Der Zug fährt auf der oberen Etage, einem 237 m langen Viadukt. Das Kunstwerk besteht ganz aus dem Granit der Gegend. Eng verbunden mit einem tragischen Unfall ist die Pont Gisclard zwischen Sauto und Planès. Bei Probefahrten im Jahr 1909 versagten die Bremsen. Sechs Menschen starben, darunter der Konstrukteur der Brücke, Gisclard. Ein Denkmal an der Nationalstraße erinnert an das Unglück. Das Bremssystem des Zuges wurde daraufhin wesentlich verbessert. Die Pont Gisclard ist eine Hängebrücke, getragen von zwei Stahlpfeilern. 80 m über der Têt schwebt diese wohl kühnste Konstruktion der Linie, deren Bau zwei Jahre in Anspruch nahm.

7

Festung des Pyrenäenfriedens

Von Villefranche-de-Conflent zum Fort Libéria und zum verlassenen Dorf Belloc

Von der Festungsstadt Villefranche-de-Conflent führt der Weg zum Fort Libéria und zum verlassenen Dorf Belloc, wo sich zwischen verfallenen Häusern hübsche Picknickplätze finden. Weiter geht es auf dem Bergkamm zur Ruine der Kapelle St-Etienne. Der steile Abstieg zum Fort Libéria bietet hervorragende Ausblicke in das Tal der Têt und auf das gegenüberliegende Gebirgsmassiv. Von der Festung gelangt man durch einen unterirdischen Gang hinab zur Stadt.

i

WEGVERLAUF: Villefranche-de-Conflent – Fort Libéria (50 Min.) – Belloc (ca. 2 Std.) – Chapelle St-Etienne (2 Std. 50 Min.) – Fort Libéria (4 Std. 25 Min.) – Villefranche-de-Conflent (5 Std.).

DAUER: 5 Std. (ohne Besichtigungszeit).

HÖHENUNTERSCHIED: Etwa 650 m.

SCHWIERIGKEITSGRAD: Mittelschwer mit steilen An- und Abstiegen; Orientierung nicht ganz einfach.

WEGBESCHAFFENHEIT: Ein steiler Aufstieg führt durch verlassene Weinberge und Macchie über das Fort Libéria zum verlassenen Dorf Belloc. Nach kurzer Wanderung auf einem Bergrücken, geht es wieder steil hinab zum Ausgangspunkt.

AUSRÜSTUNG: Feste Bergschuhe.

JAHRESZEIT: Frühjahr bis Herbst; im Hochsommer am besten in den Morgenstunden.

KARTENMATERIAL: Carte de Randonnées 1 : 50 000, Pyrénées, carte n°10: Canigou.

EINKEHRMÖGLICHKEIT: Imbißstube im Fort Libéria.

BESICHTIGUNGSZEITEN: Das Fort Libéria ist während der Saison täglich von 9–20 Uhr geöffnet.

VERKEHRSANBINDUNG: Mit dem Zug nach Villefranche-de-Conflent. Autofahrer parken am Bahnhof (S.N.C.F.).

DER WANDERWEG

Vor dem Bahnhof von **Villefranche-de-Conflent** halten wir uns zunächst stadteinwärts, also rechts, und zweigen nach ungefähr 50 m, gleich hinter einer Telefonzelle im spitzen Winkel links ab. Ein Schild weist auf den ›Chemin Fort Libéria‹ hin. Die schmale Teerstraße verläuft zunächst am Fluß entlang talabwärts. Nach wenigen Minuten geht es links um eine Kurve herum und durch einen Tunnel unter der Bahnlinie hindurch. Dahinter halten wir uns auf dem breiten Weg schräg links bergauf. Bald endet die Asphaltstraße (20 Min.), und es geht auf einem Feldweg weiter aufwärts. Schmale Pfade kürzen die nun folgenden Serpentinen ab. Bequemer ist es jedoch, auf dem breiten Weg zu bleiben, der durch aufgelassene Weinberge, die man einst terrassenförmig am Hang angelegt hatte, zum **Fort Libéria** hinaufführt. Unterhalb der wuchtigen Festungsmauern gelangt man durch den ehemaligen Burggraben und im Bogen über eine Brücke ins Innere des Forts (50 Min.).

Für die Besichtigung sollte man etwa 45 Min. veranschlagen. Nach Entrichtung des Eintrittspreises händigt der Museumswärter ein Informationsblatt in deutscher Sprache aus, mit dessen Hilfe man selbständig die verschiedenen Ebenen des mächtigen Bauwerks erkunden kann. Den Abstieg durch einen unterirdischen Gang nach Villefranche hinunter planen wir für den Abschluß der Wanderung, nicht ohne den Museumswärter hiervon in Kenntnis zu setzen.

Denn zunächst erwartet uns noch ein steiler Aufstieg zum verlassenen Dorf Belloc. Dazu halten wir uns gegenüber der Brücke am Eingang des Forts rechts an der Festungsmauer vorbei bergauf auf einem schmalen Weg, von dem schon nach wenigen Metern links ein Pfad abzweigt. Auf diesem geht es oberhalb der Mauer bis zur bergwärtigen Spitze der Festung, die von hier aus wie der Bug eines Schiffes aussieht. Nun führt der Pfad steil aufwärts, später dann etwas sanfter schräg zum Hang, stets durch ehemalige von dichtem Gestrüpp überwucherte Weinberge. Immer wieder eröffnen sich schöne Rückblicke auf die imposante Festung.

An einer Gabelung (1 Std. 35 Min.) folgen wir dem breiteren Pfad links. Kurz darauf ist ein kleines Geröllfeld zu

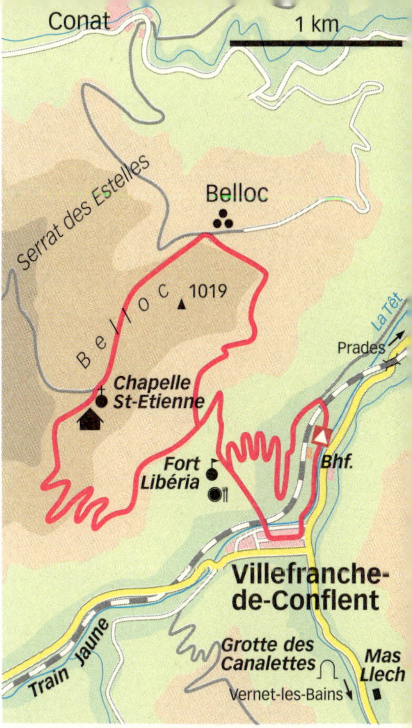

Wanderung 7: Von Villefranche-de-Conflent zum Fort Libéria und nach Belloc

queren. Rechts blickt man ins Tal der Têt hinunter auf den Ort Prades und den Stausee bei Vinça. Im Hintergrund erstreckt sich die weite Ebene des Roussillon. Hinter einem großen Felsblock zur Rechten treffen wir erneut auf eine Gabelung (1 Std. 50 Min.) und bleiben wiederum links oben auf dem breiteren Pfad. Kurz darauf sehen wir dann rechts unter uns einen breiten Fahrweg und dahinter auf einer Kuppe die Ruine der Kirche von Belloc. Eine kleine Wiese wird gequert. Dahinter finden wir unseren Pfad wieder und kommen bald ganz unvermittelt auf den Fahrweg, dem wir nach rechts in das verlassene Dorf **Belloc** folgen (ca. 2 Std.).

Es lohnt sich, ein wenig zwischen den Häuserruinen herumzustreifen oder zum Picknick auf einer der blumenübersäten Wiesen zu verweilen,

Blick auf Prades

bevor man den Fahrweg nun in umgekehrter Richtung bergauf einschlägt. Schon nach etwa 50 m zweigt rechts ein gelb und rot markierter Pfad ab. Er führt durch schattigen Wald bergauf. Nach einer Weile kreuzt unser Pfad einen breiteren Weg (2 Std. 40 Min.). Weiter geht es, immer noch der gelbroten Markierung folgend, bergauf. Wir blicken zurück, sehen wiederum in das Tal der Têt hinunter und erkennen nun auch den Sendemast auf der benachbarten Bergkuppe.

Dann ist die Ruine der Kapelle **St-Etienne** erreicht (2 Std. 50 Min.), die zu einer Schutzhütte umgebaut wurde. Ein Fahrweg führt bergauf, und nach wenigen Metern zweigen wir links auf einen Pfad ab, der oberhalb einer markanten Felsnase zunächst noch leicht bergan verläuft, abgestützt durch eine niedrige Steinmauer. Bald ist eine Gabelung erreicht, an der wir uns links halten. Von nun an geht es in Serpentinen den steilen Hang bergab, auf das Fort Libéria zu, das man jetzt stets vor

Augen hat. Tief unter uns liegt Villefranche-de-Conflent, im Hintergrund der Kurort Vernet-les-Bains vor dem Canigou-Massiv.

Nach steilem Abstieg erreichen wir den Pfad nach **Belloc** (ca. 4 Std.), der uns vom Hinweg her bekannt ist. Ihm folgen wir nun nach rechts zum Fort Libéria (4 Std. 25 Min.). Im Inneren der Festung führt eine unterirdische Treppe mit etwa 1000 Stufen zur Stadt **Villefranche** hinunter. Der Museumswärter weist den Weg. Unten treten wir durch eine Pforte, die wieder verschlossen werden muß, auf einen breiten Weg, der uns nach links zum Eisenbahntunnel und weiter zum Bahnhof führt. Wir können aber auch geradeaus über eine Brücke in die Stadt gelangen, die einen Besuch wert ist. Seit dem Mittelalter hat sich hier nur wenig verändert. Dicke Festungsmauern aus dem 11. Jh., die Vauban im 17. Jh. verstärken ließ, umgeben die engen Gassen und winzigen Häuser, in denen Souvenirläden und urige Kneipen untergebracht sind.

Die Festung Libéria

Durch den Pyrenäenfrieden (1659) kam das Conflent mit seiner Hauptstadt Villefranche zu Frankreich. Villefranche, das schon seit Jahrhunderten befestigt war, spielte nun eine entscheidende Rolle bei der Verteidigung der neuerworbenen Gebiete. Die Lage der Stadt in dem engen Taleinschnitt der Têt erschwerte dies allerdings. Daher ordnete man Ingenieure aus Paris, um den Ausbau der Befestigungen zu planen. Der berühmte Baumeister Vauban war es, der die Errichtung einer Festung oberhalb der Stadt vorschlug und schließlich auch durchsetzte. Das Fort sollte nicht nur der Verteidigung des Conflent und der Überwachung der Cerdagne dienen, sondern auch als Basis für Operationen in Katalonien genutzt werden können.

1680 begann man mit den Bauarbeiten, und schon nach einem Jahr zog die erste Garnison in das Fort ein. Doch gleichzeitig war auch die Festung von Mont-Louis fertiggestellt worden, die Cerdagne somit gesichert und das Conflent kaum noch gefährdet. Die Festung von Villefranche hatte jetzt nur noch eine untergeordnete Funktion. Dennoch waren in Friedenszeiten etwa 500 Soldaten in Villefranche stationiert, die Mehrheit davon allerdings in der Stadt selbst. In Kriegszeiten konnte ihre Zahl das Vierfache betragen. Und immer wieder wurden die Verteidigungsanlagen verbessert, denn die Angst vor den Spaniern war geblieben. So ist es auch zu erklären, daß man Mitte des 19. Jh. einen unterirdischen Gang, größtenteils in den Fels gehauen, baute, der die Festung mit der Stadt verband und den unbeobachteten Austausch von Botschaften, Material und Soldaten ermöglichte. Auf halber Höhe ist diese Treppe, die rund 1000 Stufen hat, unterbrochen. Dort entstand eine neue Kasematte, ein regelrechtes unterirdisches Fort.

Noch bis 1925 war eine Garnison in Villefranche stationiert, dann kaufte ein Industrieller aus Algier die Festung, um sie in ein Erholungszentrum für seine Arbeiter zu verwandeln. Er war es, der dem Fort den Namen Libéria gab, abgeleitet von dem alten Namen der Stadt (Villa Libera). 1984 taten sich einige Einwohner von Villefranche zusammen, pachteten das Fort für 99 Jahre und ließen es restaurieren. Seit 1987 ist die Festung für das Publikum geöffnet.

In der Festung Libéria kann man das sogenannte *Prison des Dames* (Gefängnis der Damen) besichtigen. Hier waren

Ende des 17. und Anfang des 18. Jh. drei Damen des französischen Königshofes inhaftiert. Vorausgegangen war eine Giftaffäre. 1676 verurteilte man die Gräfin De Brinvilliers wegen mehrerer Giftmorde an Familienmitgliedern zum Tode. Während der Gerichtsverhandlung bezichtigte sie einige andere Damen der Giftmischerei und der Schwarzen Magie. Es handelte sich dabei durchweg um bekannte Namen bei Hof. Mehrere Hinrichtungen wurden vollstreckt. Um einen Skandal in unmittelbarer Nähe des Königs zu vermeiden, verhinderte die Staatsraison dann weitere Verurteilungen. Einige Fälle wurden nie verhandelt, die Damen statt dessen auf Anordnung des Königs lebenslang eingesperrt in der Hoffnung, sie würden von der Welt vergessen werden. Zwei der im Fort Libéria inhaftierten Frauen zogen trotzdem die Aufmerksamkeit auf sich, denn die Gefangenschaft schien ihren Lebenswillen nicht gebrochen zu haben. Anne Guidon, einst Kammerzofe bei der Gräfin De Brinvilliers, verbrachte noch 36 Jahre, die sogenannte La Chopelin sogar 43 Jahre im Prison des Dames.

Mittelalterliche Festungsmauern umgeben Villefranche-de-Conflent

8

Auf uralten Wegen

Von Olette über Oreilla zur Burgruine von Evol

Durch aufgelassene Weinberge und Eichenwälder erreichen wir über einen alten Verbindungsweg die Ruine der Burg von Evol, deren Innenhof sich für ein Picknick anbietet. Eine Besichtigung lohnt der Friedhof der Kirche St-André in Evol, dessen Gräber schmiedeeiserne Kreuze aus vergangenen Jahrzehnten zieren.

WEGVERLAUF: Olette – Oreilla (50 Min.) – Thuir d'Evol (1 Std. 35 Min.) – Burgruine von Evol (2 Std.) – Evol (2 Std. 10 Min.) – Olette (3 Std.)

DAUER: 3 Std.

HÖHENUNTERSCHIED: Etwa 300 m.

SCHWIERIGKEITSGRAD: Mittelschwer.

WEGBESCHAFFENHEIT: Nach dem kurzen, recht steilen Aufstieg zu Beginn verläuft der Weg bequem und mit sanften Steigungen.

AUSRÜSTUNG: Feste Bergschuhe.

JAHRESZEIT: Frühjahr oder Herbst; im Hochsommer in den Morgen- oder Abendstunden.

KARTENMATERIAL: Carte de Randonnées 1 : 50 000, Pyrénées, carte n° 10: Canigou.

EINKEHRMÖGLICHKEIT: Nur in Olette.

VERKEHRSANBINDUNG: Mit dem Zug (Train Jaune) nach Olette . Autofahrer parken am Bahnhof (S.N.C.F.).

DER WANDERWEG

Vor dem Bahnhof von **Olette** wenden wir uns links, steigen also nicht über die Treppe ins Stadtzentrum hinauf. Eine schmale Straße verläuft an den Bahngleisen entlang zur Hauptstraße, die nach etwa 300 m erreicht ist. An dieser gehen wir links und zweigen nach weiteren 50 m gegenüber einer Tankstelle rechts Richtung Oreilla ab. Die Straße führt in ein enges Tal hinein. Links über uns sehen wir auf einer Kuppe die Ruine eines kleinen Turms. Ungefähr 300 m hinter der Abzweigung weist links ein kleines Schild nach Oreilla (20 Min.). Über eine Fußgängerbrücke geht es auf die andere Talseite und dann auf einem breiten, inzwischen aber schon recht zugewachsenen Weg bergauf. Früher war dies die Hauptverbindung zwischen den Orten Olette und Oreilla.

Eine schmale Abzweigung zur Rechten, nach etwa 100 m, beachten wir nicht. Schon kurze Zeit später gabelt sich der Weg erneut, und wir folgen dem Schild Richtung Oreilla nach rechts. In Serpentinen geht es nun bergauf durch lichten Steineichenwald. Immer wieder kann man die langen

Kurven auf schmalen, steilen Pfaden abkürzen.

Der Weg quert die Teerstraße nach Oreilla (40 Min.) und führt geradeaus auf eine Viehweide zu. Um diese müssen wir links herumgehen. Danach verläuft der Weg stets geradeaus. Ein Bach stürzt von links den Hang hinunter, und kurz darauf sind die ersten Häuser von **Oreilla** erreicht (50 Min.). Unterhalb einer hohen Mauer beschreibt der Weg eine Linkskurve und steigt dann steil an. An der Kirche vorbei gelangen wir zur Hauptstraße, der wir nach rechts durch den kleinen Ort folgen. Rechts sehen wir tief unter uns bereits das Dorf Evol mit seinen verschachtelten Häusern und den dunklen Schieferdächern. Etwas außerhalb von Evol steht die romanische Kirche St-André, auf deren Turm die katalanische Flagge weht.

Die wenigen Häuser von Oreilla sind schnell passiert, in einer engen Straßenkurve zweigt rechts ein Fahrweg ab (1 Std.), der weiter in das Tal hineinführt. Der Weg gabelt sich bald, und wir gehen links oben weiter. An der nächsten Abzweigung halten wir uns wiederum links. Rechts unter uns blicken wir auf mehrere große Viehställe. Sobald links am Berg ein einsames Haus in Sicht kommt (1 Std. 5 Min.), gelangen wir an eine weitere Weggabelung, an der wir nun nach rechts hinab und schon nach wenigen Metern wiederum nach rechts abbiegen. Ein schmaler Pfad führt hier in Serpentinen steil hinunter. Orientieren können wir uns an den weißen Markierungen, die hier und da an Bäumen oder Felsen angebracht sind. Der Pfad führt später hangparallel weiter und wird zunehmend breiter. Zwischen Viehweiden und durch Steineichenwald wandern wir allmählich bergab.

Direkt voraus ist jetzt die Burgruine von Evol zu erkennen, und das regelmäßig wiederkehrende Schlagen der Turmuhr von St-André begleitet uns

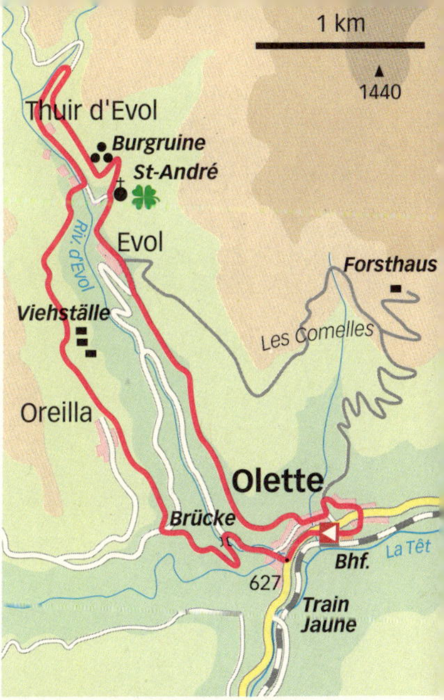

Wanderung 8: Von Olette über Oreilla zur Burgruine von Evol

beim Abstieg in den Talgrund. Vor einem ersten Haus treffen wir auf einen Fahrweg, dem wir etwa 100 m nach links folgen. Auf einer Brücke geht es dann über den Bach (1 Std. 30 Min.) und auf einem geteerten Weg zur Straße hinauf. Dort halten wir uns links und befinden uns schon bald im Zentrum der winzigen Ansiedlung **Thuir d'Evol**, die nur aus wenigen Häusern besteht. Am Ortsende, hinter einer Hausruine, zweigt rechts ein schmaler Pfad ab, der in Serpentinen steil bergauf führt. An einem kleinen Wasserlauf (1 Std. 45 Min.) gehen wir links und kommen bald darauf auf einen breiteren Weg, auf dem wir nach rechts ins Tal absteigen.

Bald ist eine schmale Teerstraße erreicht, der wir weiter bergab folgen. Jetzt gilt es aufzupassen, denn schon nach etwa 100 m, sobald die Burgruine in Sicht kommt, müssen wir links in einen schmalen Trampelpfad einbiegen, der durch niedriges Gebüsch zur Ruine hinaufführt. Nach kurzem, steilem Anstieg stehen wir im Innenhof der mittel-

alterlichen **Burgruine** (2 Std.). Der Platz bietet sich für eine Rast an, und die Ruine lädt zu einem Erkundungsrundgang ein.

Anschließend steigen wir wieder zur Straße hinunter und folgen dieser nach links. Schon nach wenigen Minuten kommen wir an eine breitere Teerstraße, die uns nach links Richtung Evol führt. Nach 100 m zweigt links vor dem Ort **Evol** ein Pfad zur Kirche-St-André ab (2 Std. 10 Min.). Durch eine eiserne Pforte findet man Einlaß in den Kirchhof, in dem u. a. die kunstvoll geschmiedeten Eisenkreuze aus vergangenen Jahrzehnten Beachtung verdienen. Die Kirche selbst ist meist verschlossen.

Nach der Besichtigung gehen wir links auf einer Treppe zur Straße hinunter und an einer Wasserleitung entlang in den Ort hinein. Dort gelangen wir auf eine etwas breitere Straße, der wir stets geradeaus folgen. Hinter dem Ort beschreibt die Straße eine scharfe Rechtskurve (2 Std. 20 Min.), an der ein Schild geradeaus nach Olette weist. Auf einem bequemen Wanderweg geht es weiter. Sanft steigt der Weg vom Tal aufwärts, vorbei an aufgelassenen Terrassenfelder, deren Bearbeitung nicht mehr lohnt. Unterwegs passieren wir einen Marienschrein aus dem Jahr 1855. Wir befinden uns nun hoch über dem Talgrund und schauen bald darauf rechts hinunter auf die uns schon vom Hinweg bekannte Turmruine bei dem Ort Olette.

Unser Weg quert eine Wasserleitung (2 Std. 50 Min.), steil geht es nun weiter bergab auf die Häuser des Ortes zu. Unter einem Torbogen hindurch kommen wir nach **Olette** und stoßen bald auf eine breitere Straße, der wir nach links ins Zentrum folgen. Noch etwa 200 m sind es bis zum platanenbestandenen Marktplatz. Dahinter gelangen wir rechts zur Hauptstraße, queren diese und gehen geradeaus, an der Kirche vorbei, zum Bahnhof hinunter.

AM WEGE

Der kleine **Ort Evol** besitzt eine bemerkenswerte, dem heiligen Andreas geweihte **Kirche**. Der im romanischen Stil errichtete Sakralbau stammt aus dem 11. Jh. Der untere Teil des Kirchturms ist massiv und mit lombardischen Stilelementen versehen. Ganz im Gegensatz dazu steht der Glockenturm mit seinen luftigen Arkaden. Die dazugehörigen Kapellen entstanden Jahrhunderte später, so die Rosenkranzkapelle aus dem Jahr 1723, und die Sakristei wurde erst im Jahre 1751 angefügt. Das Innere der Kirche birgt eine wertvolle Altarrückwand (Retabel) aus bemaltem Holz, die ein Meister aus dem Roussillon um 1428 schuf. Gestiftet wurde sie vom damaligen Herren von Evol, Bernard de SO, und seiner Gemahlin. Beachtenswert sind auch die alten, schmiedeeisernen Kreuze auf dem Kirchhof, der zugleich als Friedhof genutzt wird.

Oberhalb des Ortes erhebt sich die Ruine einer wuchtigen Burg, die 1260 unter Guillaume de SO erbaut wurde. Sie beherrschte einstmals das Tal von Evol und diente als Residenz des Grafengeschlechts, das später den Ort Olette im Tal der Têt gründete.

9

Rund um die heilige Quelle

Von Font-Romeu zum Etang de Pradeilles

Während der letzten Eiszeit waren die östlichen Pyrenäen nicht vergletschert. Lediglich der Carlit als höchster Gipfel trug zeitweilig eine kleine Eiskappe, von der einige Karseen (unter ihnen der Etang de Pradeilles) heute noch zeugen. Vom Wintersportzentrum Font-Romeu wandern wir zunächst zum Col del Pam, der eine grandiose Sicht auf die umliegende Bergwelt bietet. Unterwegs besichtigen wir die Ermitage Font-Romeu. Vom Col del Pam führt unser Weg durch unberührte Wälder zum Ziel unserer Wanderung, dem Bergsee Etang de Pradeilles.

WEGVERLAUF: Font-Romeu – Ermitage Font-Romeu (20 Min.) – Col del Pam (2 Std. 10 Min.) – Etang de Pradeilles (3 Std. 15 Min.) – Col del Pam (4 Std. 20 Min.) – Ermitage Font-Romeu (5 Std. 50 Min.) – Mont Calvaire (ca. 6 Std.) – Font-Romeu (6 Std. 30 Min.)

DAUER: 6 Std. 30 Min. (ohne Besichtigungszeit).

HÖHENUNTERSCHIED: Etwa 250 m.

SCHWIERIGKEITSGRAD: Mittelschwer; die Orientierung ist nicht ganz einfach.

WEGBESCHAFFENHEIT: Ein bequemer Waldweg führt von Font-Romeu zum Col del Pam. Dort zweigt ein steiniger Weg zum Etang de Pradeilles ab.

AUSRÜSTUNG: Feste Wanderschuhe, Regenschutz, Badesachen.

JAHRESZEIT: Mitte Juni bis Ende September.

KARTENMATERIAL: Carte de Randonnées 1 : 50 000, Pyrénées, carte n° 8: Cerdagne-Capcir.

EINKEHRMÖGLICHKEIT: Snack-Bar und Restaurant an der Ermitage Font-Romeu.

BESICHTIGUNGSZEITEN: Die Kapelle der Einsiedelei Font-Romeu kann im Sommer, von Anfang Juli bis Anfang September, besichtigt werden. Ansonsten ist sie nur zu den Messen geöffnet.

VERKEHRSANBINDUNG: Mit dem Zug (Train Jaune) nach Font-Romeu (Odeillo-Via). Von dort fahren Busse im Pendelverkehr nach Font-Romeu. Autofahrer können an der Ermitage Font-Romeu (außerhalb des Ortes an der Straße nach Mont-Louis gelegen) parken und dadurch insgesamt bis zu 20 Min. Gehzeit auf der Straße einsparen.

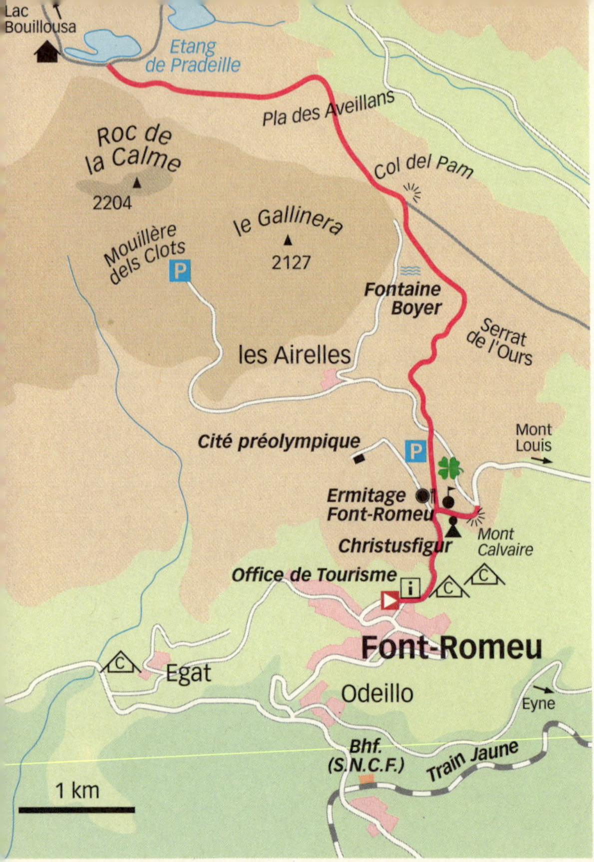

Wanderung 9: Von Font-Romeu zum Etang de Pradeilles

DER WANDERWEG

Die Wanderung beginnt am Fremdenverkehrsbüro (Office de Tourisme) von **Font-Romeu.** Wir folgen zunächst der Straße nach Mont-Louis bergauf. Eine neue Straße, die außerhalb des Ortes abzweigt, lassen wir rechts liegen. Voraus erblicken wir die Christusfigur auf dem Mont Calvaire (Kalvarienberg). Bald erreichen wir die **Ermitage Font-Romeu** (20 Min.), einen wuchtigen Komplex, dessen Gebäude rund um einen Innenhof errichtet wurden. Wer von der Straße aus den Hof betritt, sieht auf der gegenüberliegenden Seite die Kapelle der Einsiedelei, an deren Wand die Quelle Fons Salutis Maria austritt. Wir verlassen den Hof nach hinten, schauen links um die Ecke des Gebäudes und steigen eine Treppe zu dem kleinen Wasserbecken hinunter, in dem sich das Quellwasser sammelt.

Vom rückwärtigen Ausgang des Hofes ist bergaufwärts ein Transformatorenhäuschen auszumachen. Dort gehen wir rechts hinauf. Die Stelle ist rot-blau markiert und mit der Nummer 20 ausgeschildert. Wir waten durch einen kleinen Bach und steigen durch Kiefernwald, der hier am sonnigen und trockenen Südhang des Carlit-Massivs die montane Stufe beherrscht, bergauf, immer der roten Markierung folgend. Bald sehen wir zur Linken die Cité Préolympique, ein vorolympisches Trainingszentrum.

An einem großen Park- und Picknickplatz (50 Min.) queren wir die Straße schräg nach links und orientieren uns an einem schmalen Pfad bergauf. Er ist rot und hellblau markiert und mit ›Rando Confort‹ beschildert.

Bald gabelt sich der Weg (ca. 1 Std.), führt aber nach 50 m wieder zusammen. Hier und da fallen die Ebereschen auf, die erkennen lassen, daß die Obergrenze der montanen Stufe nicht mehr fern ist. Rechts zweigt ein Weg zum Serrat de l'Ours ab. Wir aber halten uns geradeaus. Die Abzweigung des Weges Nummer 19 nach links an einer kleinen Ebereschengruppe lassen wir ebenfalls unbeachtet.

Dann ist der Picknickplatz am **Col del Pam** erreicht (2 Std. 10 Min.), hier laden Tische und Bänke zu einer Rast ein; links in dem eingezäunten Gelände plätschert die Quelle Font Boyer. Weiter geht es quer über den Picknickplatz, stets geradeaus, wobei wir uns wieder an den roten Markierungen und dem Schild ›Rando Confort‹ orientieren. Wir überschreiten eine Skilifttrasse und stehen kurz darauf ganz überraschend auf einem Aussichtsbalkon. Hier genießt man einen herrlichen Rundblick: das firnschneebedeckte Carlit-Massiv zur Linken, unter uns das Capcir-Hochtal, gegenüber das Massiv des Canigou und rechts die Puigmal-Bergkette.

Direkt vom Aussichtspunkt führt ein schmaler Pfad in den Wald hinein, der mit einem roten Doppelpfeil markiert ist. Er verläuft stets parallel zur Lifttrasse. Nach Verlassen des Waldes folgen wir dann wieder dem Schild ›Rando Confort‹. An einem Transformatorenhäuschen geht es rechts vorbei und weiter den roten Doppelpfeilen bergauf folgend. Kurz darauf müssen wir an einer Gabelung den rechten Weg nehmen. Ein Schild weist hier zum Lac Bouillousa. Die roten Doppelpfeile zeigen jetzt nach links hinauf, aber wir bleiben auf dem rechten, breiteren Weg, der steil bergab verläuft und eine Skipiste und bald darauf eine Sesselifttrasse quert.

Die Skipiste beschreibt eine scharfe Rechtskurve (2 Std. 50 Min.). An dieser Stelle gehen wir geradeaus weiter. Rote Doppelpfeile sowie weiße und hell-

Die Ermitage von Font-Romeu

Die Pilgerquelle Fons Salutis Maria – Wallfahrtszentrum der Cerdagne

Der Wintersportort Font-Romeu wurde um 1920 künstlich geschaffen. Sein Name leitet sich von der Ermitage (Einsiedelei) Font-Romeu ab – Fount Romeu ist der katalanische Ausdruck für Pilgerquelle. In der Ermitage befindet sich eine Statue der Madonna von Font-Romeu. Ihr Name Vierge de l'Invention (›Jungfrau der Erfindung‹) rührt von einer Legende her, derzufolge ein Stier die Jungfrau ›erfunden‹ (inventé) habe. In der französischen Literatur wurde die Geschichte später dahingehend umgedeutet, daß der Stier die Figur ›gefunden‹ haben soll. In der Nähe einer Quelle, so heißt es, habe er unter lautstarkem Gebrüll im Boden gescharrt. Neugierig geworden, untersuchte ein Hirte schließlich die Stelle und entdeckte in einer kleinen Höhle die Skulptur.

Die Kapelle der Ermitage stammt aus dem 17. bis 18. Jh. und wurde 1969 restauriert. Aus einer Außenmauer der Kapelle sprudelt die Quelle Fons Salutis Maria, bei der die Figur gefunden worden sein soll und der wundertätige Kräfte zugesprochen werden. Das Quellwasser speist ein kleines Wasserbecken im Inneren des Eremitage-Gebäudes, über dem eine weitere Marienfigur wacht. Heilungsuchende Gläubige haben Gelegenheit, darin zu baden. Zahlreiche abgelegte Krücken zeugen von der Wunderwirkung des Gesundbrunnens.

Das Innere der Kapelle birgt eine Altarrückwand (Retabel) des katalanischen Künstlers Joseph Sunyer aus dem Jahr 1707, eines der schönsten Beispiele für den Churriguera--Stil (Katalanischen Barock, s. S. 42). In einer Nische im Zentrum des Retabels steht die Skulptur der Madonna von Font-Romeu. Am 8. September, dem Geburtstag der Jungfrau, wird die Muttergottesfigur feierlich in die Kirche von Odeillo überführt und erst am Dreifaltigkeitstag zurückgebracht. Diese und andere Kirchenfeste ziehen zahlreiche Gläubige an.

Während dieser Abwesenheit der Madonna von Font-Romeu nimmt die Statue der Jungfrau aus dem Camaril, (einem Raum neben der Kapelle, der sich durch eine Fülle an Ornamenten auszeichnet), ihren Platz in der Kapelle ein.

Der Camaril ist das Meisterwerk Joseph Sunyers. Man erreicht den kleinen, im Stil des Katalanischen Barock ausgekleideten Raum über eine Treppe zur Rechten des Hauptaltars. Blattgold verziert einen Großteil der wertvollen Holzschnitzereien. Der Altar wird von einer Christusfigur gekrönt, die umrahmt ist von Statuen der Jungfrau und des Apostels Johannes. Vier musizierende Engel schmücken die Ecken des Raumes.

Die wundertätige Quelle Fons Salutis Maria

blaue Markierungen weisen die Richtung. An einer Gabelung folgen wir kurz darauf dem linken Weg, an dem wir hellblaue Pfeile und das Schild ›Rando Confort‹ sehen. Der steinige Pfad führt am schattigen Nordhang durch flechtenbewachsenen Wald. Immer wieder kreuzen farnbestandene Bachläufe den Weg, an denen zahlreiche Grasfrösche *(Rana temporaria)* leben, die in den Pyrenäen bis in Höhen von 2800 m zu finden sind. Plötzlich tauchen rechts und links des Pfades gigantische Granitblökke auf.

Der Wald lichtet sich, und wir treffen auf einen breiteren Fahrweg, auf dem wir uns links wenden. Der steinige Weg führt ziemlich steil bergauf. Dann kommt unvermittelt ein tiefblauer Gebirgssee in Sicht. Es ist der **Etang de Pradeilles**, Ziel unserer Wanderung (3 Std. 15 Min.).

Der Rückweg nach Font-Romeu erfolgt zunächst wie der Hinweg. Vor dem **Col del Pam** können wir ein wenig abkürzen, indem wir nicht dem schmalen Pfad zum Aussichtsbalkon folgen, sondern auf der Lifttrasse bleiben und rechts an der Bar vorbei, die nur im Winter geöffnet ist, quer über den Parkplatz zur eingezäunten Quelle hinüberwandern. Kurz vor Erreichen des unteren Picknickplatzes gilt es aufzupassen (4 Std. 20 Min.): Schräg rechts zweigt ein Weg ab, den wir nicht nehmen dürfen. Am Picknickplatz überschreiten wir die Straße und folgen rechts der bergab führenden Mastenreihe.

Von der Einsiedelei aus machen wir noch einen kleinen Abstecher zum Aussichtsberg **Calvaire.** Dazu queren wir wieder den Innenhof (5 Std. 50 Min.). Dahinter geht es auf der Straße links bergauf, bis wir unterhalb der kleinen Kuppe des Kalvarienberges stehen. Rechts zweigt der heute nicht mehr gepflegte Kreuzweg ab, der sich spiralförmig zum Gipfel emporschraubt. Der Hügel ist schnell erklommen (ca. 6 Std.), und von oben genießen wir die hervorragende Rundumsicht auf die Cerdagne und die umliegenden Gebirgsketten. Wir kehren zur Straße zurück und steigen nach **Font-Romeu** hinunter.

10

Ins Mekka der Botaniker

Von Llo ins Vallée d'Eyne

Diese Wanderroute dürfte vor allem das Herz von Botanikern höher schlagen lassen, da auf dem abwechslungsreichen Weg zur Hochebene Camp del Perones mit Ausnahme der kollinen und der nivalen alle Vegetationsstufen der Pyrenäen durchwandert werden und das Tal von Eyne insbesondere für seinen Reichtum an seltenen Pflanzenarten bekannt ist.

WEGVERLAUF: Llo – Parkplatz im Vallée d'Eyne (1 Std. 25 Min.) – Refuge de l'Orri de Baix (2 Std. 30 Min.) – Camp del Perones (3 Std. 30 Min.)

DAUER: Mit Rückweg ca. 7 Std.

HÖHENUNTERSCHIED: Etwa 900 m.

SCHWIERIGKEITSGRAD: Anspruchsvoll.

WEGBESCHAFFENHEIT: Recht anstrengender Aufstieg über einen Bergpfad.

Im Vallée d'Eyne bei Llo

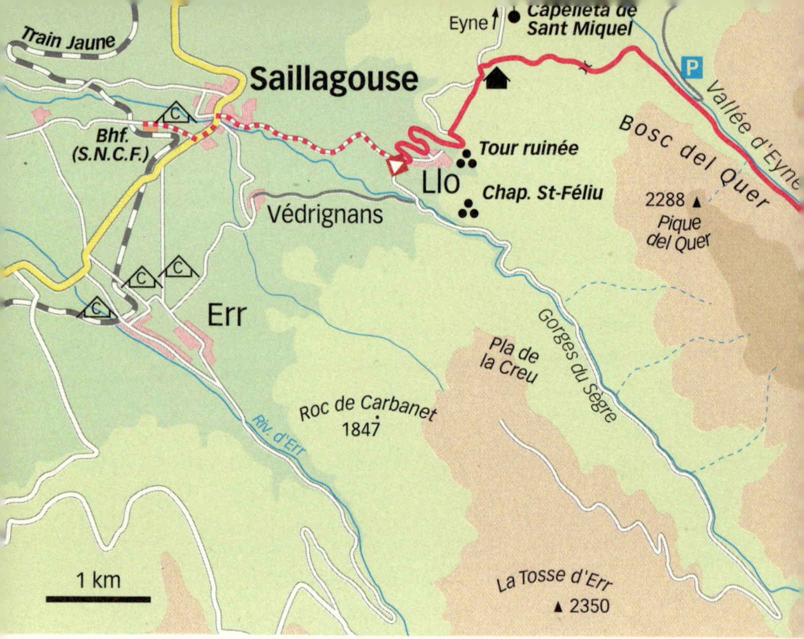

Wanderung 10: Von Llo ins Vallée d'Eyne

AUSRÜSTUNG: Feste Bergschuhe, Pullover, Regenschutz.

JAHRESZEIT: Mitte Juni bis Ende September.

KARTENMATERIAL: Carte de Randonnées 1 : 50 000, Pyrénées, carte n° 8: Cerdagne-Capcir.

EINKEHRMÖGLICHKEIT: Nur in Llo.

VERKEHRSANBINDUNG: Mit dem Zug nach Saillagouse. Von dort zu Fuß (3 km) oder mit dem Taxi nach Llo.

DER WANDERWEG

Am Ortseingang von **Llo** führt rechts eine Straße ins Zentrum, links zweigt die Straße nach Eyne ab. Dort beginnt unsere Wanderung. Autofahrer können noch ein Stück in Richtung Eyne fahren und in einer der Seitenstraßen parken. Die Straße nach Eyne führt in Serpentinen bergan. Nach der zweiten Rechtskurve achten wir auf eine rot-weiß gestrichene Schranke zur Rechten. Etwa 100 m dahinter quert ein weiß-rot markierter Wanderweg die Straße (25 Min.). Ein kleiner Holzbriefkasten auf der linken Seite kennzeichnet die Stelle.

Unser Wanderweg steigt nun steil bergauf. Nach ungefähr 100 m überschreiten wir nochmals die Straße, und dann geht es weiter aufwärts auf einem Hohlweg, durch den ein Rinnsal fließt. Schon bald müssen wir rechts auf die Wiese hinaufsteigen, da der Weg sumpfig wird. Auf der im Frühsommer üppig blühenden Wiese setzen wir parallel zum Hohlweg auf einem schmalen Pfad die Wanderung fort. Oberhalb einer Baumgruppe wechselt der Pfad das Ufer des Wasserlaufes (35 Min.) und trifft auf einen breiteren Feldweg, der uns bald darauf zur Straße führt. Dieser folgen wir nun ein kurzes Stück bergauf und passieren nach etwa 200 m auf der rechten Seite eine niedrige Schutzhütte. Wenige Meter dahin-

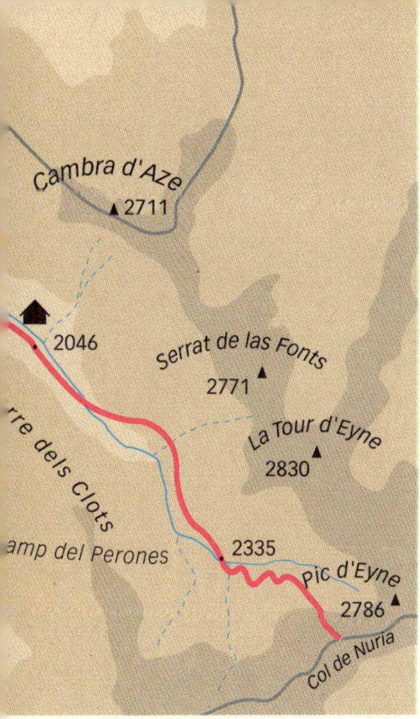

ter zweigt unser Wanderweg rechts ab. Immer noch folgen wir den weiß-roten Markierungen. Der recht breite Fahrweg gabelt sich schon bald, und wir gehen links zwischen Wiesen und Weiden weiter. Nach einer Weile gabelt sich der Weg erneut (1 Std. 10 Min.). Auf dem linken, unteren Weg gelangen wir nach etwa 70 m an einen reißenden Gebirgsbach, den wir auf einer Brücke überqueren. Geradeaus wandern wir auf dem breiten Weg weiter. Die Weideflächen weichen nun allmählich einem immer dichter werdenden Kiefernwald. Dann endet der Forstweg, und auf einem schmalen, blau markierten Pfad geht es rechts hinauf.

Schon kurze Zeit später erreicht der Pfad einen breiteren Weg, auf dem wir uns rechts halten. Nach wenigen Minuten kommen wir an einen kleinen **Parkplatz** (1 Std. 25 Min.), an dem eine Informationstafel auf das Tal von Eyne hindeutet. Auf einem breiten Pfad setzen wir rechts den Weg ins Tal fort. Nach Durchschreiten einer Pforte geht es durch Kiefernwald stetig bergauf.

Nach einiger Zeit lichtet sich der Wald etwas, und rückblickend können wir die schöne Aussicht auf das Wintersportzentrum Font-Romeu und die dahinterliegende Bergkette mit dem Pic Carlit genießen. Der Weg verläuft nun in unmittelbarer Nähe des Baches, der Baumbewuchs wird immer lockerer. Rechts und links erheben sich steile Wände, aber der Talgrund selbst ist meist sonnendurchflutet.

Wir passieren ein Weidegatter, und bald darauf kommt auf der linken Seite eine niedrige Schutzhütte, das **Refuge de l'Orri de Baix**, in Sicht (2 Std. 30 Min.). Der Wald hat inzwischen einer riesigen Weidefläche Platz gemacht, die vor allem im Frühsommer blütenübersät ist. Überall bieten sich schöne Picknickplätze an. Vor einer Felsnase endet der Wiesenweg. Ein schmaler Pfad führt nun in Serpentinen steil nach rechts oben.

Nachdem die Felsnase überwunden ist, kommt links ein hübscher Wasserfall in Sicht. Nach einer Weile mündet von links ein Seitenbach (3 Std. 10 Min.), und dahinter liegt ein mächtiger Felsklotz mitten im Talgrund. Der Weg wird nun steiler. Dann sind die ersten Firnschneefelder an den Nordhängen zu sehen (3 Std. 30 Min.). Wir haben eine wellige Hochebene, den **Camp del Perones**, erreicht.

Von hier aus können konditionsstarke Wanderer den Aufstieg zum **Col de Núria** anschließen. Bei gutem Wetter genießt man von der Paßhöhe eine hervorragende Aussicht auf die spanische Seite der Pyrenäen mit dem Tal von Núria. Etwa 400 Höhenmeter sind zusätzlich zu überwinden, und die Gehzeit verlängert sich mit Rückweg um etwa 3 Std. Der Weg führt dort, wo der Bach sich gabelt, zwischen den beiden Wasserläufen auf einen flachen Bergrücken hinauf und dann in das linke Tal hinein. In Serpentinen geht es auf dem nicht zu verfehlenden Pfad steil zur Paßhöhe hinauf.

Das Land der Katharerburgen

Foix, die einstige Hauptstadt der gleichnamigen Grafschaft, ist heute Zentrum des französischen Pyrenäen-Départements Ariège. Das Département wurde nach dem Fluß Ariège benannt, dessen Tal die Achse des Gebirges bildet. Die Ariège entspringt bei Andorra, bei Foix durchschneidet sie die Kalkausläufer des Plantaurel, um schließlich durch die Ebene von Pamiers die Pyrenäen zu verlassen. Tiefe Schluchten zerschneiden die Kalkgebiete; es entstanden mehrere Höhlen. Auch das Plateau von Sault mit einer mittleren Höhe von 1000 m zählt zu den Kalkausläufern des nördlichen Gebirgsrandes. Zu den eindrucksvollsten Schluchten dürften hier die Gorges de la Frau gehören. Das Plateau wird durch ost-westlich orientierte Schichtstufen aus Kalkgestein begrenzt, die nach Norden, zur Ebene hin, immer niedriger werden. Einzelne, steile Kuppen wie der Berg von Montségur ragen heraus. Hauptattraktion des Plateaus ist der dichte, noch fast unberührte Wald. Auf dem Kalkboden gedeiht eine artenreiche Vegetation.

Das Ariège ist dank seiner Abgelegenheit eines der an Traditionen reichsten Gebiete der Pyrenäen. Zahlreiche Mythen, die vor allem mit dem Katharismus verbunden sind, blieben hier lebendig.

Das reizvoll gelegene Foix, Hauptstadt von Ariège, ist als Standort für Wanderausflüge in das Land der Katharerburgen zu empfehlen. Der Ort bietet mehrere Hotels und Gasthöfe. Ein Campingplatz befindet sich 2 km nördlich der Stadt am Labarre-Stausee. Auch in Montferrier bei Montségur gibt es einen Campingplatz.

Mit dem Pkw oder der Eisenbahn ist Foix über Toulouse leicht zu erreichen. Zu den Ausgangspunkten der Wanderungen gelangt man allerdings mit öffentlichen Verkehrsmitteln nicht oder nur äußerst umständlich. Deshalb ist dieses Wandergebiet nur Reisenden mit eigenem Wagen zu empfehlen.

Sehenswert ist die **Höhle von Niaux** in der Nähe von Tarascon, südlich von Foix. Sie wurde durch ihre hervorragend erhaltenen, prähistorischen Zeichnungen weltberühmt. Da die Zahl der zugelassenen Besucher begrenzt ist, muß man sich vorher beim Fremdenverkehrsamt (Syndicat d'Initiatives) von Niaux anmelden.

Auskünfte erteilt: Office de Tourisme, 45, cours G.-Faure, F-09000 Foix; Comité Départemental du Tourisme d'Ariège-Pyrénées, B. P. 143, F-09003 Foix Cédex.

Die Katharer

Das Land von Foix war eines der Zentren der Katharerbewegung, deren grausame Unterdrückung im 13. Jh. zum Niedergang des mittelalterlichen Okzitaniens und seiner Eingliederung in den französischen Zentralstaat führte. Die Ursprünge des Katharismus liegen im Dunkel verschiedener religiöser Einflüsse aus dem Orient, die Europa im 11. Jh. erreichten. Im Languedoc konnte sich die Sekte um 1160 etablieren. Hier fand sie auch ihre stärkste Anhängerschaft. Schon bald wurde eine Gegenkirche zu Rom gegründet, der vier Bischöfe vorstanden, darunter der Bischof von Albi, dem ein Teil der Katharer den Namen Albigenser zu verdanken hat.

Grundlegendes Prinzip des Katharismus ist der strenge Gegensatz von Gut und Böse. Dem guten Gott, der über eine schöne, lichtdurchflutete Geisteswelt herrscht, steht die materialistische Welt des Teufels gegenüber. Die Katharer (griech. die ›Reinen‹) wollten den Menschen von materialistischen Einflüssen befreien und der göttlichen Askese zuführen. In vollkommenen Widerspruch zur orthodoxen Christenheit begaben sie sich unter anderem durch die Leugnung der Göttlichkeit Christi und durch die Ablehnung der Sakramente.

Papst Innozenz III. entfachte 1209 einen Kreuzzug gegen die Katharer, an dem vor allem Nordfranzosen in der Hoffnung auf Gebietseroberungen teilnahmen. Der Graf von Toulouse wurde der Ketzerei beschuldigt. Viele südfranzösische Grafschaften stellten sich nun auf seine Seite und unterstützten die Katharer, nicht zuletzt um ihre politische Unabhängigkeit zu wahren. Der sogenannte Albigenserkrieg wütete bis 1229, als sich mit Foix die letzte Grafschaft beugen mußte und durch Vertrag in das Königreich Frankreich eingegliedert wurde.

Damit waren die Katharer jedoch noch nicht ausgerottet. Die Bewegung verteidigte sich weitere 100 Jahre gegen die Inquisition. Man verschanzte sich in den schwer zu erobernden Burgen der Gebirgsregionen, deren Herren meist selbst Katharer waren. Die letzte große Schlacht wurde in Montségur geschlagen, das 1244 von katholischen Truppen eingenommen wurde.

11

Fluchtburg der letzten Katharer

Zum Château de Montségur

Hinauf zur Ruine der berühmten Burg Montségur, die auf einer zuckerhutförmigen Bergkuppe, fast unerreichbar, allen Angriffen trotzen sollte. Im Mittelalter war die Burg Zufluchtsstätte der Katharer, die hier schließlich ein tragisches Ende fanden. Schön ist der Blick von der Ruine hinab ins Vorland der Pyrenäen.

i

DAUER: Mit Rückweg 1 Std. (ohne Besichtigungszeit).

HÖHENUNTERSCHIED: Etwa 250 m.

SCHWIERIGKEITSGRAD: Mittelschwer.

WEGBESCHAFFENHEIT: Steiler, beschwerlicher Pfad.

AUSRÜSTUNG: Feste Bergschuhe.

JAHRESZEIT: Frühjahr bis Herbst; im Hochsommer während der Morgenstunden.

KARTENMATERIAL: Carte de Randonnées 1 : 50 000, Pyrénées, carte n° 9: Montségur.

EINKEHRMÖGLICHKEIT: Nur in Montségur.

BESICHTIGUNGSZEITEN: Interessant ist ein Besuch des Museums von Montségur, das Funde aus der Katharerzeit (Gerätschaften, Münzen, Schmuck) beherbergt. Das Museum ist vom 1. Juli bis 30. September von 9–12 und 14–19 Uhr geöffnet.

VERKEHRSANBINDUNG: Mit öffentlichen Verkehrsmitteln ist der Ausgangspunkt der Wanderung nicht zu erreichen.

DER WANDERWEG

Unterhalb der Burg von Montségur befindet sich an der Straße nach Montferrier ein großer **Parkplatz** – der Ausgangspunkt unserer Wanderung. Am Informationsschild beginnt der Weg. Sofort geht es steil bergauf, direkt auf die Burg zu. Nach einem kurzen und anstrengenden Anstieg erreichen wir eine Stelle, die an die Vernichtung der Katharer erinnert. Stets ist das Denkmal mit Blumen geschmückt.

Dann kommen wir an ein Kassenhäuschen (15 Min.). Dort erhält man eine Informationsschrift und die Eintrittskarte. Diese gilt auch für das kleine Museum im Ort Montségur, in dem Funde aus der Kartharerzeit ausgestellt werden.

Rechts geht es weiter bergauf. Schilder oder weiße Pfeile weisen uns immer wieder den Weg. Der recht felsige Pfad ist steil und unbequem. Wir klettern über Gesteinsbrocken, die von vielen Schritten blankpoliert sind. Dann stehen wir schon vor der **Burg** (30 Min.). Durch den Haupteingang gelangen wir in den früheren Innenhof, um den sich die Wohnungen in drei Stockwerke gruppierten. In der ersten Etage befanden sich vermutlich die Räume des Burgherren, nur durch eine einzige Tür zugänglich, zu der eine separate Treppe hinaufführte.

In der rechten, hinteren Ecke kann man auf einer steilen Treppe zur östlichen Schutzmauer hinaufsteigen, die mit 4,20 m Breite einst ein wichtiger Teil der Verteidigungsanlage war. Von hier aus genießt man eine hervorragende Rundumsicht. Jetzt ist auch deutlich zu erkennen, wie steil der Berg an allen Seiten ist. Durch den Nordeingang gelangen wir auf einen Pfad auf der anderen Seite der Burg. Rechts kann man nicht um das Gemäuer herum, da die Ostseite des Berges besonders steil ist. Links gelangt man zu den Trümmern

Wanderung 11: Zum Château de Montségur

des mittelalterlichen Dorfes, das sich außerhalb der Burgmauern befand. Nur etwa 20 % der Mauerreste sind bisher ausgegraben worden.

An der schmalen Nordwestseite können wir über eine Leiter in die ehemalige Zisterne der Burg steigen. Dahinter befindet sich der große Wachtturm mit zahlreichen Schießscharten. In der hinteren, rechten Ecke sind noch Reste einer Wendeltreppe auszumachen. Die Burg ist heute nur noch eine Ruine, und man braucht einige Phantasie, um sich an Hand des Lageplans vorzustellen, wie sie im Mittelalter ausgesehen haben mag. Doch wirkt der dunkle Stein, aus dem Teile des Gemäuers sowie Fenster- und Türrahmen gefertigt wurden, frisch, als wäre die Burg gerade neu erbaut.

Wir treten hinaus und genießen von der Nordwestseite noch einmal den Blick hinab in die weite Ebene des Pyrenäenvorlandes, in der sich stufenförmig die Bergkämme, nach Norden immer niedriger werdend, verlieren. Dann beginnen wir den steilen Abstieg zum Parkplatz.

Das Château de Montségur

Den imposanten Felsen, auf dem die Burg Montségur errichtet wurde, nennt man *Pog* nach dem okzitanischen Wort für Berg. Von der ersten Burg kennt man weder die Erbauungszeit noch sind Reste von ihr erhalten. Fest steht, daß der katharische Klerus 1204 den Lehnsherren des Gebietes, Raymond de Péreille, der die Sekte unterstützte, ersuchte, auf dem Pog eine neue Festung zu erbauen, die den von den Katholiken Verfolgten Schutz gewähren sollte. Eine Garnison wurde in der Burg stationiert. Außerhalb der Mauern lebte die nach Ausbruch des Albigenserkrieges auf bis zu 400 Personen gewachsene Gemeinschaft der katharischen Flüchtlinge.

Monségur wurde bald zum Symbol des katharischen Widerstandes und zum Zentrum der Katharerkirche. Ab 1232 fanden die Verfolgten in der Burg Zuflucht. Wahrscheinlich wurden zu dieser Zeit die Verteidigungsanlagen nochmals verstärkt. Der Ruf des Ortes zog zahlreiche katharische Pilger an, was den Argwohn der katholischen Kirche und des französischen Staates weckte. 1241 belagerten Gruppen des französischen Königs erstmals, wenn auch erfolglos, die Burg. Ein Jahr später verübte eine Gruppe aus Montségur unter Péreilles Schwiegersohn, Pierre de Mirepoix, einen Anschlag auf die Gerichtsmitglieder der Inquisition, der als Massaker von Avignonet (bei Toulouse) in die Geschichtsbücher einging.

Auf dem Konzil von Béziers wurde dann 1243 die Vernichtung Montségurs beschlossen. Kurz darauf begann die Belagerung durch 6000 Mann. Trotz der Überzahl war in dem schwierigen Gelände keine perfekte Blockade möglich. Erst im Winter gelang es eigens engagierten Söldnern aus der Gascogne, erfahrenen Gebirgsbewohnern also, den steilen Berg bei Nacht unentdeckt zu erklimmen und den Ostturm der Zitadelle zu nehmen. Von dort aus konnten die katholischen Truppen mit schweren Steinkugelgeschossen operieren. Die Lebensmittel in der Burg wurden allmählich knapp, Hoffnung auf Hilfe gab es nicht. Nach einem mißglückten Ausfall entschloß sich der Befehlshaber Pierre de Mirepoix zur Kapitulation. Den Katharern wurde ein vierzehntägiger Waffenstillstand zugestanden. Während dieser Zeit sollten sie entscheiden, ob sie ihrer Lehre abschwören oder lebendig verbrannt werden wollten. Nach Ablauf der Bedenkzeit sollen 205 gläubige Katharer freiwillig auf einen großen

Scheiterhaufen gestiegen sein, den man am Fuß des Berges aufgeschichtet hatte.

Während des Waffenstillstands, so heißt es, verließen vier Katharer unerkannt die Burg, um den Kirchenschatz zurückzuholen, der drei Monate zuvor in Sicherheit gebracht worden war. Diese Episode nährt viele Legenden um Montségur. Niemand weiß, woraus der Schatz bestanden hat und ob er tatsächlich in die Burg zurückgelangt ist. Doch haben Abenteurer immer wieder versucht, den Schatz unter den Ruinen der Zitadelle zu finden.

Unter den neuen Besitzern, die dem französischen König die Treue schworen, wurde eine neue Burg erbaut, für deren Mauern das Material des alten Bauwerks Verwendung fand. Daher blieb von der einstigen Katharerburg nichts erhalten. Lediglich die äußeren Verteidigungswälle und die Ruinen des Katharerdorfes sind noch vorhanden. Die Burgruine, die heute den Besuchern offensteht, stammt aus der Zeit um 1300. Im 14. Jh. diente Montségur als Wachposten gegen die Spanier, wurde dann aber (spätestens) während der Religionskriege zerstört. Der heutige Ort entstand um 1700. Damals war die Burg bereits endgültig verlassen.

12

Im Land der Schluchten

In die Gorges de la Frau auf dem Plateau de Sault

Das einsame Kalkplateau von Sault in den Bergen des Ariège wird von sehr tiefen Schluchten (Gorges) zerschnitten. Durch die eindrucksvolle Landschaft der Gorges de la Frau führt der alte Verbindungsweg zwischen den Orten Comus und Bélesta, auf dem einst Viehherden getrieben wurden.

i

DAUER: Mit Rückweg 1 Std. 30 Min.

HÖHENUNTERSCHIED: Etwa 250 m.

SCHWIERIGKEITSGRAD: Mittelschwer.

WEGBESCHAFFENHEIT: Steil geht es neben dem ausgetrockneten Bachbett bergab, auf dem Rückweg folgt ein anstrengender Aufstieg.

AUSRÜSTUNG: Feste Bergschuhe.

JAHRESZEIT: Frühjahr bis Herbst.

KARTENMATERIAL: Carte de Randonnées 1 : 50 000, Pyrénées, carte nº 9: Montségur.

EINKEHRMÖGLICHKEIT: Keine

VERKEHRSANBINDUNG: Von Montag bis Freitag verkehren mehrmals täglich Busse von Quillan über Belcaire nach Camurac und Comus. Quillan ist per Bus von Perpignan aus zu erreichen. Für die Rückfahrt von Comus nach Quillan muß man den Bus telefonisch bestellen. Die Zeiten sind so ungünstig, daß man auf jeden Fall in Camurac übernachten muß, wo man ein Hotel und einen Campingplatz findet.

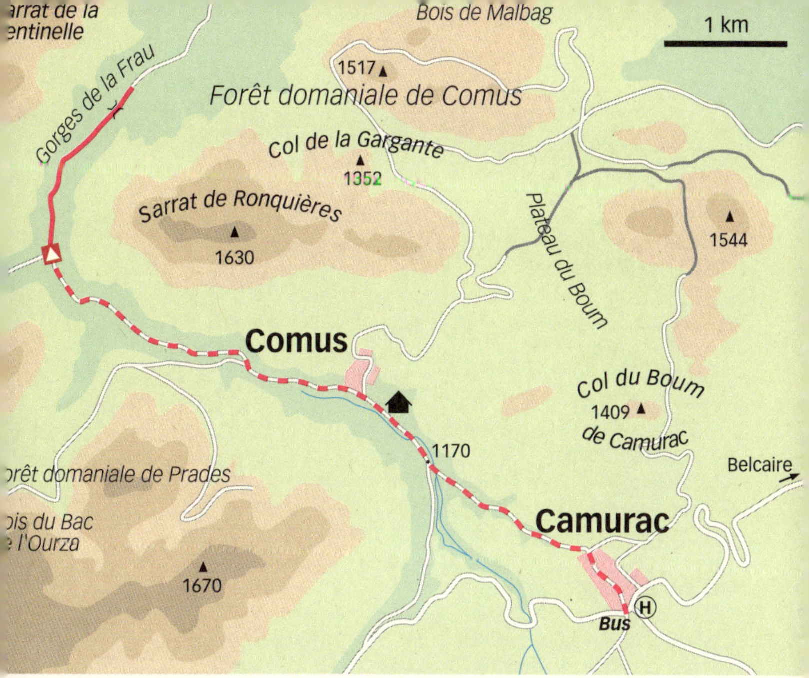

Wanderung 12: In die Gorges de la Frau auf dem Plateau de Sault

DER WANDERWEG

Bei Anreise mit dem Bus läuft man von Camurac auf der Straße nach Comus und weiter auf dem Forstweg bis zu den Gorges de la Frau. (Die Wegstrecke weist dann insgesamt einen Höhenunterschied von etwa 400 m auf. Mit einer Wanderzeit von 5 Std. 30 Min. ist zu rechnen.)

Autofahrer parken am Südeingang der Schlucht, wo der Forstweg nach links abbiegt. Auf der linken Seite des meist ausgetrockneten Bachbetts weist ein Schild nach rechts zu den Gorges de la Frau. Unser Weg beginnt jedoch nicht dort, wo das Schild steht, sondern auf der rechten Seite des Baches. Der Grund der Schlucht ist dicht bewaldet. Auf einem breiten, zunächst sehr bequemen Weg, über dem sich die Kronen der Bäume wie ein Dach wölben, geht es bergab. So ist es hier recht schattig.

Rechts und links ragen die steilen Kalksteinwände auf. Der Weg wird bald steiniger, und die Schlucht ist stellenweise nicht mehr als 10 oder 15 m breit. Hier und da müssen schräge Felsplatten überwunden werden, und steil geht es nun talabwärts. Auf der linken Seite kommt eine besonders hohe Felswand in Sicht (25 Min.). Durch lockeren Schotterbelag ist der Untergrund an einigen Stellen recht rutschig. Dann stehen wir direkt unterhalb der Felswand und queren das Bachbett auf einer Steinbrücke (35 Min.). Auf der linken Talseite geht es weiter bergab. Auch zur Rechten erheben sich jetzt steile Felswände.

Doch dann weitet sich das Tal. Unser Pfad wird wieder breiter und mündet schon bald darauf in einen Fahrweg (45 Min.), der, von Norden kommend, ebenfalls Zugang zu der Schlucht gewährt. Hier können wir umkehren und den anstrengenden, steilen Rückweg beginnen.

Zwergstaat Andorra

Der winzige Staat Andorra (465 km^2) konnte dank seiner abgeschiedenen Lage inmitten des Gebirges lange eine eigene Kultur und Tradition bewahren. Jahrhundertelang war bis in die jüngste Zeit das Verwaltungssystem unverändert geblieben. Der Bischof von La Seu d'Urgell in Spanien und der französische Staatspräsident (als Rechtsnachfolger der Grafen von Foix) regierten seit 1278 gemeinsam über den kleinen Freistaat. Sie benannten Vögte, denen das Gerichtswesen und die öffentliche Ordnung unterstellt waren. Ein Generalrat aus Vertretern der sieben Gemeinden war für verschiedene öffentliche Aufgaben zuständig. In einer Volksabstimmung sprachen sich die Bürger Andorras 1993 für eine unabhängige Verfassung aus. Frankreich und Spanien erkannten das Fürstentum als souveränen Staat an, den sie außenpolitisch weiterhin vertreten. Im Dezember 1993 fanden die ersten Parlamentswahlen seit der Unabhängigkeit statt.

Bis vor etwa 50 Jahren lebten die meisten Bewohner des damals noch sehr rückständigen Landes von der Landwirtschaft. Erst 1913 wurde eine Straßenverbindung nach Spanien geschaffen, 1931 folgte die Straße nach Frankreich. Seither hat sich vieles geändert. Der Fremdenverkehr gilt heute als Haupteinnahmequelle. Aufgrund der Steuerfreiheit sind Luxusartikel erheblich billiger als in den Nachbarländern, weshalb viele kauflustige Spanier und Franzosen Andorra einen Besuch abstatten. Im Haupttal sind zahlreiche Supermärkte und Betonklötze aus dem Boden geschossen.

Die Einheimischen stellen heute unter den 62 000 Einwohnern Andorras eine Minderheit von ca. 20 % dar, denn vor allem aus Spanien kamen viele Arbeitskräfte ins Land. Dennoch sind die katalanische Sprache und Kultur erhalten geblieben, und in den ruhigen Seitentälern kann man die ursprüngliche Landschaft noch ungestört genießen.

Das Gebirgsmassiv von Andorra bildet die östliche Begrenzung der Zentralpyrenäen. Weniger in den absoluten Höhen (mit 2942 m ist der Pic de Coma Pedrosa die höchste Erhebung) als vielmehr in den Landschaftsformen der abgeschiedenen Bergtäler zeigt sich der Hochgebirgscharakter. Zahlreiche Seen prägen das Landschaftsbild. Ihre Entstehung verdanken sie den geschmolzenen Gletschern der Eiszeit, die einst Andorra fast völlig bedeckten.

Gletscher gibt es heute in Andorra nicht mehr, aber kleine Firnschneefelder sitzen hier und da oberhalb von 2200 m in den schattigen Nischen steiler Nordhänge. An diesen Stellen hält sich der Schnee das ganze Jahr über. Durch teilweises Schmelzen und Wiedergefrieren sowie durch den Druck auflastender Neuschneemassen verdichtet sich der ältere

Schnee auf über das Doppelte seiner ursprünglichen Dichte und wird dadurch nach einigen Jahren zu Firn. Eine Weiterentwicklung zum Gletscher kann unter den heutigen klimatischen Bedingungen nicht stattfinden.

Noch bis in etwa 1500 m Höhe kann in Andorra – bedingt durch die günstigen klimatischen Verhältnisse – Tabakanbau betrieben werden. Die Blätter werden in vier Fabriken weiterverarbeitet.

Weiter oben wächst die Waldkiefer mit dem für den südöstlichen Bereich der Pyrenäen typischen Unterwuchs: Farne und Besenheide *(Calluna vulgaris)*, Stinkwacholder *(Juniperus sabina)* und Behaarte Heckenrose *(Rosa villosa)*. Es fallen verschiedene Nelkenarten *(Dianthus sp.)* auf, daneben die Unstete Heide *(Erica vagans)*, eine atlantische, weißblühende Verwandte unserer Glockenheide sowie hier und da ein Exemplar des Gelben Fingerhuts *(Digitalis lutea)*, der ähnlich giftig wie der rote ist. An steileren Hängen oberhalb 2000 m wächst schütterer Hakenkiefernwald.

An flacheren Hängen hat der Mensch den Wald gerodet und durch Bergweiden (Almen) ersetzt. Heute ist die Almwirtschaft in Andorra stark zurückgegangen und die Flora, die nicht mehr so sehr unter Tritt und Verbiß zu leiden hat, besonders artenreich. Man findet im Hochsommer die stahlblaue, endemische Pyrenäen-Schwertlilie *(Iris latifolia)* mit ihren auffälligen Blüten, außerdem die Pyrenäen-Skabiose *(Scabiosa cinerea)*, die endemische Riesen-Marguerite *(Leucanthemum maximum)*, die weißen Dolden des ebenfalls endemischen Pyrenäen-Bärenklaus *(Heracleum sphondylium, spp. pyrenaicum)* und das Gefleckte Knabenkraut *(Dactylorhiza maculata)*. Heuschrecken und Schmetterlinge bevölkern die Almen in großer Zahl.

In höheren Lagen wachsen Zwergstrauchheiden mit Rostroter Alpenrose *(Rhododendron ferrugineum)*, Rauschbeere *(Vaccinium uliginosum)* und Zwergwacholder *(Juniperus nana)*. Zahlreiche Blütenpflanzen kann man auch hier entdecken, darunter die prächtige weiße Trichterlilie *(Paradisea liliastrum)*, Gruppen von goldgelben Trollblumen *(Trollius europaeus)*, die tiefblauen Trichter des Breitblättrigen Enzians *(Gentiana acaulis)* und die auffälligen gelben Blüten der Großblütigen Gemswurz *(Doronicum grandiflorum)*. Hier und da findet man sogar das Kugel-Knabenkraut *(Traunsteinera globosa)*. An ungünstigen Felsstandorten wachsen der Dach-Hauswurz *(Sempervivum tectorum)* oder die Halbkugelige Teufelskralle *(Phyteuma hemisphaericum)* mit ihren grasartigen Blättern. An feuchten Stellen trifft man manchmal auf eine interessante Rosettenpflanze, das Großblütige Fettkraut *(Pinguicula grandiflora)*, dessen blaue Blüten ein bißchen an Veilchen erinnern. Auf der Oberseite der leicht eingerollten Blattränder sitzen Drüsen, deren klebrige Absonderungen dem Insektenfang dienen. Durch diese zusätzliche Nahrung gleicht die fleischfressende Pflanze den Nährstoffmangel auf armen Böden aus.

Andorra bietet hervorragende Ausgangsbedingungen für einen Wanderurlaub. Das kleine Land ist durch öffentliche Buslinien recht gut erschlossen. Unterkünfte aller Kategorien und sonstige touristische Einrichtungen stehen dem Besucher zur Verfügung. Da das Haupttal ziemlich stark vom Autoverkehr belastet ist, empfehlen sich als Standorte vor allem die ruhigeren Orte in den landschaftlich reizvolleren Nebentälern.

Hier ist das Gebiet um La Massana und Ordino hervorzuheben. Von dort aus fahren in halbstündigem Rhythmus Busse in die Hauptstadt Andorra la Vella. Dort wiederum besteht Anschluß an die Buslinien, die im Haupttal etwa fünfmal täglich verkehren. Aktuelle Fahrpläne verteilt das andorranische Fremdenverkehrsamt, das Informationsstellen in verschiedenen Orten unterhält. La Massana und Ordino besitzen zahlreiche Unterkünfte (Hotels, Pensionen, Ferienwohnungen), in der Umgebung befinden sich mehrere Campingplätze. Restaurants und Einkaufsmöglichkeiten sind vorhanden. Für den Campingurlauber bietet sich als reizvolle Alternative das einsame Incles-Tal an, in dessen hinterem Teil sich ein kleiner, einfacher Campingplatz befindet.

Ein Aufenthalt in Andorra wäre unvollständig ohne den Besuch der Hauptstadt **Andorra la Vella.** Vor allem lohnt es sich, das berühmte mittelalterliche Rathaus ›Casa de la Vall‹ zu besichtigen. Hier trafen die Ratsherren des Zwergstaates einst zusammen, um Beschlüsse zu fassen. Heute ist das Gebäude in ein Museum umgewandelt. Eine weitere Attraktion ist das Nationalheiligtum von Meritxell mit der Statue der Schutzpatronin des Landes.

13

Die Seenplatte im Talzirkus

Von Grau Roig zum Circ dels Pessons

Einer der faszinierendsten Wege für botanisch oder geologisch interessierte Wanderer in Andorra führt zum Talzirkus Els Pessons. Ausgangspunkt ist das Wintersportzentrum Grau Roig nahe der französischen Grenze, im obersten Abschnitt des Haupttals von Andorra gelegen. Die rund 42 Seen des Talschlusses wurden von eiszeitlichen Gletschern geformt.

i

WEGVERLAUF: Grau Roig – Estanys dels Pessons (35 Min.) – Els Pessons (2 Std.).

DAUER: Mit Rückweg 4 Std.

HÖHENUNTERSCHIED: Etwa 350 m.

SCHWIERIGKEITSGRAD: Mittelschwer bis anspruchsvoll.

WEGBESCHAFFENHEIT: Nach kurzem, anstrengendem Aufstieg gilt es – teils gemächlich, teils über Felsstufen kletternd – die Seenplatte zu erwandern.

AUSRÜSTUNG: Feste Bergschuhe, Wanderkleidung, Sonnenschutz.

JAHRESZEIT: Mitte Juni bis Ende September.

KARTENMATERIAL: Andorra. Mapa topogràfic 1 : 50 000.

EINKEHRMÖGLICHKEIT: Bar-Restaurant am unteren Estany dels Pessons, Schnellrestaurant und Hotel-Restaurant in Grau Roig.

VERKEHRSANBINDUNG: Mit dem Bus im Haupttal bis zur Haltestelle an der Abzweigung nach Grau Roig. Dann etwa 2 km zu Fuß auf der Teerstraße nach Grau Roig.

DER WANDERWEG

Unsere Wanderung beginnt auf dem Parkplatz des Skizentrums **Grau Roig.** Dort zweigt rechts eine Schotterpiste ab, die zur Talstation des neuen Sesselliftes auf der rechten Seite führt. Bis hierher kann man noch mit dem Auto fahren. Hinter dem Sessellift steigen wir auf einem breiten Weg bergauf, der nur für geländegängige Fahrzeuge geeignet ist. Nach etwa 2 Min. dürfen wir nicht links abbiegen, sondern folgen dem Fahrweg rechts steil aufwärts. Zweimal quert der Weg die Sesselliftrasse und erweitert sich dann zu einer Skipiste. An einer scharfen Rechtskurve (25 Min.) versperren grobe Felsblöcke auch für Geländewagen die Weiterfahrt. Links, genau in der Kurve, zweigt ein Waldweg ab. Ein Schild weist zu den Restaurants ›Daniel‹ und ›Els Pessons‹. Wir übersteigen die Eisenkette, die auch auf diesem Weg die Durchfahrt verbietet, und gehen durch Ha-

Wanderung 13: Von Grau Roig zum Circ dels Pessons

kenkiefernwald sanft bergauf. Bald taucht voraus der unterste **Estany dels Pessons** auf (35 Min.).

Rechts liegt das Bar-Restaurant Daniel, wir aber gehen links am See entlang auf einem schmalen Trampelpfad weiter. Bald passiert der Pfad das ehemalige Bar-Restaurant Els Pessons. Anschließend treffen wir auf eine Weggabelung (55 Min.), wo der Fernwanderweg GR-7 aus dem Tal heraufführt. Auf ihm gehen wir nach rechts weiter, den Schildern nach ›Escaldes‹ und ›Refugi de l'Illa‹ folgend. Deutlich ist nun zu erkennen, daß der See als Angelteich künstlich aufgestaut ist. Wir überqueren auf Felsblöcken den Abfluß des Gewässers und setzen den Weg auf dem schmalen Pfad um den See herum fort, dessen oberer Teil dort, wo der Schuttfächer des Zuflusses langsam in ihn hineinwächst, schon stark verlandet. Dann überqueren wir auch den Zufluß des Sees (1 Std. 5 Min.). Der in viele Arme gespaltene Bach ist zwischen den groben, kaum rundgeschliffenen Felsblöcken nur schwer auszumachen.

Vor einem großen Felsblock geleitet uns die rot-weiße Markierung des GR-7 nach rechts steil hinauf. Bald aber sind wir wieder in flacherem Gelände und stehen vor einem zweiten, kleineren und stärker verlandeten See (1 Std. 20 Min.). Durch wilde Felslandschaft mit immer spärlicherem Kiefernbewuchs halten wir uns links am See entlang, an zwei steinernen Hirtenunterständen vorbei.

Oberhalb des Sees ist abermals ein Bach zu überqueren, bevor wir an den dritten, noch kleineren See kommen (1 Std. 35 Min.). Wir klettern rechts an ihm vorbei über eine kleine Schutthalde und steigen an seinem oberen Ende geradeaus über eine niedrige Felsbarriere. Kurz darauf gelangen wir an einen weiteren, etwas größeren See, wo häufig Angler anzutreffen sind. Auch an diesem See gehen wir rechts vorbei. Ringsum ragen, nun schon recht nah, die steilen Felswände auf, die den Talkessel halbkreisförmig umgeben. In den Nischen der Nordhänge leuchten Firnschneeflecken.

Der Bach fließt jetzt etwa 30 m unterhalb des Weges durch sumpfiges Gelände. In den kleinen, kreisförmigen, dicht mit Binsen und Seggen bestandenen Vertiefungen sind ehemalige, heute verlandete Tümpel zu erahnen. Nach Überwindung eines weiteren Felshanges stehen wir schließlich vor dem fünften See (2 Std.), dem Ziel der Wanderung, inmitten des Talkessels **Els Pessons.** Wer möchte, kann noch zum sechsten See wandern (ca. 15 Min.), doch wird der Weg jetzt schmal und anstrengend.

AM WEGE

Die leuchtende **Rostrote Alpenrose** *(Rhododendron ferrugineum)*, ein Heidekrautgewächs, wird auch Almrausch genannt. In den Alpen steht diese nur noch selten anzutreffende Pflanze unter Naturschutz. Dagegen bildet sie in den Pyrenäen auf kalkfreien Böden

Die Rostrote Alpenrose, auch Almrausch genannt, verleiht den Gebirgslandschaften der Pyrenäen einen besonderen Reiz

große Bestände. Vor allem in der Blütezeit (Juni/Juli) verleiht sie vielen Gebirgsgegenden einen besonderen Reiz. Die Rostrote Alpenrose liebt schattige, ein wenig feuchte Standorte. Sie benötigt im Winter eine dichte Schneedecke zum Schutz gegen die Kälte. Die Höhe der Büsche überschreitet deswegen selten 1 m.

Von anderen Alpenrosenarten kann man die Spezies ›ferringineum‹ am besten durch ihre Blätter mit den nach unten gebogenen Rändern unterscheiden. Ihren Namen verdankt die Pflanze der rostroten Farbe an der Blattunterseite. An den Sproßenden häufen sich die Blätter, wohingegen die Zweige nach unten hin oft mehr oder weniger kahl sind.

Die frischen Blätter der Rostroten Alpenrose enthalten toxische Stoffe. Hin und wieder führte dies zu Vergiftungen bei Schafen oder Ziegen, weshalb die Pflanze von den Almbauern nicht gerne gesehen wird. Seit die Weidewirtschaft in den Pyrenäen rückläufig ist, breitet sich die Alpenrose wieder stärker aus. Die getrockneten Blätter wirken in kleinen Mengen harntreibend und wurden früher als Mittel gegen Rheuma verwendet.

Karseen und Kartreppen

Das schönste Beispiel für einen von Gletschern gebildeten Talzirkus, also ein Kar (s. auch ›Landschaftsformen und klimatische Gegensätze‹, S. 17), ist in Andorra der Circ dels Pessons. Etwa 42 Seen liegen in dem kreisförmigen Karboden von rund 2 km Durchmesser in Höhenlagen von 2300–2600 m, beinahe ganz umschlossen von steil aufragenden Felswänden, die durchweg mehr als 2800 m Höhe erreichen. Einst nahm ein riesiger Gletscher hier seinen Ausgang. Heute ist die auf dem Karboden entstandene Seenplatte das Quellgebiet der Valira d'Orient, die vom untersten See aus eine steile Stufe hinunterstürzt, um von Grau Roig an das breite, vom einstigen Gletscher vertiefte Haupttal Andorras zu durchfließen.

Auch die einzelnen Seen sind durch Felsstufen getrennt. Bedingt durch Klimaschwankungen schmolzen während des Eiszeitalters die Gletscher mehrfach ab und bildeten sich später erneut. Diese Prozesse und die Unterschiede in der Widerstandsfähigkeit des Gesteins gegenüber der Erosion haben eine Kartreppe entstehen lassen. Die außergewöhnlich unruhige Oberfläche des Karbodens von Els Pessons ermöglichte nach dem Abschmelzen des Gletschereises die Bildung zahlreicher kleiner Seen in den muldenförmigen Vertiefungen, während die Bäche, welche die Seen miteinander verbinden, als Wasserfälle über die steilen Felsstufen stürzen.

Viele der kleineren Seen fallen heute der Verlandung anheim. Nach und nach schieben die Bäche einen Schwemmfächer aus Schutt und Schlamm in die Seen vor. Abgestorbene Pflanzenteile und Exkremente von Tieren tragen in den beinahe strömungsfreien Gewässern ebenfalls zur allmählichen Verschlickung und nachfolgenden Vertorfung bei. Zunehmende Austrocknung verändert die Lebensbedingungen für Pflanzen und Tiere. Viele ehemalige Seen im Circ dels Pessons lassen sich heute nur noch erahnen, dort, wo in kleinen Mulden Schilf und Seggen auf dem neu entstandenen Torfboden wachsen.

14

Auf den Spuren Karls des Großen

Vom Vall d'Incles zu den Estanys de Juclar

Für Botanikfreunde ein Erlebnis ist die Wanderung zu den beiden Karseen von Juclar. Zahlreiche selten gewordene Pflanzenarten kann man in dem abgeschiedenen Gebiet entdecken. Vorbei am ersten Estany de Juclar, dessen Wasser zur Stromgewinnung genutzt wird, geht es zum Ziel der Wanderung, dem zweiten Estany de Juclar, einem einsamen, klaren Bergsee inmitten steil aufragender Felswände.

WEGVERLAUF: Campingplatz im Vall d'Incles – Picknickplatz am Riu de Juclar (25 Min.) – Erster Estany de Juclar (2 Std.) – Zweiter Estany de Juclar (2 Std. 30 Min.)

DAUER: Mit Rückweg 5 Std.

HÖHENUNTERSCHIED: Etwa 450 m.

SCHWIERIGKEITSGRAD: Mittelschwer bis anspruchsvoll; Trittsicherheit erforderlich.

WEGBESCHAFFENHEIT: Der Weg führt zunächst gemächlich, dann immer steiler bergauf.

AUSRÜSTUNG: Feste Bergschuhe, Wanderkleidung, Sonnenschutz.

JAHRESZEIT: Mitte Juni bis Ende September.

KARTENMATERIAL: Andorra. Mapa topogràfic 1 : 50 000.

EINKEHRMÖGLICHKEIT: Snack-Bar am Campingplatz im Vall d'Incles (nur in der Hauptsaison).

VERKEHRSANBINDUNG: Mit dem Bus im Haupttal bis zur Haltestelle im Vall d'Incles. Dann zu Fuß etwa 3 km auf dem Fahrweg bis zum Campingplatz. Mit dem Auto kann man auf einer recht gut befahrbaren Schotterpiste bis zum Campingplatz fahren.

DER WANDERWEG

Ausgangspunkt der Wanderung ist der Campingplatz im **Vall d'Incles.** Ein breiter Schotterweg führt über den Bach und rechts quer durch das Campinggelände. Wir dürfen uns nicht nach links zum Haus halten. An der rechten Seite des Bergbaches geht es talaufwärts. Zwischen riesigen Granitblöcken bahnt sich der Bach seinen Weg. Vom linken, steileren Hang reichen Schuttfächer ins Tal hinab. Der rechte Hang neigt sich sanfter und ist bewaldet.

An einer Weggabelung (20 Min.) deutet ein Schild nach links zu den Estanys de Juclar. Wenig später überqueren wir den Bach auf einer kleinen, steinernen Brücke. Dahinter befindet sich ein Picknickplatz am **Riu de Juclar** mit gefaß-

Wanderung 14: Vom Vall d'Incles zu den Estanys de Juclar

ter Quelle, Grillstelle sowie Steintischen und -bänken (25 Min.). Wir folgen nun den rot-weißen Markierungen auf einem Grasweg das Tal weiter hinauf. Der Pfad wird schmaler, steigt steil zwischen verstreut umherliegenden Felsblöcken an.

Die erste Geröllhalde gilt es zu überwinden. Rote Punkte weisen den Weg zwischen den Gestelnsbrocken. Dann wird der Weg ebener. Zur Rechten taucht wieder der Bach auf, und zu beiden Seiten des Tals ragen steile Felswände empor. Von rechts stürzt ein Wasserfall das Tal hinunter (1 Std.). Bald darauf überschreiten wir genau oberhalb des Wasserfalls den Bach. Dann kommt links ein weiterer Wasserfall den Hang hinunter. Hier gabelt sich der Pfad (1 Std. 15 Min.), und wir folgen der rot-weißen Markierung nach rechts, obwohl der Weg scheinbar geradeaus weiterführt.

Erste Firnschneeflecken sind zur Rechten in den Nischen des Nordhangs zu sehen. Wir passieren einen verfallenen Hirtenunterstand. Links des Weges erheben sich steile Felsblöcke, rechts liegt ein sumpfiges Wiesental, in dem man einen Schneemeßpfahl errichtet hat. Der Weg verläuft über die Wiese und zwischen Felsen hindurch, stets begleitet von der rot-weißen Markierung und den roten Punkten. Nochmals wird der Bach überquert, und dann gehen wir abermals durch einen feuchten Wiesengrund, links am Hang stehen die Ruinen einer Wetterstation und ein Wassermeßbehälter. Im Felsen sehen wir einen mit einem Gitter verschlossenen Abflußstollen. Sobald sich die Augen an die Dunkelheit gewöhnt haben, erkennt man ganz hinten im Stollen eine Turbine. Diese wird mit dem Wasser des darüberliegenden Sees betrieben, sofern dieser genügend Wasser enthält. Wir überschreiten den Bach, der hier meist nur wenig Wasser führt, und steigen in felsigem Gelände aufwärts.

Dann sind wir am **ersten Estany de Juclar** in etwa 2300 m Höhe (2 Std.)

Bergsee im Juclar-Talschluß

angelangt. Der See wird durch einen Damm aufgestaut. Rechts am Wasser verläuft ein schmaler Pfad, der bald recht steinig wird und unterhalb der Winterwasserlinie des Sees entlangführt, die durch das Fehlen jeglicher Vegetation deutlich zu erkennen ist. Voraus öffnet sich der Blick auf die steile Talkesselumrahmung. Am oberen Ende erhält der Stausee Zufluß durch einen schmalen Bach, der sich tief in eine Torfschicht eingeschnitten hat. Wir überqueren den Bach und gehen an seinem Ufer weiter talauf. Dabei folgen wir wiederum der rot-weißen Markierung. Bald treffen wir auf eine kleine Enzianwiese und auf einen Tümpel, an dem wir links vorbeigehen. Schließlich erreichen wir die Wiese am Ufer des **zweiten Estany de Juclar** (2 Std. 30 Min.). Dieser schön gelegene See ist kleiner als der erste und nicht aufgestaut. Steile Felswände rings um den See bilden einen engen Talschluß. Die Wiese, ein idealer Picknickplatz, lädt zum Verweilen ein.

Karl der Große – Gründer Andorras?

Das Vall d'Incles nimmt in der Legende über die Ursprünge des andorranischen Staates einen wichtigen Platz ein. Durch dieses Tal soll Karl der Große, von Frankreich kommend, das Land betreten haben.

Der Incles-Paß war früher, als die Straße über den Envalira-Paß noch nicht existierte, tatsächlich ein häufig benutzter Übergang nach Frankreich. Jedoch ist die Anwesenheit Karls des Großen in Andorra historisch nicht belegt und auch eher unwahrscheinlich.

Der Sage nach soll Karl der Große Andorra gegründet haben, angeblich aus Dankbarkeit dafür, daß ihm die Bewohner im Kampf gegen die Mauren als Bergführer dienten. Noch heute beginnt die Nationalhymne Andorras mit den Worten: »Karl der Große, mein Vater, befreite mich von den Arabern.« Eine Urkunde, in der Karl der Große seine Rechte auf seinen Sohn Ludwig (den Frommen) übertragen haben soll, erwies sich als Fälschung.

Tatsächlich wird Andorra erstmals in der Einweihungsurkunde der Kathedrale von La Seu d'Urgell aus dem Jahr 839 erwähnt. Damals gehörte das Gebiet zum Lehen der Grafen von Urgell. Der historische Kern der Legende um Karl den Großen dürfte in der Angliederung Kataloniens an Frankreich im Jahr 801 durch seinen Sohn Ludwig (den Frommen) zu suchen sein.

15

Eisenerz und Almweide

Von Llorts zu den Estanys de L'Angonella

Vom Tabakanbaugebiet im Tal der Valira del Nord bis zur Almweide in der Region der Karseen von L'Angonella durchquert der alte Viehauftriebsweg verschiedene Höhenstufen der Vegetation. Ausgangspunkt ist der kleine, noch recht ursprüngliche Ort Llorts mit seinen schindelgedeckten Bauernhäusern. Nach einer Rast auf der Bergwiese beim Almbauernhof Bordes de la Mollera geht es in den Talzirkus der Estanys de L'Angonella mit seinen Seen, Wasserfällen und Almweiden.

i

WEGVERLAUF: Llorts – Bordes de la Mollera (45 Min.) – Erster Estany de L'Angonella (3 Std.) – Zweiter Estany de L'Angonella (3 Std. 15 Min.).

DAUER: Mit Rückweg 6 Std. 30 Min.

HÖHENUNTERSCHIED: Etwa 900 m.

SCHWIERIGKEITSGRAD: Anspruchsvoll; Trittsicherheit und gute Kondition erforderlich.

WEGBESCHAFFENHEIT: Steiler Anstieg auf mehr oder weniger befestigtem Weg.

AUSRÜSTUNG: Feste Bergschuhe, Wanderkleidung, Sonnenschutz.

JAHRESZEIT: Mitte Juni bis Ende September.

KARTENMATERIAL: Andorra. Mapa topogràfic 1 : 50 000.

EINKEHRMÖGLICHKEIT: Keine.

VERKEHRSANBINDUNG: Mit dem Bus nach Ordino. Weiter mit dem Taxi oder zu Fuß (5 km) nach Llorts.

DER WANDERWEG

Ausgangspunkt ist der alte Ortskern von **Llorts.** Links vor der Kirche steht ein kleiner Brunnen, neben dem ein Schild eine schmale Straße bergauf zu den Estanys de L'Angonella weist. Wenige Meter weiter, an einem Bauernhof mit Pferdeställen, dürfen wir nicht nach rechts abbiegen, sondern gehen links am Haus vorbei weiter bergauf. Der Weg wird schmaler, bleibt aber stets mehr oder weniger befestigt, da er dem sommerlichen Auftrieb der Viehherden auf die Alm dient. Zur Linken sprudelt der Bach, wir passieren das letzte Tabakfeld des Ortes und blicken auf die schindelgedeckten Bauernhäuser zurück. Der steinige Pfad steigt jetzt zwischen terrassenartig angelegten Wiesen steil an. Bald schon befinden wir uns hoch über dem Bachbett und erreichen einen Kiefernwald, in dem es weiter steil aufwärts geht. Zwei schma-

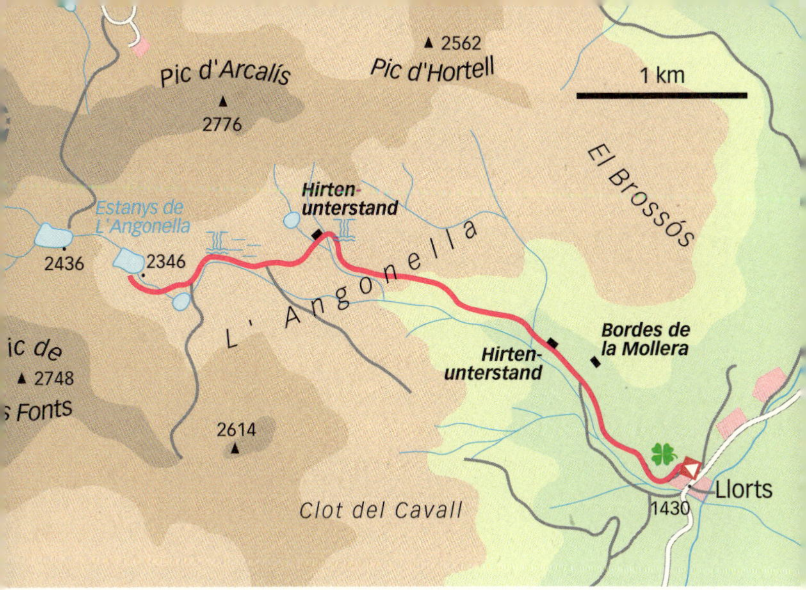

Wanderung 15: Von Llorts zu den Estanys de L' Angonella

le Pfade, die kurz hintereinander nach links führen (30 Min.), lassen wir unbeachtet. Zwischen den beiden Abzweigungen gabelt sich unser Weg, aber schon nach wenigen Metern führen die beiden Teilstücke wieder zusammen.

An einer weiteren Gabelung (45 Min.) halten wir uns links. Der rechte Pfad führt zum Bergbauernhof **Bordes de la Mollera.** Unser Weg quert eine kleine Wiese und wird dann recht sumpfig. Wir verlassen den Wald und stehen unvermittelt auf einer blühenden Bergwiese (55 Min.). Einzelne Birken, die den Bachlauf säumen, runden das Bild ab. Terrassenförmig ist die Alm am Hang angelegt, durch Mauern aus dunklem, grobem Schiefergestein abgestützt. Ihre volle Pracht entfaltet die Wiese gegen Mittag, wenn alle Blüten geöffnet sind und Schmetterlinge und Heuschrecken in großer Zahl und Artenvielfalt die Alm bevölkern.

Rechts am Wegrand steht ein Hirtenunterstand aus Schieferplatten, kurz darauf können wir auf den Bergbauernhof zurückblicken. Dahinter erhebt sich in der Ferne der majestätische Pic de Casamanya (2740 m). Wir queren einen Bachlauf (1 Std. 10 Min.). Stark eisenhaltiges Wasser hat die groben Bachkiesel rötlich gefärbt. Dann ist wiederum ein steiler Anstieg durch Kiefernwald zu bewältigen. Nach ca. 1 Std. 30 Min. beschreibt unser Weg zunächst eine Rechts- und gleich darauf eine Linkskurve – nicht geradeaus gehen! Kleine Steintürmchen am Wegrand erleichtern die Orientierung.

Bald darauf erblicken wir erstmals den imposanten Wasserfall, der von den Estanys de L'Angonella ins Tal hinunterstürzt. Dann versperrt ein riesiger Felsvorsprung die Sicht. Die subalpine Region der Zwergstrauchheiden ist erreicht. Wir treten aus dem Wald heraus und stehen nach wenigen Metern auf der Felsnase, die unseren Weg zur Linken begleitet hatte. Nun ist auch der große Wasserfall voraus wieder zu sehen. Auf feuchtem Wiesengrund geht es sanft bergan auf einem kaum auszumachenden Trampelpfad, der durch die kleinen Steinpyramiden der Hirten markiert ist. Der kleine Bach fließt stets links von uns, während der Pfad sich in Serpentinen in die Höhe windet. Genau unterhalb eines Wasserfalls queren wir

Im Tal der Valira del Nord bei Llorts

den Bach. Hangparallel geht es weiter, und abermals ist ein Bachlauf zu überschreiten. Schließlich öffnet sich vor uns der riesige Talkessel der Estanys de L'Angonella. Noch sind die Seen nicht zu erblicken. Pferde grasen auf der Almweide, zur Rechten befindet sich ein Hirtenunterstand. Der kleine Bach fließt hier durch morastiges Gelände.

Wir überqueren den Bach und gehen links am Sumpf vorbei. Bald sehen wir links unter uns einen schnell fließenden Wasserlauf. Wir aber bleiben oben auf der Wiese und halten direkt auf einen Wasserfall zu, an dem zwei Bäche zusammenfließen. Den rechten Bach müssen wir überschreiten, dann geht es neben dem Wasserfall durch unwegsames Gelände hinauf. Rötliche Eisenerzgänge stehen aus dem Gestein heraus. Oben ist eine kleine Schuttlawine zu überwinden. Nach Erreichen des Sattels führt ein Pfad durch flacheres Gelände am Bach entlang weiter zum **ersten**, kleinsten **Estany de L'Angonella** (3 Std.). Gesteinsschutthalden reichen von den Felswänden aus weit in den kristallklaren See hinein, der von einem Wasserfall gespeist wird. Rechts steigen wir weiter bergauf. Zunächst ist kein Weg zu erkennen, doch bald finden wir wieder einen Pfad und gelangen wenig später zum **zweiten**, größeren **Estany de L'Angonella**, dem Endpunkt unserer Wanderung (3 Std. 15 Min.). Man kann in ca. 20–30 Min. einen

Auf dem Weg zu den Estanys de l'Angonella

weiteren See erreichen, allerdings erweist sich der Weg als sehr steil und anstrengend.

AM WEGE

Das Gebiet von Llorts war früher für seine **Eisenerzminen** bekannt. Das rötliche Erz, der Roteisenstein, tritt im unteren Teil des Karbodens von L'Angonella deutlich erkennbar zu Tage. Auch einige Bäche im Gebiet von Llorts führen stark eisenhaltiges Wasser, das eine intensive Rotfärbung der Bachkiesel hervorruft. Das Eisen stammt aus sogenannten hydrothermalen Gängen.

Im Verlauf der alpidischen Gebirgsbildungsphase (vor etwa 65–40 Mio. Jahren) hatten sich in den älteren, starren und kristallinen Gebirgskernen zahlreiche Spalten gebildet, in denen heißes, stark mineralhaltiges Wasser aus tieferen Erdschichten bis nahe an die Oberfläche drang. Im Gebiet von Llorts waren es eisenhaltige Lösungen, die in den hydrothermalen Gängen nach oben geführt wurden und dort verdunsteten, wobei sich das Eisen an den Wänden der Spalten absetzte. Durch spätere Erosion wurde es dann zum Teil freigelegt, oder es löste sich im Grundwasser, trat aus eisenhaltigen Quellen zu Tage und wurde so für den Menschen nutzbar.

16

Ins versunkene Dorf

Von Sant Miquel d'Engolasters zum Estany d'Engolasters

Ausgangspunkt dieser Wanderung ist eines der interessantesten Bauwerke Andorras, die romanische Kirche Sant Miquel d'Engolasters. Auf dem Weg zum Stausee Estany d'Engolasters ergeben sich immer wieder schöne Ausblicke auf Andorra la Vella und das Tal der Valira d'Orient.

i

WEGVERLAUF: Sant Miquel d'Engolasters – Font de le Canal de les Moleres (ca. 1 Std.) – Parkplatz am Engolasters-See (1 Std. 30 Min.) – Nordostufer des Engolasters-Sees (1 Std. 40 Min.) – Staumauer (2 Std.) – Sant Miquel d'Engolasters (3 Std. 30 Min.).

DAUER: 3 Std. 30 Min.

HÖHENUNTERSCHIED: Etwa 150 m.

SCHWIERIGKEITSGRAD: Leicht bis mittelschwer.

WEGBESCHAFFENHEIT: Zunächst sanft, dann steiler bergauf wird ein gut begehbarer ›Philosophenweg‹ erreicht, der ohne nennenswerte Höhenunterschiede zum Estany d'Engolasters führt.

AUSRÜSTUNG: Feste Wanderschuhe, Regenschutz.

JAHRESZEIT: April bis Oktober.

KARTENMATERIAL: Andorra. Mapa topográfic 1 : 50 000.

EINKEHRMÖGLICHKEIT: Bar-Restaurant am Parkplatz des Engolasters-Sees, an dessen Nordostufer und bei der Kirche Sant Miquel d'Engolasters.

VERKEHRSANBINDUNG: Mit öffentlichen Verkehrsmitteln ist der Ausgangspunkt nicht zu erreichen.

DER WANDERWEG

Wir beginnen unsere Wanderung am Parkplatz vor der Kirche **Sant Miquel d'Engolasters** und gehen zunächst an der Straße wieder ein Stück bergab. Zur Rechten bietet sich eine schöne Aussicht auf die Hauptstadt Andorra la Vella. Nach ca. 2 Min. zweigt in einer Kurve links ein Fahrweg ab, ein Schild weist auf Privatgelände hin. Wir können aber unbesorgt hindurchgehen. Den Bauernhof lassen wir rechts liegen. Kurz darauf passieren wir eine Scheune zur Linken. Durch Tabakfelder, die teils mit Mauern umgeben sind und über terrassierte Wiesen führt unser Weg weiter bis zu einer Gabelung. Dort schlagen wir rechts den Wiesenweg ein, auf ein Kiefernwäldchen zu, das schnell durchquert ist. In Schleifen verläuft der Weg zwischen Tabakfeldern und an einem Schießstand vorbei und

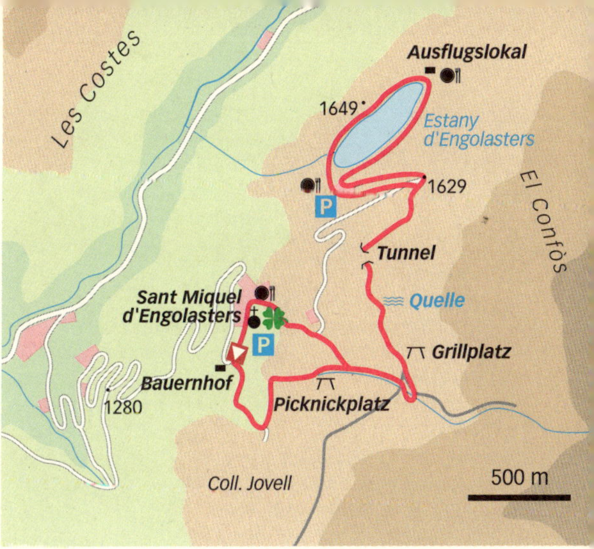

Wanderung 16: Von Sant Miquel d'Engolasters zum Estany d'Engolasters

gewinnt dann am Waldrand allmählich an Höhe.

Nun öffnet sich der Blick ins Tal der Valira d'Orient und hinüber zum Pic de Coma Pedrosa. Wir passieren einen Picknickplatz. Auf dem breiten, von Steinblöcken gesäumten Fahrweg gehen wir noch ein Stück weiter und biegen etwa 150 m hinter dem Picknickplatz rechts ab. Kurz darauf geht es an einer Abzweigung geradeaus zwischen zwei Holzpfählen bergauf bis zu einem zusammengeschobenen Steinwall (30 Min.), über den ganz rechts ein schmaler Trampelpfad führt. Der Pfad trifft sogleich auf einen Weg, dem wir nach links, am Steinwall entlang, folgen. Wir queren ein breites Bachbett und treten in den gegenüberliegenden Kiefernwald ein. Dort geht es parallel zum Bach steil bergauf, wobei die rot-weißen Markierungen zur Orientierung dienen.

Zur Linken steht ein riesiger Felsblock (45 Min.). Kurz darauf zweigt ein rot-weiß markierter Pfad links ab, auf dem wir den Weg hangparallel zwischen zwei großen Felsen hindurch fortsetzen. Gleich dahinter befindet sich ein überdachter Grillplatz. Auf einem gut ausgebauten, breiten Wanderweg geht es geradeaus weiter. Links bietet sich jetzt wieder ein herrlicher Blick auf Andorra la Vella. Von links unten führt ein Weg den Hang hinauf, wir aber gehen geradeaus weiter. Kurz darauf überschreiten wir einen schmalen Bachlauf, und oberhalb des Weges sehen wir die gefaßte Quelle **Font de le Canal de les Moleres** (ca. 1 Std.).

Wenige Minuten später ist eine Gabelung erreicht, an der wir dem schmalen, rot-weiß markierten Weg nach links folgen. Durch hohen Kiefernwald halten wir auf einen kleinen, 20 m langen Tunnel zu, der durch einen Felsblock führt. Dahinter geht es geradeaus auf dem nun immer breiter werdenden Weg weiter. Schließlich ist die Straße zum Lac d'Engolasters erreicht (1 Std. 20 Min.). An der Straße gelangen wir bergauf kurze Zeit später auf einen großen **Parkplatz** (1 Std. 30 Min.), an dessen gegenüberliegender Seite ein Waldweg in Serpentinen zum Engolasters-See hinunterführt. Wir folgen dabei der Beschilderung ›Bar-Restaurant‹.

Das Südostufer des Sees ist vollständig bewaldet. Auf einem breiten Fahrweg wenden wir uns nach rechts und gelangen zum **Nordostufer des Engolasters-Sees** (1 Std. 40 Min.). Vor einem Ausflugslokal auf der linken Seite zweigt ein Weg direkt zum See ab. Von hier aus ist erstmals die gegenüberliegende Staumauer zu erkennen. Rechts ragen die beiden Sendemasten von Radio Andorra empor. Zwar ist das Schwimmen im Stausee verboten, aber am Nordwestufer gibt es Liegemöglichkeiten. Auf dieser Seite gehen wir jetzt weiter um den See herum. Der Weg verläuft etwas oberhalb des Waldrandes bis zur **Staumauer** (2 Std.). Rechts neben dem betonierten Abflußkanal führt ein Trampelpfad zu einer schmalen Holzbrücke, auf der wir den Kanal überqueren.

Dann geht es unterhalb der Staumauer weiter. Zwei Wasserhäuschen lassen wir links liegen. Am zweiten Wasserhäuschen gabelt sich der Weg. Dort gehen wir rechts und folgen dem breiten Weg im Bogen bergauf. 50 m weiter, hinter einer Hütte, an der der Weg durch eine Kette für Fahrzeuge gesperrt ist, biegen wir im spitzen Winkel rechts ab und gehen bergauf auf ein Haus zu. Einheimischer Landhonig wird hier angeboten. Wir orientieren uns jetzt nicht mehr an der rot-weißen Markierung, sondern gehen auf dem breiten Weg weiter. Dieser führt zur Straßenkurve zurück, in die der Pfad mündet, den wir vom Hinweg schon kennen (2 Std. 25 Min.). Diesen wählen wir auch für den Rückweg. 5 Min. später weist an einer Gabelung ein Schild nach rechts auf den ›Circuit interior‹ hin, doch ist dies ein anstrengender Umweg. Auf dem linken, bequemeren Weg erreichen wir die Abzweigung hinter dem Grillplatz (2 Std. 55 Min.), an dem wir steil bergab steigen müssen bis zu dem breiten, von Felsblöcken gesäumten Fahrweg. Hier gehen wir jetzt rechts und erreichen kurz darauf die

Trogschultern des ehemaligen Gletschers

Der Engolasters-See liegt auf einer Trogschulter, die ihre Entstehung dem Gletscher verdankt, der in der letzten Eiszeit das Tal der Valira d'Orient durchfloß. Das ehemals wohl viel engere Flußtal wurde durch den Gletscher zu einem breiten Trogtal umgestaltet, ein Vorgang, der sich in vielen Tälern der eiszeitlich vergletscherten Gebirge abspielte.

Die häufig auftretenden, eigentümlichen Verflachungen an den Talhängen oberhalb der Trogwände konnte man sich lange Zeit nicht erklären. Seit alters her werden sie, ihrer Form entsprechend, als Trogschultern bezeichnet. Heute nimmt man an, daß es sich um Reste einstiger Talböden handelt, in die sich der Fluß nachträglich um Hunderte von Metern eingeschnitten hatte. Der nachfolgende eiszeitliche Gletscher konnte die Verflachungen am Hang nicht vollständig abschleifen. Heute sind Trogschultern oft besiedelt und werden intensiv landwirtschaftlich genutzt, da sie durch ihre sonnenexponierte Lage klimatisch begünstigt sind.

Pyrenäenlandschaft bei Engolasters

Straße. Auf dieser geht es hergab zur Kirche **Sant Miquel d'Engolasters**, an den wenigen Bauernhöfen des Ortes vorbei. Es sind geduckte, schindelgedeckte, graue Steinhäuser. Heuschrekkenzirpen und ein schöner Blick auf die Dorfkirche Sant Miquel begleiten uns.

AM WEGE

Wie überall in Katalonien und im Roussillon wurden auch in Andorra im 11.–13. Jh. zahlreiche Kirchen im Stil der Romanik errichtet, von denen viele bis heute erhalten sind. Ein besonders schönes Beispiel ist die Kirche von **Sant Miquel d'Engolasters**, die heute neben den wenigen, verstreut liegenden Bauernhöfen des Ortes recht verloren wirkt. Nachweislich gab es jedoch im 12. Jh. in der Nähe ein größeres Dorf, das der Legende nach im Engolasters-See versunken sein soll als Strafe Gottes für den Geiz seiner Bewohner.

Die Kirche selbst ist winzig klein, besitzt aber einen schlanken, dreistöckigen Turm, an dem die hohen Doppelfenster auffallen. Über den oberen Klangarkaden ist ein schlicht skulpturierter Kopf angebracht, der vielleicht ein vorchristliches Motiv darstellt. Ähnliche Züge weist der Kopf am Rund-

Romanische Kirche Sant Miquel d'Engolasters

Campanile von Santa Coloma auf, was als Hinweis dafür gelten könnte, daß beide von dem gleichen lombardischen Meister angefertigt wurden. Turm und Apsis zeigen ebenfalls lombardische Merkmale. Im Kircheninneren kann man die Kopien der Fresken besichtigen, die früher die Apsis schmückten. Die Originale befinden sich heute im Museum für katalanische Kunst in Barcelona. Die Fresken zeigen Christus, umgeben von Johannes dem Evangelisten und dem Erzengel Michael, dem Schutzherren der Kirche, sowie den Aposteln Petrus, Paulus und Andreas.

Nationalpark Aigüestortes und Aran-Tal

›Parc Nacional d'Aigüestortes i Estany de Sant Maurici‹ lautet der offizielle Name des 1955 gegründeten, zweiten spanischen Pyrenäen-Nationalparks. Mit dieser Bezeichnung ist der Park gut umschrieben, denn tatsächlich wird er durch die Paßhöhe Portarró d'Espot (2423 m) in eine westliche und eine östliche Hälfte geteilt. Im Westen liegt das Tal des Riu Sant Nicolau, der zwischenzeitlich in ein Netzwerk von Seitenarmen und Inselchen verzweigt ist, eben die Aigüestortes, was auf katalanisch soviel wie ›windungsreiche Wässer‹ heißt. Im Ostteil des Parks liegt ein größerer See, der Estany de Sant Maurici. Der 105 km^2 große Park liegt in Höhenlagen zwischen 1500 und 3000 m.

Die nördliche Begrenzung des Parks bildet zugleich die Wasserscheide zwischen Mittelmeer und Atlantik. Die Wässer des anschließenden Aran-Tals fließen der französischen Garonne zu. Damit ist es der einzige Teil Spaniens, der nördlich des Hauptkamms der Pyrenäen gelegen ist. Geologisch gehört das Aran-Tal ebenso wie der Aigüestortes-Park zur kristallinen Zentralzone und damit zum ältesten Teil der Pyrenäen.

Die Eiszeiten prägten wie überall in den Zentralpyrenäen auch hier die Oberflächenformen. Das Tal von Sant Maurici wurde einst von einem Gletscher durchflossen. Heute wirkt der kleine Fluß Escrita in dem breiten Tal recht verloren. Im oberen Bereich erweitert sich das Sant-Maurici-Tal zu einem großen Amphitheater, das sich wiederum aus mehreren Talschlüssen zusammensetzt. Jeder dieser kleineren Talschlüsse ist im Eiszeitalter ein Kar gewesen, also der Beginn eines Gletschers. Die kleineren Gletscher vereinigten sich dort, wo heute der Sant-Maurici-See liegt, und flossen dann gemeinsam weiter talab. Die Spitzen der umgebenden Berge, die im Schnitt 2700–2800 m Höhe erreichen, ragten einst über das Eis hinaus, da sich an ihren steilen Hängen kein Schnee halten konnte. Sie waren der Verwitterung durch den Frost ungeschützt preisgegeben. Dadurch entstanden oft bizarre Formen, die bis heute erhalten blieben. Spektakulärstes Beispiel dafür sind die Encantats, zwei Bergspitzen im Südosten des Sant-Maurici-Tals.

Der Estany de Sant Maurici verdankt seine Entstehung einem Moränenwall, den die Gletscher beim Abschmelzen nach der letzten Eiszeit hier zurückließen. Es handelt sich dabei um Gesteinsschutt, den das Eis mitschleppte und beim Abschmelzen ablagerte. Der Schmelzvorgang ging keineswegs gleichmäßig vor sich. Kurzzeitig kam es immer wieder zu Klimaverschlechterungen, während derer die Gletscher wieder vorstießen. In einer solchen Phase wurde der Endmoränenwall vom vorrückenden Eisrand aufgeschoben, hinter dem sich später dann Wasser sammelte und der Sant-Maurici-See entstand. Heute ist von der Moräne kaum noch etwas zu sehen, da ein künstlicher Damm den Wasserspiegel des Sees um einige Meter gehoben hat.

Unter den klimatisch günstigen Bedingungen des Aigüestortes-Nationalparks steigen Waldkiefer und Tanne bis in 2100 m Höhe. Den Unterwuchs bilden Behaarte Heckenrose *(Rosa villosa)* und Rostrote Alpenrose *(Rhododendron ferrugineum).* Hier und da sieht man den auffälligen Türkenbund *(Lilium martagon).* Die Ufer der Gewässer werden von Gewöhnlicher Akelei *(Aquilegia vulgaris)*, Wald-Storchschnabel *(Geranium sylvaticum)* und Geflecktem Knabenkraut *(Dactylorhiza maculata)* gesäumt.

Birken kündigen die Obergrenze der montanen Stufe an. Darüber macht der geschlossene Wald einem lichten Hakenkiefernbewuchs Platz. Mit der Höhe wird der Baumbesatz immer schütterer und Almen breiten sich aus. Eine Vielzahl blühender Kräuter ist hier zu finden. An felsigeren Stellen wächst die Spinnweben-Hauswurz *(Sempervivum arachnoideum)* aus der Familie der Dickblattgewächse, die schon auf die alpine Stufe hindeutet, die bei etwa 2500 m Höhe erreicht ist. Darüber wachsen Breitblättriger Enzian *(Gentiana acaulis)*, Pyrenäen-Löwenzahn *(Leontodon pyrenaicus)* und Scheuchzers Glockenblume *(Campanula scheuchzeri)* mit ihren auffälligen blauen Blüten.

Seit Menschengedenken galten die Gebiete um Aigüestortes und das Aran-Tal als abgelegene, unzugängliche Gegend. In die Berge wagten sich nur Jäger und Hirten. Erst in jüngerer Zeit führte die starke Nutzung der Wasserkraft zu einer Erschließung. Im Aran-Tal konnten dank der langen Isolation viele Bräuche und eine eigene, dem Okzitanischen verwandte Sprache bis heute bewahrt werden. Aran ist das baskische Wort für Tal und gibt damit einen Hinweis auf die ursprünglich baskische Besiedelung. In römischer Zeit war das Gebiet am Oberlauf der Garonne nach Lugdunum Convenarum (dem heutigen St-Bertrand-de-Comminges) hin orientiert. Hieraus erklärt sich der für die spanischen Pyrenäen einmalige Reichtum an römischen Funden im Aran-Tal. Nach unruhigen Zeiten im frühen Mittelalter begaben sich die Araneser 1175 freiwillig unter die Schutzherrschaft der Könige von Aragón. Aus dieser Zeit stammen auch die zahlreichen romanischen Kirchen, für die das Tal bekannt ist.

Erst 1924 wurde eine Straßenverbindung nach Süden geschaffen. Seither hat sich die Lebensweise der Araneser verändert. Eine große Rolle spielen heute Forstwirtschaft und Tourismus. Mit Vaquèira-Beret besitzt das Aran-Tal das größte und schneesicherste Skizentrum Spaniens.

Taüll im Aigüestortes-Nationalpark

Der Nationalpark von Aigüestortes ist von zwei Seiten zugänglich. Von der Westseite gelangt man über Caldes de Boí in das Tal der Aigüestortes, im Osten liegt Espot, ein idealer Standort für die beschriebenen Wanderungen. Espot ist ein gemütlicher, kleiner Ferienort mit mehreren Hotels und Pensionen, zwei Campingplätzen und einigen Restaurants und Geschäften. Eine schmale Straße führt von hier aus in den Nationalpark. Mit dem Auto, per Taxi oder auch zu Fuß erreicht man nach 6 km den großen Parkplatz am Sant-Maurici-See, den Ausgangspunkt der Wanderungen.

Das Aran-Tal bietet mit dem staatlichen Parador in landschaftlich herrlicher Lage oberhalb des Hauptortes Vielha eine exklusive Übernachtungsmöglichkeit. Daneben findet man im belebten Städtchen Vielha noch eine Reihe Unterkünfte verschiedener Kategorien. Ein zweiter staatlicher Parador befindet sich im benachbarten Arties, weitere Hotels und Pensionen in Salardú und Vaquèira-Beret. Im Sommer wirkt das Skizentrum wie ausgestorben. Campingplätze findet man beispielsweise in Arròs bei Vielha.

Das Aran-Tal ist berühmt für seine zahlreichen romanischen Kirchen. Man sollte daher nicht versäumen, einige der schönsten zu besichtigen. Erwähnenswert sind vor allem die Kirchen von Bossost, Arties und Salardú. Eine weitere Sehenswürdigkeit des Aran-Tales sind die Uelhs deht Jueu. Es handelt sich dabei um eine Karstquelle, an der ein unterirdischer Quellfluß der Garonne austritt und als 30 m hoher Wasserfall zu Tal stürzt.

Ohne Auto sind das Aran-Tal und Espot nur äußerst umständlich zu erreichen. Mit der Eisenbahn kann man über Toulouse bis in das französische Bagnères-de-Luchon fahren und von dort ein Taxi ins Aran-Tal nehmen. Dort verkehrt regelmäßig ein Bus zwischen den größeren Orten, nicht jedoch nach Espot, das wiederum ist nur per Taxi zu erreichen. Als Alternative bietet sich die Fahrt mit der spanischen Eisenbahn bis Tremp und von dort per Bus und Taxi über Sort an. Wesentlich problemloser ist die Anfahrt mit dem Auto über Toulouse und Montréjeau.

Eines der begehrtesten Fotoobjekte: Die Encantats-Spitzen im Aigüestortes-Nationalpark

Auskünfte erteilen: Oficina del C.I.T. de la Vall d'Aran, Av. Castièro, 15, E-25530 Vielha; Oficina d'Informació Turística, Sarriulera, 6, E-25530 Vielha.

17

Route der Bergseen

Vom Estany de Sant Maurici zur Amitges-Hütte

Vom Bergsee Estany de Sant Maurici geht es zunächst durch Wald, später über Bergwiesen und an mehreren Seen vorbei zur Amitges-Hütte am gleichnamigen Stausee. Unterwegs ergeben sich immer wieder herrliche Ausblicke auf die grandiose Bergwelt des Aigüestortes-Nationalparks. Pflanzenliebhaber werden viele selten gewordene Arten entdecken.

i

WEGVERLAUF: Parkplatz am Estany de Sant Maurici – Estany de Ratera (45 Min.) – Amitges-Hütte (ca. 2 Std.) – Unterer Estany d'Amitges (ca. 2 Std.).

DAUER: Mit Rückweg 4 Std.

HÖHENUNTERSCHIED: Etwa 600 m.

SCHWIERIGKEITSGRAD: Mittelschwer.

WEGBESCHAFFENHEIT: Anstrengende Wanderung auf einem breiten Weg.

AUSRÜSTUNG: Feste Bergschuhe, Wanderkleidung, Sonnenschutz.

JAHRESZEIT: Mitte Juni bis Ende -Sept.

KARTENMATERIAL: Carte de Randonnées 1 : 50 000, Pyrénées, carte nº 6: Couserans. Oder Mapa topográfico Excursionista. Sant Maurici – Els Encantats. 1 : 25 000, Editorial Alpina, Barcelona.

EINKEHRMÖGLICHKEIT: In der Amitges-Hütte.

VERKEHRSANBINDUNG: Von Espot mit Taxi, Auto oder zu Fuß (6 km) zum Estany de Sant Maurici. Achtung: Bei großem Besucherandrang beschränkt man die Zahl der Privatfahrzeuge, die zum See fahren dürfen. Daher sollten Sie in der Hochsaison möglichst früh aufbrechen!

Gebirgslandschaft am Estany de Sant Maurici

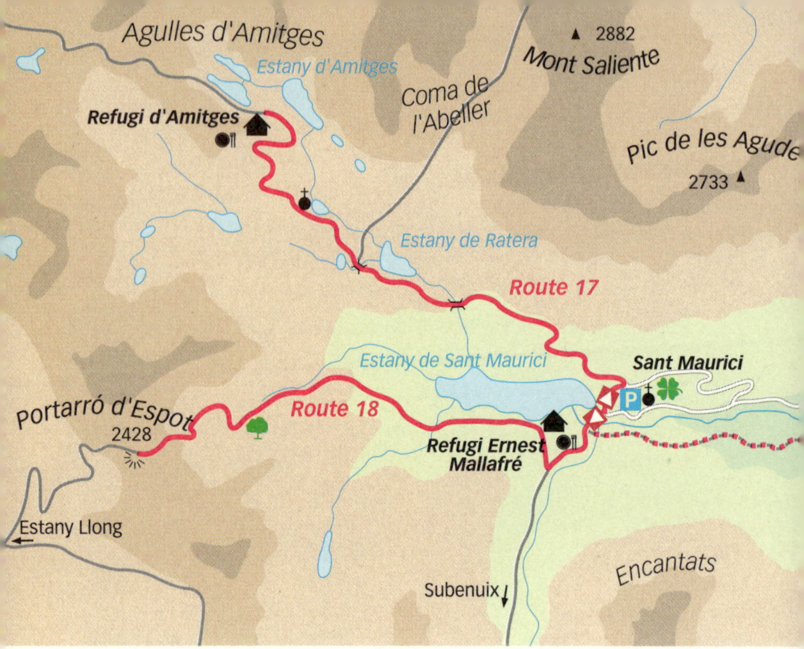

Wanderung 17: Vom Estany de Sant Maurici zur Amitges-Hütte

DER WANDERWEG

Vom Parkplatz am **Estany de Sant Maurici** führt rechter Hand eine breite, steinige Piste hangaufwärts. Eine Kette versperrt die Durchfahrt für Privatfahrzeuge. Nur offiziell zugelassene Taxi-Landrover dürfen hier fahren. Langsam steigt der Fahrweg bergan. Zur Linken passieren wir die Ruine einer ehemaligen Schutzhütte der Gebirgsjäger (15 Min.). Eine Holzbrücke überspannt den reißenden Wildbach (40 Min.), dem wir bergauf folgen. Vom rechten Talhang hat eine große Schuttlawine den Bach verschüttet. Er fließt hier, für uns unsichtbar, zwischen den Gesteinsbrocken hindurch.

Bald darauf erreichen wir den **Estany de Ratera** (45 Min.). Das kristallklare, sehr flache Gewässer verlandet allmählich von der gegenüberliegenden Seite her. Noch vor dem See zeigt ein Schild zur Coma de la Abeller, dem kegelförmigen Berg zur Rechten, von dem sich ein Wasserfall in den See ergießt. Wir aber wandern geradeaus oberhalb des linken Seeufers weiter.

An einer Gabelung (50 Min.) gehen wir links, also nicht zum See hinunter.

Estany de Sant Maurici

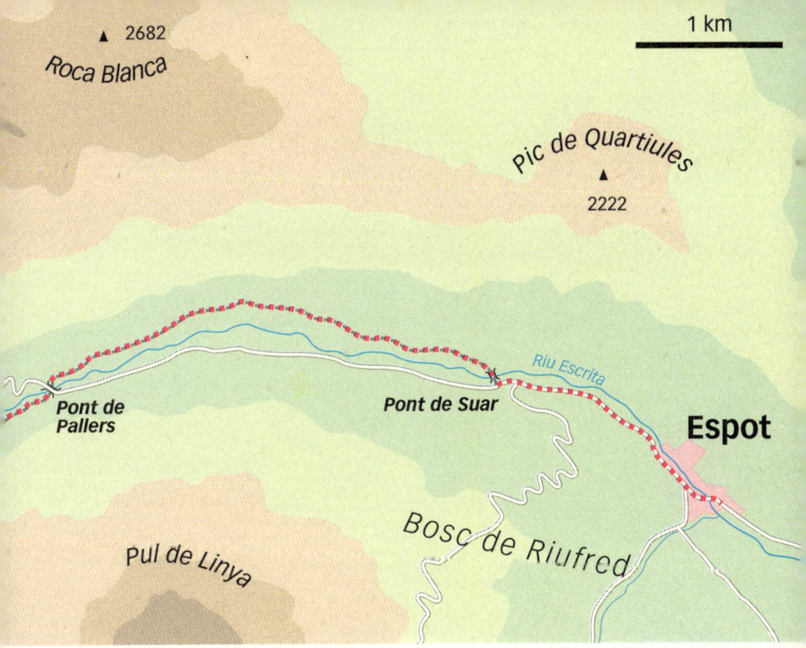

Wanderung 18: Vom Estany de Sant Maurici zum Portarró d'Espot

Schon bald treffen wir erneut auf eine Gabelung. Rechts weist uns ein Schild den Weg zum Refugi d'Amitges (Schutzhütte). Gleich darauf führt eine Holzbrücke über den Bach. Direkt oberhalb der Brücke befindet sich ein weiterer, fast schon verlandeter See. In den verbliebenen freien Wasserflächen tummeln sich junge Bachforellen. Da Angeln im Nationalpark untersagt ist, sind die Tiere nicht sonderlich scheu.

Der Weg schraubt sich in Serpentinen bergauf. Rechts unten im Tälchen liegt ein dritter, ebenfalls stark verlandeter See. Das diesseitige Ufer des Sees und der Wegrand werden von einer blühenden Wiese gesäumt. Der Weg führt nun steiler bergan, bleibt aber stets breit und gut begehbar, wenn auch recht steinig. Auf diesem Streckenabschnitt bietet sich ein wundervolles Panorama auf die gegenüberliegenden, firnbedeckten Hänge. Dann ist die **Amitges-Hütte** erreicht (ca. 2 Std.). Voraus kann man schon die Staumauer des unteren Amitges-Sees erkennen. 50 m hinter der Hütte gabelt sich der Weg, und der rechte Pfad führt direkt zum See (2 Std.). Ein herrlicher Blick auf die Bergspitzen Agulles d'Amitges lohnt die Mühen des Aufstiegs.

Aufstieg zur Amitges-Hütte

18

Zum Zwei-Täler-Blick

Vom Estany de Sant Maurici zum Portarró d'Espot

Einer der schönsten Wanderwege im Aigüestortes-Nationalpark führt zum Portarró d'Espot, der Paßhöhe, die im Zentrum des Parks die beiden Haupttäler von Sant Maurici im Osten und vom Riu de Sant Nicolau im Westen trennt. Dort bietet sich ein schöner Blick auf das Tal des Riu de Sant Nicolau mit dem Llong-See.

i

WEGVERLAUF: Parkplatz am Estany de Sant Maurici – Refugi Ernest Mallafré (20 Min.) – Portarró d'Espot (2 Std. 30 Min.)

DAUER: Mit Rückweg 5 Std.

HÖHENUNTERSCHIED: Etwa 500 m.

SCHWIERIGKEITSGRAD: Mittelschwer bis anspruchsvoll.

WEGBESCHAFFENHEIT: Zunächst geht es gemächlich, dann immer steiler bergauf. Feuchte Wiesengründe wechseln mit steinigen Wegstrecken ab, bis die Paßhöhe erreicht ist.

AUSRÜSTUNG: Feste Bergschuhe, Wanderkleidung und einen Sonnenschutz.

JAHRESZEIT: Mitte Juni bis Ende September.

KARTENMATERIAL: Carte de Randonnées 1 : 50 000, Pyrénées, carte nº 6: Couserans. Oder Mapa topográfico Excursionista. Sant Maurici – Els Encantats. 1 : 25 000, Editorial Alpina, Barcelona.

EINKEHRMÖGLICHKEIT: Ernest-Mallafré-Hütte.

VERKEHRSANBINDUNG: S. Wanderung 17.

DER WANDERWEG

Ausgangspunkt ist der Parkplatz am **Estany de Sant Maurici.** An der Staumauer vorbei wenden wir uns links, der Beschilderung nach Portarró folgend. Nach etwa 50 m, am Ende der Staumauer, gabelt sich der Weg; wir gehen links hinunter. Ein breiter, bequemer, aber steiniger Fahrweg führt talabwärts. Bald zweigt links der Weg zur Capela de Sant Maurici ab (s. Variante). Wir wählen aber den Weg nach rechts, Richtung ›Portarró‹, und umgehen eine Schranke. Von hier an ist der Weg für Kraftfahrzeuge gesperrt. Durch feuchten Talgrund geht es nun sanft bergauf.

Zwei Holzbrücken überspannen den ausgetrockneten Abfluß des Staubekkens. Direkt voraus ragen die beiden Encantats-Gipfel mit einem großen Firnschneefeld an der Nordseite auf. Kurz darauf liegt zur Linken das **Refugi Er-**

Abendstimmung am Paß Portarró d Espot: Von hier bietet sich ein wunderschöner Blick über die angrenzenden Gebirge des Aigüestortes-Nationalparks

nest Mallafré, eine bewirtschaftete Schutzhütte, die eine Wettermeßstation beherbergt (20 Min.). Dann geht es bergauf über eine Bergwiese. Etwa 150 m hinter der Hütte treffen wir auf eine Gabelung, an der wir uns links halten. Eine schmale Abzweigung zur Rechten bleibt unbeachtet. 50 m dahinter stoßen wir auf eine weitere Gabelung. Dort folgen wir nach rechts der Beschilderung nach Portarró.

Über eine blühende Bergwiese steigt der Weg weiter aufwärts. Zur Rechten ist immer wieder der Blick auf den Stausee frei. Noch einmal führt der Weg fast bis auf Seeniveau hinab, bevor es dann stetig, aber zunächst sanft bergan geht. Danach gilt es auf Steinen und einer schmalen Brücke aus Baumstämmen einen Bach zu überschreiten (55 Min.).

An der Abzweigung nach Subenuix (1 Std. 10 Min.) folgen wir weiter dem Schild ›Portarró‹ geradeaus. Wenig später durchquert der Weg ein von zahlreichen Heuschrecken und Schmetterlingen belebtes Wiesental. Ab und zu huscht auch eine Eidechse vorbei. Wir kreuzen einen kleinen Bach, der träge durch einen feuchten Talgrund fließt. In den beinahe strömungslosen Tümpeln sind Kaulquappen und Wasserläufer zu beobachten.

Anschließend geht es wieder steil bergauf. Der Weg wird jetzt recht steinig. Immer wieder schweift der Blick hinüber auf die bizarre Bergwelt der anderen Talseite. Dann sehen wir vor uns schon die Paßhöhe. Durch feuchte Wiesengründe fließt der nun stark verzweigte Bach. Ein bequemer Grasweg führt weiter aufwärts, wird aber bald steiler und steiniger. Dann beginnt der letzte, anstrengendste Teil des Aufstiegs zum Paß. In Serpentinen windet sich der Weg hinauf. Schließlich öffnet sich voraus ein breiter Sattel, und der Paß **Portarró d'Espot** ist erreicht (2 Std. 30 Min.). Häufig kreisen hier oben große Schwärme von Alpendohlen *(Pyrrhocorax graculus).* Noch 100 m fehlen bis zum höchsten Punkt. Ein paar Schritte weiter bietet sich der schönste Ausblick in das Tal des Riu de Sant Nicolau mit dem Llong-See.

VARIANTE

Auf dem Rückweg bietet sich ein etwa zehnminütiger Abstecher zur **Sant-Maurici-Kapelle** an. Nachdem wir die Ernest-Mallafré-Hütte und 5 Min. später eine Schranke passiert haben, folgen wir an der dahinterliegenden Kreuzung der Beschilderung zur ›Capela de Sant Maurici‹ nach rechts. Nach weiteren 5 Min. sehen wir die Kapelle zur Linken unter einer überhängenden Felswand sitzen.

Die heutige Sant-Maurici-Kapelle ist ein moderner, nüchterner Bau. Sie ersetzt eine weitaus ältere Kapelle, die sich früher an dieser Stelle befunden hat.

Einer Legende zufolge wurde hier einst eine Messe gefeiert, an der auch eine Gruppe Jäger teilnahm. Zwei der Jäger verließen die Kirche vorzeitig, vermutlich um sich die besten Plätze bei der Jagd zu sichern. Der erboste Pfarrer beschwor daraufhin den Zorn Gottes und die beiden Ungeduldigen verwandelten sich in Felsnadeln, nämlich in die beiden Encantats-Spitzen, die heute auf den Sant-Maurici-See hinunterschauen und eines der beliebtesten Foto-Objekte des Aigüestortes-Parks sind.

Wir kehren zur Kreuzung zurück und wandern rechts auf dem Fahrweg zum Parkplatz am See.

Blick vom Portarró d'Espot auf den Estany Llong

19

Ins verlassene Tal

Zum ehemaligen Kloster Montgarrí und nach Eth Dossau

Eine sehr schöne Wanderung führt vom Pla de Beret, der Wasserscheide zwischen Atlantik und Mittelmeer, durch das Tal der Noguera Pallaresa zum ehemaligen Kloster Montgarrí, einem einst bedeutenden Wallfahrtsziel. Weiter geht es zum nahegelegenen, ebenfalls verlassenen Dorf Eth Dossau.

WEGVERLAUF: Pla de Beret – Cabau (ca. 1 Std.) – Montgarrí (ca. 2 Std.) – Eth Dossau (2 Std. 30 Min.) – Pla de Beret (4 Std. 30 Min.).

DAUER: 4 Std. 30 Min.

HÖHENUNTERSCHIED: Etwa 250 m.

SCHWIERIGKEITSGRAD: Leicht bis mittelschwer.

WEGBESCHAFFENHEIT: Auf dem Hinweg verläuft der Weg sanft bergab. Der Rückweg erfolgt auf einem breiten Fahrweg durch schattigen Bergwald.

AUSRÜSTUNG: Feste Wanderschuhe, Regenschutz.

JAHRESZEIT: Anfang Juni bis Anfang Oktober.

KARTENMATERIAL: Carte de Randonnées 1 : 50 000, Pyrénées, carte nº 6: Couserans. Oder Mapa topográfico Excursionista. Montgarrí – Mont Valier. 1 : 25 000. Editorial Alpina, Barcelona.

EINKEHRMÖGLICHKEIT: Keine.

VERKEHRSANBINDUNG: Mit öffentlichen Verkehrsmitteln ist der Ausgangspunkt der Wanderung nicht zu erreichen. Mit dem Auto von Vaquèira-Beret der Beschilderung zum Skigelände auf dem Pla de Beret folgen bis zum zweiten Parkplatz am Ende der Teerstraße.

DER WANDERWEG

Unser Weg beginnt an der blauen Lagerhalle am hinteren Ende des zweiten Parkplatzes auf dem **Pla de Beret.** Wir gehen rechts an der Halle vorbei und überqueren den Bach auf Steinen oder Holzbalken. Auf der anderen Seite angelangt, halten wir quer über die Weide auf den Hang zu. Dort treffen wir auf einen breiten Feldweg, dem wir nach rechts, also talabwärts, folgen. Zahlreiche Wiesenbäche kreuzen den Weg, der dadurch stellenweise recht naß sein kann. Vereinzelt leuchten hohe Stauden des Gelben Enzians *(Gentiana lutea)* aus dem Gras heraus. Nur sie können dem Verbiß durch Vieh standhalten. An Feuchtstellen bildet Scheuchzers Wollgras *(Eriophorum scheuchzeri)* mit seinen weißen, wolligen Fruchtständen gemeinsam mit dem Gefleckten Knabenkraut *(Dactylorhiza maculata)* dichte Bestände.

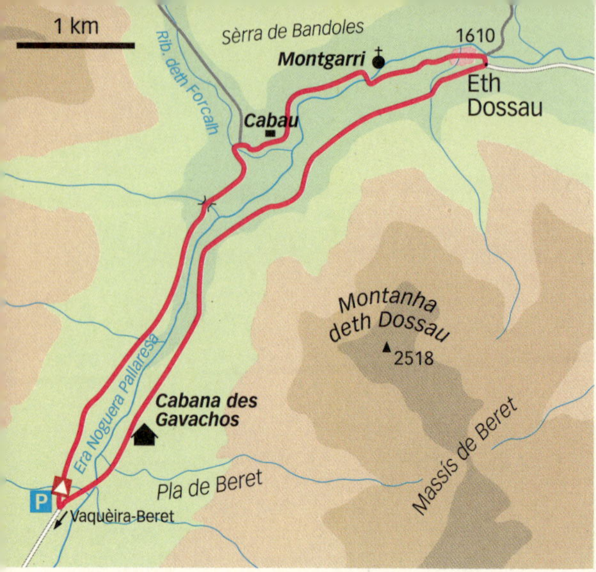

Wanderung 19: Zum ehemaligen Kloster Montgarrí und nach Eth Dossau

Nach allmählichem, sanftem Abstieg ist ein kleines Waldstück erreicht; hier gilt es einen breiteren Bach zu überqueren (25 Min.). Wir passieren ein weiteres Wäldchen, und wieder führt der Weg über eine Weide.

Etwas steiler, aber immer noch bequem geht es nun bergab. Ein Wegweiser zeigt nach ›Montgarrí‹. Wir halten jetzt auf ein größeres Seitental zu, in dem eine neugebaute Betonbrücke den breiten Bach überspannt. Bald darauf kommen wir an dem verlassenen, halb verfallenen Gehöft **Cabau** vorbei (ca. 1 Std.).

Die heute kaum noch für die Heumahd genutzten Wiesen rund um den ehemaligen Bauernhof werden allmählich von der Behaarten Heckenrose *(Rosa villosa)* besiedelt. Dazwischen blühen Klatschmohn *(Papaver rhoeas)*, Gebirgs-Veilchen *(Viola tricolor subsp. subalpina)*, Pyrenäen-Bärenklau *(Heracleum sphondylium subsp. pyrenaicum)*, Wollige Kratzdistel *(Cirsium eriophorum)* sowie verschiedene rosafarbene Nelkenarten *(Dianthus sp.)*.

Der Weg führt nun eine Weile eben am Wiesenhang entlang. Bald sehen wir Montgarrí im Tal vor uns liegen. Jetzt geht es wieder bergab. Wir passieren ein Gatter mit einem Schild, auf dem gebeten wird, das Tor nach Durchschreiten wieder zu verschließen. Dann ist das ehemalige, dem Verfall preisgegebene Kloster **Montgarrí** erreicht (ca. 2 Std.). Lediglich die Kirche befindet sich noch in halbwegs gutem Zustand. Der Zutritt ist zwar nicht gestattet, man kann aber durch ein Eisengitter hineinschauen.

Auf einer Holzbrücke überqueren wir direkt vor dem Klostereingang den hier schon recht breiten Bach und gehen links auf einer Piste weiter. Bald gabelt sich der Fahrweg. Wir halten uns links auf die Häuser des verlassenen Dorfes

Das weiße, an Wolle erinnernde Scheuchzers Wollgras blüht an Feuchtstellen

Eth Dossau zu (2 Std. 30 Min.). Mehr oder weniger zerstörte Häuser säumen den Wegrand. Aus einigen dach- und fensterlosen Ruinen wachsen bereits hohe Büsche heraus. Eine Holzbrücke führt über einen Bach, und kurz darauf sehen wir auf der linken Seite ein recht gut erhaltenes Haus mit einer Sonnenuhr über dem Eingang. Dort steigen wir rechts über eine Wiese einige Meter den Hang hinauf, bis wir auf einen breiten Fahrweg stoßen, dem wir nach rechts folgen.

Oberhalb von Eth Dossau bietet sich auf dem Rückweg noch einmal ein schöner Ausblick auf die verfallenen Häuser. Dann tritt der Weg in einen schattigen Kiefernwald ein. Stetig geht es nun auf der breiten, bequemen Piste talaufwärts. Wir passieren einen hübschen Wasserfall, gleich darauf kommt von unten rechts ein Fahrweg herauf. Wir aber gehen geradeaus weiter.

Breite Schuttfächer aus Gneisgestein verhüllen zur Linken den Hangfuß und begleiten den Weg eine ganze Weile. Einen Wiesenweg, der zur Linken abzweigt, lassen wir unbeachtet. Es geht jetzt um eine breite Felsnase herum, und bald ist die Sicht ins Tal hinunter wieder frei. Am gegenüberliegenden Hang kann man den uns vom Hinweg bekannten, verlassenen Bauernhof Cabau ausmachen und bald darauf dann weit in das Forcalh-Tal hineinschauen bis zu den Firnschneefeldern am oberen Talschluß. In der Ferne erscheint voraus das Massiv von Aigüestortes. Wir überqueren eine Weide, und langsam geht es auf der Piste bergauf bis zum Parkplatz, dem Ausgangspunkt unserer Wanderung.

AM WEGE

Der bis zu 1,5 m hohe **Gelbe Enzian** *(Gentiana lutea)* bevölkert Almen und Zwergstrauchheiden. Die auffallende Staude bevorzugt Kalkböden und tritt oft in kleinen Gruppen auf. Die großen, gegenständigen Blätter sind wie eine Schale geformt. In den Blattachseln und am Ende des Stengels sitzen die gelben Blüten (Juli/August), deren winzige Samen durch den Wind verbreitet werden.

Alle Pflanzenteile, vor allem aber die Wurzel, enthalten Bitterstoffe und Gerbsäuren, die von alters her gegen die verschiedensten Krankheiten Verwendung fanden. Sie wirken als Tonikum, sind verdauungsfördernd und blutreinigend. Während man in den Alpen den Enzian-Schnaps mit den Wurzeln ansetzt, werden in den Pyrenäen Aperitif und Kräuterlikör daraus hergestellt. Da die Einwohner die Wurzeln seit jeher für diese Zwecke ausreißen, ist der gelbe Enzian auch in den Pyrenäen seltener geworden. Dennoch kann man die Pflanze noch hier und da auf einer Wanderung entdecken.

Aus den Wurzeln des Gelben Enzians stellt man in den Pyrenäen Aperitif und Kräuterlikör her

Das Sanktuarium von Montgarrí

Das berühmte Sanktuarium von Montgarrí, im 12. Jh. entstanden, ist heute verlassen. Früher erfreute sich das Kloster bei zahlreichen spanischen und französischen Gläubigen großer Beliebtheit. Die Ratsherren der Stadt Salardú sollen einst den Ort, wo sich heute das Kloster befindet, einer Untersuchung unterzogen haben, wobei eine Statue der Heiligen Jungfrau gefunden wurde. Diese brachte man zunächst in die Pfarrkirche von Salardú, errichtete dann jedoch das Kloster Montgarrí und überführte das Marienbild in die dortige Kirche, die zum Ziel vieler Pilgerreisen wurde. Von da an hätte Gott zahlreiche Wunder in Montgarrí vollbracht. Eines davon würde sich seit der Weihe der Muttergottes bis heute stets wiederholen. In den Bergen um Montgarrí, so heißt es, weiden zahlreiche Kühe ohne Hirten, nur bewacht von einem Stier, dem sie bedingungslos gehorchen. Stirbt der Stier, würden sie beten, damit ein neuer seine schützende Funktion übernähme.

In der Nähe des Klosters war der kleine Ort Eth Dossau entstanden. Nachdem das Kloster verlassen war, ging auch die Einwohnerzahl des Dorfes beständig zurück. 1958 lebten hier noch etwa 40 Menschen unter primitivsten Umständen, heute trifft man in Eth Dossau nur noch auf Ruinen.

Das verlassene Kloster von Montgarrí

Aran-Tal

Rund um Bagnères-de-Luchon

In einem verbreiterten Abschnitt des Tals der Pique (ein Nebenfluß der Garonne) entstand der mondäne Thermalkurort Bagnères-de-Luchon, meist kurz Luchon genannt. Der beliebte Ferienort ist das meistbesuchte Thermalbad der Pyrenäen. Schon in römischer Zeit war der Ort berühmt für sein Heilwasser. Durch eine Straße mit der Metropole Lugdunum Convenarum verbunden, galt Luchon bald als einer der bedeutendsten Kurorte des Römischen Reiches. Bei Ausgrabungen fand man drei Marmorbäder mit Warmwasser- und Heißdampfanlagen.

Nach dem Niedergang der Römerherrschaft geriet der Ort in Vergessenheit. 1759 besuchte der französische Baron d'Etigny die Gegend von Luchon und beschloß, das Thermalbad wieder aufzubauen. Er konnte den Marschall Richelieu zu einer Kur in Luchon überreden, womit ein enormer Aufschwung des Kurortes einsetzte. Zahlreiche berühmte Gäste kurierten seither in den schwefelhaltigen und radioaktiven Quellen Erkrankungen der Atemwege und Rheumatismus.

Die Kurortfunktion von Bagnères-de-Luchon spielt heute nur noch eine untergeordnete Rolle. In den letzten Jahrzehnten hat sich der Ort zu einem der bedeutendsten Fremdenverkehrszentren der Pyrenäen entwickelt. Dennoch findet der Reisende hier noch die elegante Atmosphäre eines Badestädtchens. Zahlreiche Hotels, Pensionen, Ferienwohnungen und Campingplätze lassen alle Möglichkeiten offen.

Mehr als 80 Quellen wurden bei Luchon gefaßt, aus denen heilkräftige Wässer mit Temperaturen zwischen 18 und 66 °C sprudeln. Das Wasser ist schwefelhaltig und radioaktiv und dient zur Behandlung von Atemwegserkrankungen. Im Radio-Vaporarium kann man die heilenden Dämpfe mit Temperaturen von 38–48 °C einatmen. Algen und Bakterien, die nur in schwefelhaltigem Wasser leben können, finden mit Ton vermischt als Heilschlamm örtliche Anwendung.

Zu erreichen ist Bagnères-de-Luchon recht einfach sowohl mit dem Zug über Toulouse als auch mit dem Auto auf gut ausgebauten Straßen über Montréjeau. Zu den Ausgangspunkten für Wanderungen im Gebirge gelangt man jedoch nur mit dem eigenen Auto oder per Taxi. Die einzige Buslinie von Luchon verkehrt parallel zur Bahnlinie nach Montréjeau.

Da die Stadt recht belebt ist, sollte man sich nach Möglichkeit eine Unterkunft am Stadtrand oder in einem der Vororte suchen. Dies gilt auch für die Campingplätze, von denen insbesondere die stadtnah gelegenen während der französischen Sommerferien sehr stark belegt sind.

Einen Besuch lohnt der **›Garten der Wasserfälle‹** (Jardin des Cascades) in Montauban-de-Luchon. Er wurde im vorigen Jahrhundert von einem Mönch angelegt und bezieht das benötigte Wasser aus einer imposanten, etwa 100 m hohen Kaskade.

Auskünfte erteilt: Syndicat d'Initiative de Luchon, 18, Allées d'Etigny, F-31110 Luchon; Thermes, Parc des Quinconces, F-31110 Luchon.

Bagnères-de-Luchon, beliebter Ferienort und Thermalkurort

20

Das Liliental

Ins Vallée du Lys

Die besondere Attraktion der Umgebung von Bagnères-de-Luchon ist das Vallée du Lys. Das Ziel unserer Wanderung, die wilde Klamm Ru d'Enfer, gehört sicherlich zu den landschaftlichen Höhepunkten der Pyrenäen. In die steile Wand, die Trogtal und Karregion voneinander trennt, hat sich ein Wasserlauf tief eingeschnitten. Der Weg dahin führt neben dem imposanten Wasserfall Cascade d'Enfer in Serpentinen aufwärts und passiert den Gouffre d'Enfer, einen schmalen Schlund, in dem ein weiterer Wasserfall verschwindet. Der Rückweg erfolgt über die Schutzhütte Cabane de l'Artigue und den Wasserfall Cascade du Cœur.

i

WEGVERLAUF: Auberge im Vallée du Lys – Cascade d'Enfer (15 Min.) – Gouffre d'Enfer (ca. 1 Std.) – Ru d'Enfer (2 Std. 15 Min.) – Gouffre d'Enfer (3 Std. 10 Min.) – Cabane de l'Artigue (3 Std. 45 Min.) – Cascade du Cœur (4 Std. 10 Min.) – Auberge im Vallée du Lys (4 Std. 30 Min.).

DAUER: 4 Std. 30 Min.

HÖHENUNTERSCHIED: Etwa 550 m.

SCHWIERIGKEITSGRAD: Mittelschwer bis anspruchsvoll; Trittsicherheit erforderlich.

WEGBESCHAFFENHEIT: Auf dem Hinweg geht es steil bergauf; ein breites gerölliges Bachbett muß überquert werden. Sanfter ist der Abstieg.

AUSRÜSTUNG: Feste Bergschuhe, Wanderkleidung.

JAHRESZEIT: Mitte Juni bis Ende September.

KARTENMATERIAL: Carte de Randonnées 1 : 50 000, Pyrénées, carte n° 5: Luchon.

EINKEHRMÖGLICHKEIT: Snack-Bar (Auberge) am Ausgangs- und Endpunkt.

VERKEHRSANBINDUNG: Mit öffentlichen Verkehrsmitteln ist der Ausgangspunkt der Wanderung nicht zu erreichen. Von Bagnères-de-Luchon mit Auto, Taxi oder zu Fuß (etwa 10 km) ins Vallée du Lys.

DER WANDERWEG

Wir beginnen die Wanderung am Ende der Straße ins **Vallée du Lys**, hinter der Auberge (Snack-Bar). Vom Parkplatz aus folgen wir dem Schild ›Gouffre et Ru d'Enfer‹ einen geteerten Weg bergauf, genau auf einen hohen Wasserfall zu. Schon bald erreichen wir links eine Abzweigung zum 1941 erbauten Elektrizitätswerk von Portillon, das zur damaligen Zeit großes Aufsehen erregte, denn die Antriebsenergie für das Kraftwerk wird durch Wasser gewonnen, das aus einer Höhe von 1419 m in die Tiefe stürzt. Wenige Meter darauf weist rechts ein Schild Richtung ›Gouffre d'Enfer, Ru d'Enfer‹. Wir gehen aber zunächst noch geradeaus weiter, an einer Orientierungstafel und der Talstation eines Lastenaufzugs vorbei. Der Weg führt bis zur **Cascade d'Enfer** heran (15 Min.), die in mehreren Stufen eine enge Klamm hinunterstürzt.

Wir gehen zur Abzweigung zurück und biegen dort links in den schmalen Pfad ein, der sich in Serpentinen durch Haselgebüsch bergauf windet. Stellenweise ist es möglich, die Kurven durch steile Pfade abzukürzen. Bald löst hoher Buchenwald das Gebüsch ab. Rechts ragen Felswände auf, und es geht schräg zum Hang und mehr oder weniger steil weiter aufwärts.

Nachdem zwei Bäche überschritten sind, werden die Windungen des Pfades enger, der Grund steiniger. Wir folgen der Beschilderung Nr. 43, die uns an einer Gabelung nach rechts weist (1 Std.), während links der Weg Nr. 42 (›Chemin de l'Houradade Artigue‹) abzweigt. Wenig später kommen wir an eine weitere Gabelung. Hier lohnt sich ein kurzer Abstecher nach rechts zum **Gouffre d'Enfer** (ca. 1 Std.). Von mehreren Aussichtsterrassen kann man den imposanten Wasserfall betrachten, der aus 50 m Höhe in einen engen Schlund stürzt. Steile Felswände umgeben den Kessel, in dem das Wasser verschwindet. Ganz oben überspannt eine Steinbrücke den Wasserfall.

Zurück an der Weggabelung gehen wir rechts hinauf, der Beschilderung

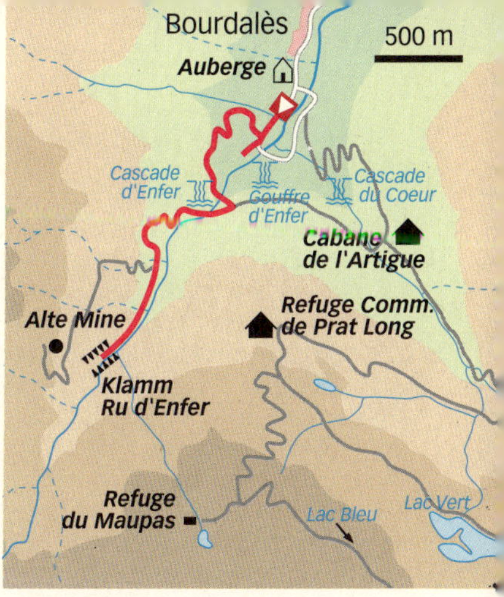

Wanderung 20: Ins Vallée du Lys

›Ru d'Enfer‹ folgend, und überschreiten die Steinbrücke. Wieder geht es nun in steilen Serpentinen aufwärts. Nach Überqueren eines kleinen Rinnsals ergibt sich ein schöner Blick auf das Tal hinunter. Kurz darauf gabelt sich der Weg. Rechts geht es hier zu den Crabioules-Minen, wir aber gehen links Richtung ›Ru d'Enfer‹ weiter. Zur Linken liegt nicht mehr weit unter uns ein breites, steiniges Bachbett, an das der Weg nun heranführt. Um zur Schlucht **Ru d'Enfer** zu gelangen, müssen wir noch ein wenig über das grobe, glattgeschliffene Geröll des Baches klettern und stehen schließlich am Eingang der schmalen, eindrucksvollen Klamm, in die man nur wenige Meter hineinklettern kann (2 Std. 15 Min.).

Für den Rückweg benutzen wir zunächst den uns schon bekannten Pfad. Wir passieren den Gouffre d'Enfer (3 Std. 10 Min.) und erreichen kurz darauf die Abzweigung des ›Chemin de l'Houradade Artigue‹ mit der Nr. 42. Hier biegen wir nach rechts ab und steigen auf dem schmalen, steinigen Pfad zunächst wieder ein Stück bergauf. Danach verläuft der Weg parallel zum Hang, quert einen Lastenaufzug und eine Wasserleitung sowie kurz darauf ein Bachbett.

Dann ist voraus das Rauschen eines Wasserfalls zu vernehmen. Links des

Weges kann man den Bach in einer tiefen Schlucht mehr erahnen als sehen. Kurz darauf überschreiten wir die Schlucht auf einer schmalen Drahtbrükke und stehen dann recht unvermittelt auf einer Almwiese. Vorne rechts steht die niedrige, in eine Felsnische geduckte Schutzhütte **Cabane de l'Artigue** (3 Std. 45 Min.).

Geradeaus geht es weiter bis zu einer Gabelung, an der rechts die Wege Nr. 40 und 41 zum Lac Vert und Lac Bleu abzweigen. Wir gehen links bergab, queren einen Bach und stehen gleich darauf an einer weiteren Gabelung. Dort bleiben wir rechts oben auf dem beinahe hangparallelen Weg, der zunächst bequem und sanft durch eine Waldweide abwärts führt. Weithin hört man die Glocken der weidenden Pferde. Bald geht es steiler und in Serpentinen bergab. Hinter einer Linkskurve zweigen mehrere Pfade rechts ab (ca. 4 Std.), die wir nicht beachten. Wir halten geradeaus auf einen rauschenden Wasserfall zu, den wir nach weiteren 50 m betrachten können. Es ist die **Cascade du Cœur** (4 Std. 10 Min.).

Eindrucksvoll: Die wilde Klamm Ru d'Enfer

Bald treten wir aus dem Wald heraus auf eine blühende Bergwiese. Ein breiter Pfad führt weiter bergab. Wir queren einen geteerten Weg, überschreiten den Bach auf einer kleinen Drahtbrücke und halten auf den Parkplatz im **Vallée du Lys** zu.

AM WEGE

Die montane Vegetationsstufe ist am Nordrand des Gebirges mit dem für relativ feuchte Standorte typischen Buchen-Tannen-Wald bedeckt, in dessen Schatten nur wenig Unterwuchs gedeiht. Unter der dichten Baumkrone wachsen auf dem sauren Urgestein Himbeeren, Brombeeren, Heidelbeeren, Farne, Moose und ab und zu das Gefleckte Knabenkraut *(Dactylorhiza maculata)* oder der Gelbe Alpenmohn *(Papaver rhaeticum)*. An lichteren Standorten kommen der auffällige Türkenbund *(Lilium martagon)* und die hohen Stauden des endemischen Pyrenäen-Bärenklaus *(Heracleum sphondylium subsp. pyrenaicum)* hinzu.

Flachere Abschnitte der Hänge werden als Almweiden genutzt. Hier breiten sich einige vom Vieh verschmähte Arten aus, beispielsweise die Wollige Kratzdistel *(Cirsium eriophorum)*, die Besenheide *(Calluna vulgaris)* und der auffällige, für das Vieh giftige Weiße Germer *(Veratrum album)*. An sumpfigen Standorten kommt an Nordhängen als subalpines Element die Kelch-Simsenlilie *(Tofieldia calyculata)* mit ihren gelben, ein wenig an Orchideen erinnernden Blütenständen in der montanen Stufe vor.

21

Ein tiefblau leuchtender See

Zum Lac d'Oô

Diese Wanderung führt zu einem der eindrucksvollsten Seen der französischen Pyrenäen, dem Lac d'Oô. Vom Weiler Granges d'Astau geht es durch Wiesen und Wälder bergauf. An der Staumauer öffnet sich der Blick auf den See und auf den in die Tiefe stürzenden Wasserfall im Hintergrund.

WEGVERLAUF: Granges d'Astau – Lac d'Oô (1 Std. 15 Min.) – Refuge du Lac d'Oô (1 Std. 30 Min.).

DAUER: Mit Rückweg 3 Std.

HÖHENUNTERSCHIED: Etwa 400 m.

SCHWIERIGKEITSGRAD: Mittelschwer.

WEGBESCHAFFENHEIT: Gut ausgebauter Wanderweg, steigt zunächst sanft, dann immer steiler bergauf.

AUSRÜSTUNG: Feste Bergschuhe, Wanderkleidung.

JAHRESZEIT: Mitte Juni bis Ende September.

KARTENMATERIAL: Carte de Randonnées 1:50 000, Pyrénées, carte nº 5: Luchon.

EINKEHRMÖGLICHKEIT: Hütten in Granges d'Astau und am Lac d'Oô.

VERKEHRSANBINDUNG: Mit öffentlichen Verkehrsmitteln ist der Ausgangspunkt der Wanderung nicht zu erreichen.

DER WANDERWEG

Wir beginnen die Wanderung auf dem Parkplatz an dem kleinen Weiler **Granges d'Astau**. Am oberen Ende führt ein breiter, rot-weiß markierter Schotterweg weiter talaufwärts. Er ist für Fahrzeuge gesperrt. Zunächst wandern wir über eine Bergwiese und treten bald darauf in den Wald ein. Es geht stetig aber gut begehbar aufwärts.

Dann wird der Weg etwas steiler und verläuft in Serpentinen. Er ist mit groben Steinen bedeckt und zum Teil recht naß, da von oben viele kleine Rinnsale herunterfließen. In einer Linkskurve zweigt rechts ein schmaler Pfad ab, den wir nicht beachten. Wenige Minuten später gehen wir unter einer Lastenseilbahn hindurch. Der Weg wird von hier an etwas schmaler, bleibt aber bequem. Hinter einer weiteren Kurve treffen wir auf die Bergstation der Seilbahn.

Es geht wieder ein Stück bergab, dann nochmals bergauf. Eine schmale Abzweigung rechts hinunter bleibt unbeachtet. Wiederum geht es etwas bergab, dann öffnet sich vor uns langsam der Talkessel des **Lac d'Oô** mit seinen steilen Wänden. Der Bach verläuft zur Rechten und schlängelt sich durch ein breites Bett. Gleich darauf

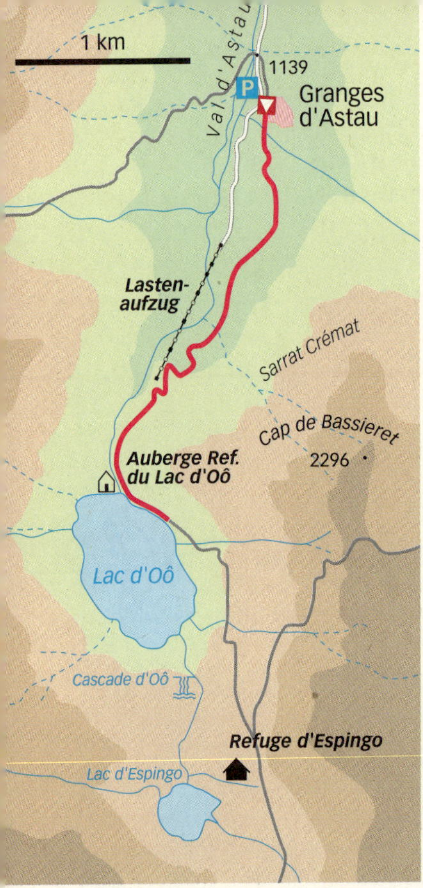

Wanderung 21: Zum Lac d'Oô

Gespeist wird der Lac d'Oô vom gleichnamigen Wasserfall, der 275 m hinunterstürzt

kann man rechts auf einer Brücke den Bach überschreiten, und ein Schild weist zum ›Lac d'Oô‹. Doch geradeaus, der rot-weißen Markierung folgend, führt ein steiniger Pfad an der linken Seite der Staumauer direkt zum See (1 Std. 15 Min.).

Im Hintergrund stürzt der 275 m hohe Wasserfall herab, gespeist durch den Abfluß des höhergelegenen Lac d'Espingo. An der anderen Seite der Staumauer liegt das **Refuge du Lac d'Oô.** Von den zahlreichen Seen, die sich in der Karregion um Luchon gebildet haben, ist der Lac d'Oô mit 40 ha Fläche und fast 70 m Tiefe der berühmteste. Wir können am See noch ein Stück entlanggehen, an einem Elektrizitätshäuschen vorbei. Hier befinden wir uns etwa 20 m über dem See. Man hört den Wasserfall jetzt tosen und erkennt, daß er sich aus zwei Stufen zusammensetzt. Von allen Seiten des Talkessels stürzen weitere schmale Wasserfälle in den See.

Der Weg wird dann steiler und entfernt sich vom See. Wir kehren hier um und machen auf dem Rückweg einen Abstecher über die Brücke zum Refuge (1 Std. 30 Min.). Hier ist auch der direkte Zugang zum See möglich, und auf der Wiese an der bewirtschafteten Hütte gibt es zahlreiche Liegemöglichkeiten.

22

Die Festung des Sonnenaufgangs

Rund um St-Bertrand-de-Comminges

Eine der Hauptattraktionen der Pyrenäen ist St-Bertrand-de-Comminges. Landschaftlich herrlich gelegen – auf einem Hügel inmitten des Garonne-Tals – bergen der Ort und seine Umgebung Zeugnisse einer zweitausendjährigen Geschichte. Der Wanderweg führt zunächst zur einsam in der Ebene stehenden romanischen Basilika St-Just. Anschließend besichtigen wir St-Bertrand mit der Kathedrale Ste-Marie-de-Comminges, deren imposante Erscheinung das Ortsbild prägt. Den Abschluß der Wanderung bildet ein Besuch der Ausgrabungsstätten der römischen Metropole Lugdunum Convenarum.

WEGVERLAUF: Valcabrère – Basilika St-Just (10 Min.) – St-Bertrand-de-Comminges (1 Std. 20 Min.) – Ruines Romaines (ca. 1 Std. 30 Min.) – Basilika St-Just (1 Std. 50 Min.) – Valcabrère (2 Std.).

DAUER: 2 Std. (ohne Besichtigung der Basilika St-Just und der Kathedrale St Marie-de-Comminges).

HÖHENUNTERSCHIED: Etwa 100 m.

SCHWIERIGKEITSGRAD: Leicht.

WEGBESCHAFFENHEIT: Bequemer Spazierweg.

AUSRÜSTUNG: Leichte Wanderschuhe.

JAHRESZEIT: Ganzjährig.

KARTENMATERIAL: Carte de Randonnées 1 : 50 000, Pyrénées, carte nº 5: Luchon.

EINKEHRMÖGLICHKEIT: In St-Bertrand-de-Comminges.

BESICHTIGUNGSZEITEN: Basilika St-Just Anfang April bis Ende November täglich vor- und nachmittags. Sonst nur an den Wochenenden nachmittags geöffnet.
Kathedrale in St-Bertrand täglich vor- und nachmittags. An Feiertagen geschlossen. Von Anfang April bis Ende September werden Führungen mit Besuch der Schatzkammer angeboten, um 12 und 18 Uhr.

VERKEHRSANBINDUNG: Mit dem Bus (S.N.C.F.) von Bagnères-de-Luchon Richtung Montréjeau bis Labroquère (Haltestelle am Ortseingang direkt hinter der Brücke über die Garonne), dann zu Fuß über die Brücke zurück und sofort rechts abbiegen Richtung Valcabrère (etwa 1 km).

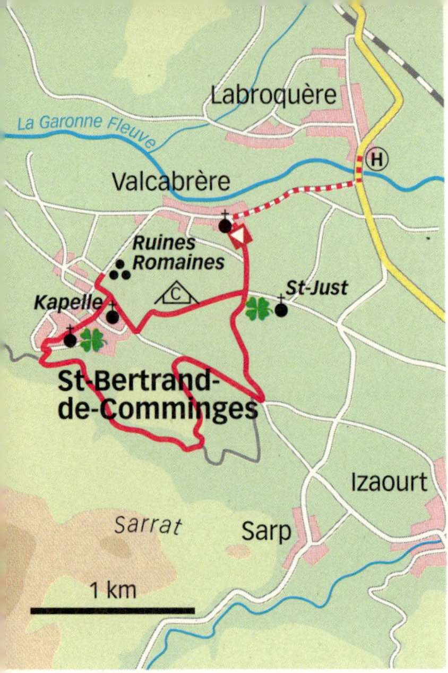

Wanderung 22: Rund um St-Bertrand-de-Comminges

DER WANDERWEG

Ausgangspunkt der Wanderung ist der Parkplatz vor der Kirche von **Valcabrère.** Man erreicht ihn, indem man am Ortseingang nach links der Beschilderung ›Basilique St-Just‹ folgt. Links an der Kirche vorbei führt eine schmale Straße aus dem Ort heraus. Schon bald ist eine Kreuzung erreicht, wo es geradeaus zur weithin sichtbaren Basilika **St-Just** geht (10 Min.).

Für den Besuch des Sakralbaus sollte man etwa 20 Min. veranschlagen. Wir treten aus dem Eingangsportal heraus, wenden uns nach links und gehen an der Mauer entlang weiter, an einem Picknickplatz vorbei. Der Fahrweg verläuft in völlig ebenem Gelände nach Süden und mündet in eine breitere Straße (20 Min.). Ihr folgen wir ein Stück nach rechts und gehen dann links einen Asphaltweg steil hinauf (30 Min.). Zwischen Weinbergen und Ferienhäusern hindurch führt der Weg auf eine Kuppe. Dort biegt der Hauptfahrweg nach rechts ab (40 Min.), wir aber gehen geradeaus in den Wald hinein und auf einem schmalen Pfad bergab.

Bald darauf gabelt sich der Weg. Wir folgen dem rechten Pfad hangparallel durch Brombeergestrüpp. Links unter uns sehen wir ein Wiesental liegen, rechts geht es steil hinauf. Dann wird der Weg breiter, und kurz darauf erreichen wir einen Fahrweg (55 Min.). Auf ihm halten wir uns rechts, an einem Graben entlang. Nun kommen schon die Häuser und die wuchtige Kathedrale des Ortes in Sicht.

Im Ort müssen wir noch vor dem ersten Haus links abbiegen (ca. 1 Std.). Ein steiniger Weg führt an der Hausmauer entlang und geht dann in einen Wiesenweg über. An einer Wegkreuzung wenden wir uns nach rechts und steigen steil aufwärts bis zu einer Straße. Hier gehen wir zunächst links, nach 50 m dann rechts und kurz darauf an einem Brunnen nochmals rechts.

Schließlich ist der Platz vor der Kathedrale **St-Bertrand-de-Comminges** erreicht (1 Std. 20 Min.). Die Besichtigung nimmt etwa 20 Min. in Anspruch. Wir verlassen die Kirche und schlagen nach rechts den beschilderten Weg zur Post (La Poste) ein. Das Postgebäude passieren wir zur Rechten und gehen geradeaus durch ein kleines Stadttor. Dahinter bietet sich eine schöne Aussicht auf St-Just und den kleinen Ort Valcabrère. An der Straße halten wir uns links und treffen nach etwa 100 m auf der rechten Straßenseite, am Ende der Mauer, auf einen Fußweg. Steil geht es einige Treppenstufen hinunter und dann auf einem Pflasterweg etwa 15 m bis zu einer Abzweigung nach links. Dort steigen wir hinab in den unteren Teil des Ortes, wo wir auf das Ende einer Sackgasse treffen (1 Std. 30 Min.).

Die nächste Straße biegen wir links ab und halten uns dann geradeaus. Rechts steht eine Friedhofskapelle, und davor kann man die ersten römischen

Blick auf St-Bertrand-de-Comminges

Ausgrabungen bewundern. Wir gehen weiter bis zu einer breiteren Straße, der wir nach links bis zum Stopschild und dann nach rechts zum Informationszentrum der **Ruines Romaines** folgen (1 Std. 30 Min.). Von hier aus finden organisierte Führungen statt, ein Teil des Geländes ist auch frei zugänglich (etwa 20 Min. Besichtigungszeit).

Anschließend kehren wir zum Stopschild zurück und nehmen dort wieder die Straße nach links. Diesmal biegen wir aber nicht in den Ort ab, sondern halten uns geradeaus und überqueren eine Brücke. Dahinter geht es links in eine schmale Straße hinein, die uns an einem Campingplatz vorbei und geradeaus weiter zur Basilika **St-Just** führt. Wir wandern nun wieder in völlig ebenem Gelände zwischen Wiesen und Feldern. An der Kreuzung vor der Basilika (1 Std. 50 Min.) wählen wir den linken Weg und erreichen kurz darauf unseren Ausgangspunkt, den Parkplatz an der Kirche von **Valcabrère.**

AM WEGE

Nur wenig nördlich von St-Bertrand-de-Comminges tauchen die Pyrenäen recht unvermittelt aus der Ebene auf. Die Ausläufer des Gebirges werden hier aus kreidezeitlichen, kalkigen, mehr oder weniger stark gefalteten Sedimentgesteinen aufgebaut. Harte, erosionsbeständige Gesteinspakete wechseln mit weichen, nicht so resistenten Schichten ab.

Im Laufe der Zeit hat die Garonne ihr Tal stark verbreitert, vor allem gegen Ende der verschiedenen Eiszeiten, als sie durch die Schneeschmelze alljährlich im Sommer zu einem reißenden, in viele Arme geteilten Gewässer anschwoll. Besonders leicht konnte der Fluß die weichen Gesteine abtragen, während die harten Gesteinsbänke, auch wenn sie über den weichen lagen, zunächst stehenblieben. Dadurch entstanden an den Talrändern steile Hänge, die der Fluß nur von der Seite her untergraben konnte, so daß sie nach und nach zurückwichen.

Oft enthalten die weichen Schichten wasserundurchlässige Tone oder Mergel. Dann treten an der Grenze zwischen harter und weicher Schicht zahlreiche Quellen an den Steilkanten aus, die nach und nach das harte Gestein untergraben und zum Einsturz bringen. So formen sich zuerst Nischen in den Hängen, später kann es dann zur vollständigen Abtrennung der Vorsprünge kommen. Diese Vorposten, die oft an ihrer Spitze noch eine Kappe aus hartem Gestein tragen, nennt man Zeugenberge. Auch St-Bertrand-de-Comminges liegt auf einem solchen Zeugenberg, der isoliert in der Ebene der Garonne steht.

Basilika St-Just in Valcabrère, im Hintergrund die Kathedrale von St-Bertrand-de-Comminges

Römische Metropole und christliche Pilgerstation

Auf dem Hügel, wo sich heute die mächtige Kathedrale von St-Bertrand-de-Comminges erhebt, befand sich wahrscheinlich schon in vorrömischer Zeit eine iberische Siedlung. Die Gallier gaben der Siedlung den Namen Lugdunum (Festung des Sonnenaufgangs). Aber erst unter den Römern entwickelte sich der Ort zu einer der bedeutendsten Städte Aquitaniens und des Pyrenäenraums. Nach Beendigung des Aufstands in der spanischen Provinz unter Sertorius (s. auch ›Römer und Karthager‹, S. 34) siedelte Pompeius im Jahre 72 v. Chr. Widerstandskämpfer aus den südlichen Pyrenäen in Lugdunum an, die während der vierjährigen Revolte einen Bandenkrieg gegen die geschwächte römische Besatzungsmacht geführt hatten. Pompeius glaubte, sie außerhalb ihres angestammten Gebietes besser unter Kontrolle zu halten. Nach den Kriegswirren ließen sich nun im nahezu menschenleeren Hochtal der Garonne Menschen verschiedenster Stammesangehörigkeit nieder, die von den Römern zusammenfassend Convenae genannt wurden. Lugdunum erhielt den Beinamen Convenarum.

Lugdunum Convenarum entwickelte sich bald zu einer politisch stabilen und reichen Kolonie. Dabei kam der Stadt zugute, daß die Hauptverbindung zwischen Atlantik und Mittelmeer und ein bedeutender Pyrenäenübergang hier zusammentrafen. Auf dem Höhepunkt ihrer Entfaltung, im 1. Jh., zählte die Stadt bis zu 60 000 Einwohner. Bisher wurden bei den Ausgrabungen ein Forum, ein Tempel, ein Thermalbad, ein Theater, ein Amphitheater sowie eine altchristliche Basilika entdeckt.

Mit dem Einfall der Vandalen nahm die Blütezeit Lugdunums ihr Ende. 409 wurde die Unterstadt in der Ebene fast völlig zerstört. Die Überlebenden zogen sich in die Oberstadt auf dem Hügel zurück und bauten starke Befestigungsmauern. 585 folgte die endgültige Vernichtung durch fränkische und burgundische Truppen. Mit Unterstützung des Kaisers von Byzanz hatte Gondowald, ein unehelicher Sohn des Frankenkönigs Chlodwig I., in Gallien die Herrschaft übernehmen wollen. Nach einigen Mißerfolgen verschanzte er sich mit seinen Truppen in Lugdunum Convenarum und wartete auf Hilfe aus Spanien. Doch die Festung Lugdunum erwies sich als Falle. Die vereinten fränkischen und burgundischen

Streitkräfte eroberten die Zitadelle, richteten ein Massaker unter den Bewohnern an, steckten die Stadt in Brand und verwüsteten die Gebäude.

In der Folgezeit verfiel die einst blühende Siedlung und diente den Bewohnern der näheren und weiteren Umgebung als willkommener Steinbruch. So wurde auch die Basilika St-Just bei Valcabrère zum größten Teil aus antikem Baumaterial errichtet. St-Just liegt einsam inmitten der Felder der Garonne-Ebene, schlanke Zypressen umgeben den Sakralbau. Die Basilika entstand im 11. und 12. Jh. und ist heute eines der schönsten Beispiele romanischer Baukunst im Pyrenäenraum. Die vier Marmorfiguren am nördlichen Seitenportal gehören zu den Meisterwerken romanischer Bildhauerei. Im Inneren, gegenüber dem Eingang, deutet ein christlicher Grabstein aus dem 4. Jh. auf das Vorhandensein einer wichtigen Nekropole an dem Ort, wo später die Basilika errichtet wurde.

Bischof Bertrand von Comminges erkannte die außerordentliche Lage der verfallenen römischen Stadt Lugdunum, ließ um 1120 die Ruinen beseitigen und erbaute eine Kathedrale an der Stelle, wo einst der iberische Tempel des Sonnengottes Abelio gestanden hatte. Von nun an trug die Stadt den Namen des Bischofs, der posthum heiliggesprochen wurde. Gedacht als Festung und Symbol gegen die islamische Welt, die damals nicht allzuweit jenseits der Pyrenäen bedrohlich auf die Christenheit wirkte, wurde die Kathedrale Ste-Marie-de-Comminges bald zu einer der bedeutenden Durchgangsstationen auf dem Jakobsweg nach Santiago de Compostela. Schon Ende des 13. Jh. erwies sich die Kirche als zu klein und mußte unter Bertrand dem Goten, dem späteren Papst Clemens V. von Avignon, erweitert werden. Die Arbeiten im gotischen Stil wurden 1352 abgeschlossen.

Die Fassade sowie Vorhalle und Teile des Langhauses stammen noch aus der romanischen Epoche, der restliche Bau ist gotisch. Der bemerkenswerte Kreuzgang wird von drei romanischen Galerien begrenzt, von denen sich eine, was äußerst ungewöhnlich ist, nach außen öffnet und einen schönen Ausblick auf die Pyrenäen bietet. Neben dem berühmten Pfeiler mit Motiven der vier Evangelisten fallen vor allem die reich geschmückten Kapitelle auf. Das Kircheninnere birgt kunstvolle Holzschnitzereien aus dem 16. Jh., die in Toulouse gefertigt wurden.

Der französische Pyrenäen-Nationalpark

Auf französischer Seite verläuft der Pyrenäen-Nationalpark (Parc National des Pyrénées) mehr als 100 km an der Grenze entlang, erreicht aber nur eine Breite zwischen 1,5 und 15 km. Der 1967 gegründete Park ist mit 457 km² der größte der drei Pyrenäen-Nationalparks. Er umfaßt die seenreichen, unbesiedelten Zonen des kristallinen Zentralkamms, der auf französischer Seite im Vignemale mit 3298 m seinen höchsten Punkt erreicht. Nur im äußersten Osten ragt mit dem Cirque de Gavarnie ein Teil des mesozoischen Kalkmassivs um den Monte Perdido auf die Nordseite des Gebirges hinüber.

Im Park ist zwar keine Besiedlung zugelassen, doch duldet man weiterhin Weide- und Forstwirtschaft, um die Gewohnheitsrechte der Bauern in den umliegenden Gemeinden nicht zu beschneiden. Die Weideflächen erstrecken sich in etwa auf die Hälfte des Parkgeländes, die Forstwirtschaft beansprucht ca. 12 % der Fläche. Dagegen sind Jagen sowie das Sammeln von Pflanzen und Tieren verboten. Um die Parkzone im engeren Sinn gruppiert sich die sogenannte Peripheriezone, die etwa viermal so groß wie der Park ist und in der fast 30 000 Bewohner leben. Um diesen Menschen eine Lebensgrundlage zu bieten und die letztlich für die Landschaft schädliche Abwanderung zu verhindern, werden in der Peripheriezone gezielt ein ›sanfter‹ Tourismus und die Aufrechterhaltung der traditionellen Landwirtschaft gefördert.

In dem zwar nach Norden geöffneten, doch breiten und daher stark besonnten sowie durch den wasserdurchlässigen Kalkuntergrund recht trockenen Tal von Gavarnie wachsen Buche und Waldkiefer. Im Wald kann man die kalkliebende Rotbraune Stendelwurz *(Epipactis atrorubens)*, eine Orchideenart, entdecken, außerdem Wald-Storchschnabel *(Geranium sylvaticum)* und das Gelbe Sonnenröschen *(Helianthemum nummularium)*. In höheren Lagen gedeihen auch die niedrige Pyrenäen-Akelei *(Aquilegia pyrenaica)* und die Mücken-Händelwurz *(Gymnadenia conopsea)*, eine seltene, rosablühende Orchidee.

Dagegen wachsen auf den feuchten, kalkarmen Böden am Nordabhang des Vignemale-Massivs Tannen und Buchen. Nur an lichten Stellen kann sich die Kiefer durchsetzen. Hier und da sieht man die rosafarbene Blüte einer Nelke *(Dianthus sp.)*. Die flacheren Stellen der Talgründe sind sehr sumpfig. Dort gedeihen Seggen *(Carex sp.)*, Schmalblättriges Wollgras *(Eriophorum angustifolium)* und Winter-Schachtelhalm *(Equisetum hiemale)*, den man früher zum Scheuern von Küchengerätschaften benutzte. Dazwischen fallen immer wieder die Blüten des Gefleckten Knabenkrautes *(Dactylorhiza maculata)* auf. Oberhalb von 1700 m wächst auf Moränenschutt schütterer Hakenkieferwald *(Pinus uncinata)*. In den flacheren Talabschnitten mußte die Hakenkiefer Weideflächen weichen.

Der französische Pyrenäen-Nationalpark ist von verschiedenen Orten aus zugänglich. Da sich der Park lang und schmal an der französisch-spanischen Grenze erstreckt, gibt es keinen zentralen Ort, von dem aus alle Gebiete leicht erreichbar wären. Günstiger Standort ist sicherlich der traditionsreiche Kurort Cauterets, der Unterkünfte aller Art bietet. Von hier aus führt eine Straße zum 8 km entfernten, schon innerhalb der Parkzone gelegenen Pont d'Espagne, dem Ausgangspunkt mehrerer Wanderrouten. Dort gibt es auch ein Campinggelände in der Nähe des oberen Parkplatzes, auf dem man maximal 5 Nächte zelten darf. Als Ausgangspunkt für Wanderungen im Bereich des Cirque de Gavarnie empfiehlt sich der kleine Ort Gavarnie, der einfachere Unterkünfte und einen Campingplatz bietet.

Die Anreise erfolgt mit dem Auto über Paris oder Toulouse und Lourdes oder mit der Eisenbahn bis Lourdes und von dort mit dem Bahnbus nach Cauterets (etwa sechsmal täg-

lich) oder Gavarnie (etwa dreimal täglich, in der Nebensaison seltener). Aktuelle Fahrpläne sind an den Bahnhöfen oder in den örtlichen Fremdenverkehrsämtern erhältlich. Von Cauterets nach Pont d'Espagne verkehren keine öffentlichen Verkehrsmittel.

Nicht versäumen sollte man bei einem Aufenthalt im französischen Pyrenäen-Nationalpark einen Besuch der berühmten Wallfahrtsstadt **Lourdes**. Insbesondere während der Sommermonate beeindruckt die große Pilgerschar, die in der Hoffnung von schweren Leiden geheilt zu werden, die Grotte aufsucht. Hier soll im 19. Jh. dem Mädchen Bernadette Sou-

Der Bär

Noch zu Beginn des 20. Jh. bereisten Schausteller aus den französischen Pyrenäen die ganze Welt mit ihren dressierten Bären. Sie kamen aus dem kleinen Ort Ercé im Ariège, in dem es eine einzigartige ›Bärenschule‹ gab. Hier richtete man die jungen Tiere ab. Als dann in Frankreich der Braunbär selten wurde, ging man dazu über, die kleinen Bären in Spanien und schließlich sogar in Rußland zu kaufen. Auf den Gesang des Meisters hin grüßte der Bär, dem man einen Maulkorb angelegt hatte, zunächst das Publikum. Dann mimte er Bauern, Hirten, eine Tänzerin, einen Betrunkenen, stellte sich tot, umarmte seinen Meister und sammelte schließlich in einer Baskenmütze Geld ein, um sich danach artig zu bedanken. Derlei Vorführungen waren im 19. Jh. sehr beliebt. Die letzte Bärenschaustellung fand 1953 im Comminges statt.

Überall in den Pyrenäen hört man die Sage vom Bärenmenschen, der Frauen verführt und Kinder – halb Mensch, halb Bär – mit ihnen zeugt. Weiterhin gilt der Bär als Vorbote des Frühlings. Früher feierte man in den Ostpyrenäen am 2. Februar das Ende der winterlichen Härten mit dem Bärenfest, das später in den Karneval integriert wurde.

In St-Laurent-de-Cerdans im Roussillon findet noch heute an Lichtmeß eine fiktive Bärenjagd statt, an der alle Männer des Ortes teilnehmen. Ein als Bär verkleideter Mann tanzt in der Mitte. Einer der ›Jäger‹, die einen Kreis um ihn bilden, wird dann zum Barbier, seift den ›Bären‹ ein und rasiert ihn zum großen Spaß der Umstehenden. Vermutlich ersetzt

birons mehrmals die Mutter Gottes erschienen sein. Die neobyzantinische Rosenkranzkirche und die neugotische Basilika wurden anläßlich des hundertsten Jahrestages der Marienerscheinungen durch eine riesige, unterirdische Basilika, eine der größten Kirchen der Welt, ergänzt, die 1958 dem Heiligen Papst Pius X. geweiht wurde.

Auskünfte erteilen: Office de Tourisme, F-65110 Cauterets; Syndicat d'Initiative, F-65120 Gavarnie; Centre d'Information, Montagne et Sentiers (C.I.M. E.S.), 3, Square Balagué, F-09200 Saint-Girons; Maison des Pyrénées, 15, Rue Saint-Augustin, F-75002 Paris.

diese Gepflogenheit den früheren Brauch, einen echten Bären zu kastrieren.

Zwar scheint der Bärenkult erst im Mittelalter über Mitteleuropa (Karpaten?) in die Pyrenäen gekommen zu sein, doch lassen sich schon in Legenden der pyrenäischen Region aus der Zeit vor dem Mittelalter Hinweise auf Bärengeschichten finden. Die Hintergründe dieses Rituals sind in vorgeschichtlicher Zeit zu suchen. In der Religion der prähistorischen Pyrenäenbewohner spielte der Bär offenbar eine herausragende Rolle, wie man aus Höhlenzeichnungen weiß. Über die Motive dieser Zeremonien und Feste gibt es dennoch nur Spekulationen. Verehrten die Gebirgsbewohner den Bären als Tiergott, der helfen sollte, Hunger, Kälte und Dunkelheit zu vertreiben? Opferten sie die Tiere in der Hoffnung, dadurch im Frühjahr die Natur wiederzubeleben? Oder stellte die Kastration von Bären, wie sie nachweislich im Vallée du Luz praktiziert wurde, den Versuch dar, die Angst vor den Raubtieren zu überwinden, von denen man glaubte, sie könnten Menschenfrauen verführen?

23

Gigantischer Zirkus

In den Cirque de Gavarnie

Unbestrittener landschaftlicher Höhepunkt der französischen Pyrenäen ist der Cirque de Gavarnie, ein riesiger Talzirkus mit fast 2 km Durchmesser, von 1500 m hohen, beinahe senkrechten Wänden umgeben. Von der nahegelegenen Ortschaft Gavarnie führt der Weg zum imposanten Wasserfall Grande Cascade. Der Rückweg bietet schöne Ausblicke auf das Tal von Gavarnie und ist für botanisch interessierte Wanderer von besonderem Reiz.

i

WEGVERLAUF: Gavarnie – Hôtel du Cirque (1 Std. 25 Min.) – Grande Cascade (2 Std.) – Hôtel du Cirque (ca. 2 Std. 30 Min.) – Plateau de Pailla (3 Std. 40 Min.) – Gavarnie (4 Std. 30 Min.).

DAUER: 4 Std. 30 Min.

HÖHENUNTERSCHIED: Etwa 350 m.

SCHWIERIGKEITSGRAD: Mittelschwer; Trittsicherheit und Schwindelfreiheit erforderlich.

WEGBESCHAFFENHEIT: Ein gut ausgebauter Weg führt zum Beginn des Talschlusses. Ein Stück kann man von hier aus noch in den Cirque hineinklettern, bis zum imposanten Wasserfall Grande Cascade. Für den Rückweg bietet sich ein hoch am Hang entlangführender Pfad an, der eine gewisse Schwindelfreiheit erfordert.

AUSRÜSTUNG: Feste Bergschuhe, Wanderkleidung.

JAHRESZEIT: Mitte Juni bis Ende September.

KARTENMATERIAL: Carte de Randonnées 1 : 50 000, Pyrénées, carte n° 4: Bigorre.

EINKEHRMÖGLICHKEIT: Hôtel du Cirque.

VERKEHRSANBINDUNG: Mit dem Bus (S.N.C.F.) von Lourdes oder Cauterets (umsteigen in Pierrefitte) nach Luz-St-Sauveur. Dort umsteigen nach Gavarnie .

DER WANDERWEG

Autofahrer beginnen die Wanderung am Gemeindeplatz (Parking Municipal) im Zentrum des Ortes **Gavarnie** und gehen die Straße weiter bergauf durch das Dorf, vorbei am Fremdenverkehrsbüro *(Syndicat d'Initiatives)*, in dem zugleich eine Informationsstelle der Nationalparkverwaltung untergebracht ist. Dahinter gabelt sich die Straße, und links weist ein Schild den Weg zum Cirque de Gavarnie. Wenig später passieren wir die Endstation der Buslinie.

Hier gibt es für Autofahrer weitere Parkmöglichkeiten. Zu beiden Seiten säumen Pferde- und Maultierverleiher sowie Andenkenläden die Straße, dann wird es allmählich ruhiger.

Eine Brücke führt über den Fluß (20 Min.). Hier liegt auch der Campingplatz des Ortes. Wir folgen der Straße zum anderen Flußufer und dann nach rechts. 100 m weiter, hinter einem Café, endet die Asphaltstraße. Hier befindet sich noch ein letzter kleiner Parkplatz. Der weitere Fahrweg ist holprig und nur für Anlieger befahrbar. Wir folgen der breiten Piste talaufwärts.

Bald öffnet sich voraus das Panorama des Cirque de Gavarnie (25 Min.). Kurz hintereinander überschreiten wir zwei kleine Brücken und passieren 100 m weiter eine kleine Bar. Dort führt rechts eine schöne Steinbrücke über den Fluß. Wir halten uns jedoch geradeaus. Ein Schild weist jetzt auf den Beginn des Nationalparks hin. Wir müssen eine Felsstufe im Tal erklimmen, in die sich der Fluß tief eingeschnitten hat. Oben genießen wir den schönen Blick auf den nun schon etwas näherrückenden Cirque de Gavarnie.

Weiter geht es durch ein schattiges Wäldchen und anschließend durch einen flachen Talgrund. Geradeaus halten wir auf ein kleines Waldstück zu. Dort steht eine Informationstafel der Nationalparkverwaltung. Dahinter ist ein Arm des verwilderten Flußbettes zu queren. Bald versperrt eine bewaldete Moräne das Tal, und der Anstieg wird steiler. Vor uns erhebt sich eine Felsbarriere. An dieser Stelle hat sich der Fluß wiederum tief in den Fels eingeschnitten. Links kommt schon das **Hôtel du Cirque** in Sicht, das wir wenig später erreichen (1 Std. 25 Min.). Hier befindet sich auch die Endstation der Maultierkarawane.

Direkt voraus, im hinteren Teil des Cirque de Gavarnie, stürzt die Grande Cascade von einer steilen Felswand hinunter. Vom Hôtel aus kann man auf

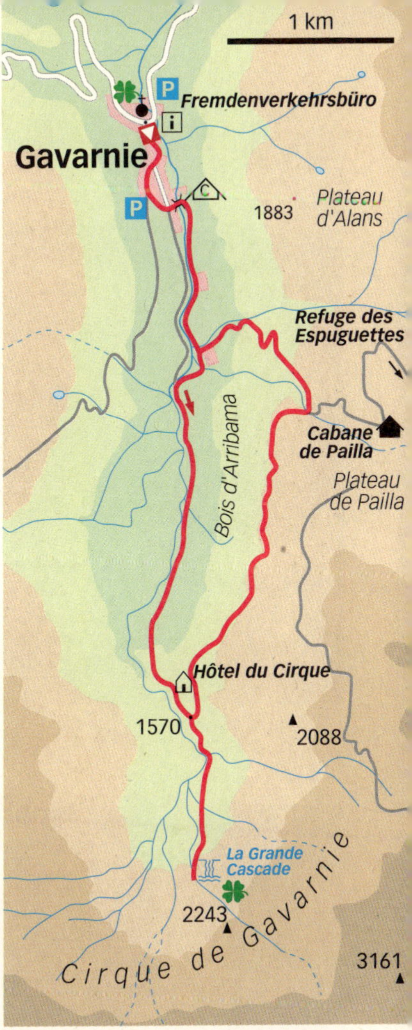

Wanderung 23: In den Cirque de Gavarnie

einem schmalen Weg zum Wasserfall gelangen. Nach etwa 50 m gabelt sich der Pfad vor einem Informationsschild. Wir gehen links hinauf und halten uns stets oberhalb des Baches. Deutlich sind jetzt auch die anderen Wasserfälle zu erkennen, die sich von den Wänden des Talkessels ergießen. Doch die Grande Cascade ist sicherlich der eindrucksvollste von allen.

Der Geröllpfad gabelt sich mehrmals, aber die Abzweigungen führen immer wieder zusammen. Dann entfernt sich

Im Cirque de Gavarnie

La Grande Cascade du Cirque

Die Entstehung des Cirque de Gavarnie

Der Cirque de Gavarnie entstand am Nordhang des Monte Perdido (s. Wanderung 26). In den erdmittelalterlichen Kalkssedimenten liegen weiche, von der Erosion leicht angreifbare Gesteinsschichten und harte, sehr resistente Schichten im Wechsel aufeinandergestapelt. An der steilen, mehr als 1500 m hohen Kesselwand des Cirque de Gavarnie kann man eine dreifache Abfolge von harten und weichen Schichten erkennen. Die steilen Wände entsprechen dabei stets den harten Gesteinsschichten, während an den flacheren Stellen weiche Gesteine zu finden sind, die der Erosion weniger Widerstand bieten und beim Zurückweichen die steileren Hänge immer wieder zum Einsturz bringen.

Schon vor der pleistozänen Vereisung hatte sich im Tal von Gavarnie ein erster Einschnitt gebildet, hervorgerufen durch eine Karstquelle, die Wasser vom Monte Perdido schüttete. Das Talende wich durch rückschreitende Erosion immer weiter zu den höchsten Gipfeln zurück. Während der Eiszeiten sorgte dann der Gavarnie-Gletscher für die Verbreiterung des Einschnitts zu einem Trogtal mit amphitheatralischem Talschluß, wie wir es heute vorfinden, und transportierte den nachstürzenden Felsschutt ab. Von diesem Gletscher sind geringfügige Reste bis heute erhalten geblieben. Er füllt sein Kar, den Talzirkus nicht mehr aus, sondern ist in Eisfelder zerlegt, die in den flacheren Teilen der Zirkuswand hängen und durch ihre helle Farbe die Dreistufigkeit betonen.

Zahllose Wasserfälle stürzen die Hänge des Cirque de Gavarnie herunter, darunter die mit 422 m Fallhöhe bedeutendste Grande Cascade. Sie wird von einer Karstquelle gespeist, die ihr Wasser auf unterirdischem Wege aus einem annähernd 2600 m hoch gelegenen Gletschersee des Monte Perdido, also vom spanischen, nach Süden gerichteten Hang des Massivs bezieht.

der Weg etwas vom Bach, und wir halten jetzt direkt auf den Wasserfall zu. Der letzte Teil des Aufstiegs über Felsschutt ist sehr anstrengend. Schließlich stehen wir unterhalb der **Grande Cascade du Cirque** (2 Std.) im feinen Sprühregen.

Für den Rückweg können wir vom **Hôtel du Cirque** aus, um den vielen Besuchern zu entgehen, die sich am späten Vormittag auf den Weg zum Cirque de Gavarnie machen, eine andere Route wählen, die allerdings eine gewisse Schwindelfreiheit voraussetzt. (Nicht schwindelfreie Wanderer sollten für den Rückweg ab dem Hôtel du Cirque wieder den breiten Fahrweg wählen. Die Gesamtdauer der Wanderung verkürzt sich dadurch um etwa 20 Min.). Rechts vom Hôtel (ca. 2 Std. 30 Min.) führt ein schmaler, recht steiniger Pfad schräg den Hang hinauf. Er quert einen kleinen Bach und windet sich dann zunächst steil eine Bergwiese hinauf.

Wir überschreiten auf großen Steinen einen breiteren Bach. Anschließend verläuft der Pfad mehr oder weniger hangparallel weiter in den Wald hinein. Zur Rechten ragt eine Felswand auf, von der es stellenweise auf den Weg hinuntertropft. Links fällt der Hang steil zum Fluß hinab. Hin und wieder bieten sich schöne Ausblicke auf das Tal und den Ort Gavarnie. Ganz allmählich führt der Weg nun bergauf.

Dann stehen wir plötzlich vor einem Tor (3 Std. 20 Min.). Wir schließen es sorgfältig hinter uns. Dahinter gabelt sich der Weg. Der rechte, obere führt zu einer Schutzhütte. Von dort geht es kurz darauf über eine kleine Holzbrükke, und dahinter finden wir auf einer Bergwiese schöne Plätze zum Rasten. Dies ist das **Plateau de Pailla** (3 Std. 40 Min.).

Nach wenigen Metern ist eine Weggabelung erreicht, an der es rechts zum Refuge des Espuguettes (Berghütte) geht. Wir halten uns links hinunter auf einen steinigen Pfad zu, vor uns eröffnet sich ein wunderschönes Gebirgspanorama.

Bald wird der Abstieg sehr steil. Ein mit Gattern abgesperrter Wiesenweg kreuzt den Pfad. Kurz darauf sind wir unten im Tal, wo wir auf den breiten Fahrweg treffen, der uns vom Hinweg schon bekannt ist. Rechts geht es Richtung **Gavarnie.**

AM WEGE

Interessant ist die Geschichte der äußerlich unscheinbaren **Kirche von Gavarnie** aus dem 14. Jh. Früher gab es hier, am Pilgerpfad nach Santiago de Compostela, ein Priorat der Hospitaliter. Die Route verlief durch das Tal von Gavarnie über den Paß von Boucharo nach Jaca. Aber schon im 17. Jh. verließen die Hospitaliter den Ort, und übriggeblieben ist lediglich die Kirche.

In der Kapelle Bon Port links des Hauptaltars befindet sich die Statue der Jungfrau von Bon Port aus dem 14. Jh. Flankiert wird sie von zwei Statuetten, die Pilger auf dem Weg nach Santiago de Compostela darstellen. Daneben sind in einer Vitrine menschliche Gebeine ausgestellt.

Seit Jahrhunderten wird hier die Legende vom Massaker an den Templern aus Gavarnie weitergegeben. Am Jahrestag des Massakers soll stets eine Gestalt in der Tracht des Templerordens, im weißen Gewand mit rotem Kreuz, auf dem Friedhof erscheinen und dreimal laut rufen: »Wer verteidigt den Heiligen Tempel? Wer befreit das Grab Christi?« Daraufhin, so heißt es, erheben sich die Köpfe der Toten, und aus dem Gräbern schallt dreimal die Antwort: »Niemand, niemand, der Tempel ist zerstört.«

24

Geheimnisse um einen See

Zum Lac de Gaube

Eines der traditionellen Wanderziele der französischen Pyrenäen ist der Lac de Gaube. Der Ausblick am Ziel der Wanderung lohnt die Mühe des Aufstiegs: vor uns liegt der See, im Hintergrund erhebt sich das Vignemale-Massiv. Für eine Rast bietet sich das Ausflugslokal am Lac de Gaube an.

i

WEGVERLAUF: Unterer Parkplatz in Pont d'Espagne – Lac de Gaube (1 Std. 15 Min.).

DAUER: Mit Rückweg 2 Std. 30 Min.

HÖHENUNTERSCHIED: Etwa 300 m.

SCHWIERIGKEITSGRAD: Mittelschwer; Trittsicherheit erforderlich.

WEGBESCHAFFENHEIT: Kurzer, wenn auchanstrengender Auf- und Abstieg.

AUSRÜSTUNG: Feste Bergschuhe, Wanderkleidung.

JAHRESZEIT: Mitte Juni bis Ende September.

KARTENMATERIAL: Carte de Randonnées 1:50 000, Pyrénées, carte n° 4: Bigorre.

EINKEHRMÖGLICHKEIT: Ausflugslokal am Lac de Gaube.

VERKEHRSANBINDUNG: Mit öffentlichen Verkehrsmitteln ist der Ausgangspunkt der Wanderung nicht zu erreichen. Mit dem Auto, Taxi oder zu Fuß (etwa 8 km) von Cauterets nach Pont d'Espagne.

DER WANDERWEG

Autofahrer stellen den Wagen auf dem ersten großen Parkplatz von **Pont d'Espagne** im Nationalpark ab. Von dort geht es auf der Straße noch ein Stück bergauf, an einem Sanitärgebäude vorbei. Dahinter zweigt in einer Linkskurve rechts ein rot-weiß markierter Weg ab, der nach wenigen Metern zu einer kleinen Brücke führt. Dort überqueren wir die Straße und schlagen direkt gegenüber, am Informationsschild der Nationalparkverwaltung, den Weg bergauf Richtung ›Hôtellerie du Gaube‹ ein.

Auf dem gut ausgebauten Weg geht es in Serpentinen steil bergauf. Zur Rechten stürzt ein breiter Wasserfall den Berg hinunter. Vorübergehend wird der Anstieg etwas sanfter, doch anschließend geht es wieder steiler aufwärts. Riesige Felsblöcke müssen umrundet werden.

Dann bietet sich erstmals ein Blick auf das Vignemale-Massiv (40 Min.). Kurz darauf passieren wir zwei schon recht stark verlandete Teiche und wandern wieder zwischen Granitfelsen, die einst von einem Gletscher glattgeschliffen wurden. Die Spuren der Eiszeit sind noch deutlich zu erkennen. Der Bach fließt rechts des Weges träge in einer

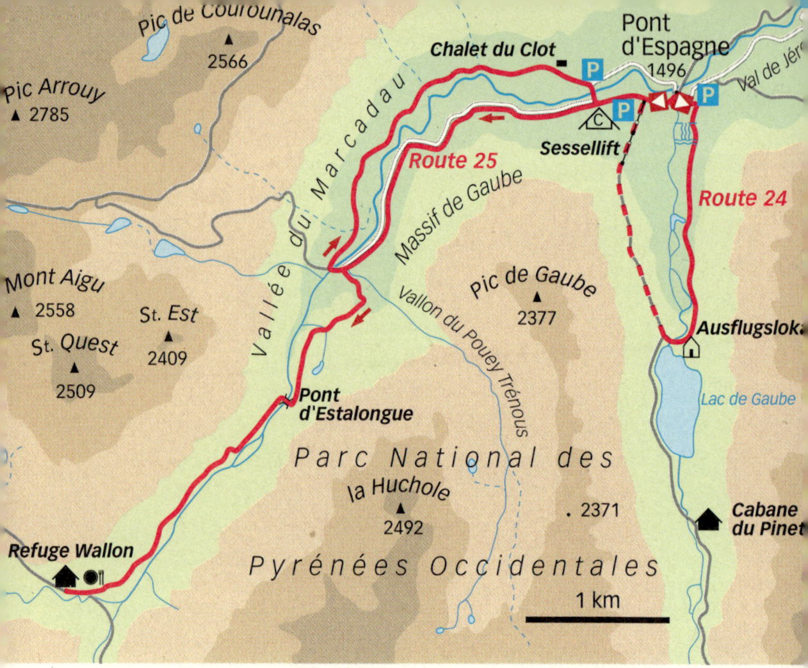

Wanderung 24: Zum Lac de Gaube
Wanderung 25: Ins Vallée du Marcadau

feuchten Niederung und ist in zahlreiche Arme aufgespalten.

Nach steilem Anstieg über die glattpolierten Felsen sind weit voraus die ersten Firnschneefelder zu erkennen. Am gegenüberliegenden Talhang sieht man den ebenen, stark begangenen Weg, der von der Bergstation des Sessellifts zum Lac de Gaube führt. Der anstrengendste Teil des Aufstiegs ist nun bewältigt, und das Gelände lichtet sich.

Eine Abzweigung nach rechts (1 Std. 10 Min.) beachten wir nicht. Stattdessen halten wir geradeaus auf die Berghütte zu. Wenige Meter danach liegt unvermittelt der See vor uns. Ringsum bietet die Gebirgswelt ein herrliches Panorama. Links befindet sich direkt am **Lac de Gaube** das Ausflugslokal mit seiner schön gelegenen Aussichtsterrasse (1 Std. 15 Min.), das Ziel der Wanderung. Wer möchte, kann rechts am See entlang weiterlaufen. Vom linken Seeufer ist die höchste Erhebung des Vignemale auszumachen, der Pique Longue (3298 m).

Tip: Mit Hilfe eines Sessellifts kann man sich den anstrengenden Auf- oder Abstieg ersparen. Die Talstation befindet sich oberhalb der Pont d'Espagne (s. Wanderung 25). Von der Bergstation führt ein breiter, ebener Weg in etwa 20 Min. zum Lac de Gaube.

AM WEGE

Die Tanne, auch Weiß- oder Edeltanne *(Abies alba)*, ist heute in Mitteleuropa – bedingt durch die Eingriffe des Menschen in die natürlichen Wälder – selten geworden. Der ›Tannenbaum‹ wird zu Weihnachten meist durch die Fichte ersetzt. Dagegen kann man die Tanne in der montanen Stufe der Pyrenäen, wo sie ähnliche klimatische Verhältnisse antrifft, noch häufig finden.

Von anderen einheimischen Nadelbäumen unterscheidet sich die Weißtanne durch ihre flachen Nadeln, die in zwei gegenüberliegenden Reihen am Zweig angeordnet sind, sowie durch ihre nach oben gerichteten, rotvioletten Zapfen. Der Baum mit dem pyramidenförmigen Wuchs kann zuweilen majestätische Ausmaße von 50 m Höhe erreichen. Dem Harz der Tanne sagt man hustenstillende und bakterientötende Eigenschaften nach. Ihr Holz ist verhältnismäßig weich und daher leicht zu bearbeiten. Früher stellten die Gebirgsbewohner die verschiedensten Gebrauchsgegenstände daraus her wie landwirtschaftliche Geräte, Weidepflökke oder Viehtränken, aber auch Masten für Segelschiffe wurden aus Tannenholz gefertigt.

Das Geheimnis des Lac de Gaube

Schon im vorigen Jahrhundert erfreute sich der Lac de Gaube eines regen Besucherstroms. Ein Fischer hatte seine Hütte am See aufgebaut. In deren unmittelbarer Nähe erhob sich ein eigenartiges Denkmal aus dem Jahr 1832. Das Monument – so konnte man der Inschrift entnehmen – wurde zum Gedenken an ein jungvermähltes Paar aus England aufgestellt, das im See ertrunken war. Nie konnten die näheren Umstände des Todes geklärt werden. War es ein Unfall, Selbstmord oder gar Mord? Zahlreiche Versionen kursierten bald nach dem traurigen Ereignis. So hieß es, das Ehepaar hätte sich beim vorangegangenen Mittagessen gestritten. Der Mann wäre betrunken gewesen, und in diesem Zustand seien sie in ein Boot gestiegen und auf den See hinausgefahren. Dort sei es dann zu einem Mord mit darauffolgendem Selbstmord gekommen.

Natürlich erregten derlei Geschichten in der romantischen Epoche, die durch eine starke Tendenz zum Mythos und zum Phantastischen geprägt war, großes Aufsehen. Schon bald konnte der geschäftstüchtige Fischer Eintritt für das Gelände verlangen, auf dem das Denkmal stand. Auch der französische Dichter Victor Hugo zählte 1843 zu den Besuchern. Im Jahr 1940 wurde das Denkmal entfernt, und heute gibt es nichts an dieser Stelle, was an die tragische Geschichte erinnert.

25

Alte Paßstraße

Ins Vallée du Marcadau

Das Vallée du Marcadau, einst vielbenutzter Übergang nach Spanien, ist heute einer der interessantesten Teile des französischen Pyrenäen-Nationalparks. Durch feuchte Wiesentäler und über bewaldete Felsstufen geht es hinauf zur Wallon-Berghütte, von deren Terrasse sich ein großartiges Gebirgspanorama bietet.

i

WEGVERLAUF: Unterer Parkplatz in Pont d'Espagne – Pont d'Espagne (10 Min.) – Pont d'Estalongue (ca. 2 Std.) – Refuge Wallon (ca. 3 Std.) – Chalet du Clot (ca. 5 Std. 30 Min.) – Unterer Parkplatz in Pont d'Espagne (6 Std.).

DAUER: 6 Std.

HÖHENUNTERSCHIED: Etwa 400 m.

SCHWIERIGKEITSGRAD: Mittelschwer.

WEGBESCHAFFENHEIT: Auf zunächst breitem Fahrweg, dann teils steinigem Wanderweg geht es hinauf zur Wallon-Berghütte.

AUSRÜSTUNG: Feste Bergschuhe, Wanderkleidung, Sonnenschutz.

JAHRESZEIT: Mitte Juni bis Ende September.

KARTENMATERIAL: Carte de Randonnées 1:50 000, Pyrénées, carte n° 4: Bigorre.

EINKEHRMÖGLICHKEIT: Berghütte (Refuge) Wallon (nur in der Hochsaison geöffnet).

VERKEHRSANBINDUNG: Mit öffentlichen Verkehrsmitteln ist der Ausgangspunkt der Wanderung nicht zu erreichen. Mit dem Auto, Taxi oder zu Fuß (etwa 8 km) von Cauterets nach Pont d'Espagne.

DER WANDERWEG

Ausgangspunkt ist der untere Parkplatz von **Pont d'Espagne** im Nationalpark. Wir folgen zu Fuß der Straße weiter hinauf, überschreiten eine kleine Brücke und erreichen dann die größere Brücke **Pont d'Espagne** (10 Min.). Direkt dahinter zweigt links ein Fußweg ab, ein Schild weist zur Seilbahn (Télésiège de Gaube). Zwischen verstreut liegenden Felsblöcken und über einen Bach geht es zunächst zur Talstation des Sessellifts zum Lac de Gaube (20 Min.), dann quer über den dortigen Parkplatz. Am hinteren Teil des Platzes gelangen wir zu einem für Autos gesperrten Weg und setzen direkt am Fluß entlang unsere Wanderung fort.

Auf dem gegenüberliegenden Flußufer ist bald der zweite große Parkplatz zu sehen (25 Min.). Wir überqueren ein

Im Vallée du Marcadau

Campinggelände und kommen kurz darauf an einer Brücke vorbei. Der Weg ins Vallée du Marcadau führt nun als geteerte Piste geradeaus weiter. Über eine Moräne, kenntlich an den groben Felsbrocken, die wie durcheinandergewürfelt scheinen, geht es langsam bergauf.

Nach einiger Zeit erblickt man rechts unten einen teilweise verlandeten See. Voraus bietet sich immer wieder ein schöner Ausblick auf die umliegenden Berge. Es geht ein wenig bergab, zum Fluß hinunter, der hier träge durch ein breites, flaches Talstück fließt. Auf der gegenüberliegenden Seite steht eine kleine Hütte. Kurz darauf endet die Asphaltstraße. Eine breite Geröllpiste führt fast eben weiter, voraus bietet sich ein herrlicher Panoramablick. Wir queren

In Roncal

einen Seitenbach und erreichen bald das Ende des flachen Talabschnitts. An einer Informationstafel gabelt sich der Weg. Links auf dem breiten Weg geht es weiter. Wir passieren einen kleinen Parkplatz, auf dem die Autos der Viehhirten und Nationalparkaufseher abgestellt sind. Von hier an ist der Weg für Fahrzeuge unpassierbar. Erneut kommen wir an eine Gabelung, hier gehen wir wiederum links. Hinter einer Rechtskurve führt der Weg geradeaus weiter bergauf.

Es gilt jetzt, eine Granitfelsbarriere zu überwinden, die das Tal versperrt. Nachdem wir einen Bach überquert haben, kommt ein Pfad von rechts unten herauf. Unser Weg, der nun vorübergehend recht eben durch eine sumpfige Wiese verläuft, führt jedoch geradeaus weiter. Nach kurzem, steilem Anstieg kommen wir an einer weiteren morastigen Stelle vorbei.

Dann ist die Felsbarriere überwunden, wir haben den Fluß erreicht, den wir kurz darauf auf der **Pont d'Estalongue** überschreiten (ca. 2 Std.). Ruhig fließt er nun zu unserer Linken in einer breiten Talniederung dahin. Auf der Wiese liegen grobe Felsbrocken, Gesteinsschutt, der hin und wieder von den angrenzenden Hängen heruntерpoltert.

Am oberen Ende des flachen Talgrunds windet sich der Weg wieder steil bergauf, um eine weitere Felsbarriere zu bewältigen. Bald schon fließt der Fluß tief unter uns in einer engen Schlucht. Das anstrengendste Stück der Steigung ist bald überwunden. Oben kann man noch die Spuren des ehemaligen Gletschers erkennen, der die Felsen glattgeschliffen hat.

Schließlich öffnet sich voraus ein breites Talstück, in dem mehrere Tälchen zusammenfließen. Links des Weges liegt ein verlandeter Tümpel, vor uns dehnt sich eine Weidefläche aus. Ein Wegweiser zeigt nach rechts zum **›Refuge Wallon‹.** Auf dem teils gepflasterten Weg geht es noch ein Stück bergauf bis zur nahegelegenen Hütte (ca. 3 Std.).

Für den Rückweg wählen wir zunächst den Weg, auf dem wir gekommen sind, bis zu dem kleinen Parkplatz, an dem der Fahrweg endet. Jetzt zweigen wir vor dem Informationsschild links ab und überqueren den Fluß. Dahinter gehen wir rechts, also talabwärts.

Zunächst führt der Wiesenweg durch flachen Talgrund. Später gabelt er sich. Wir folgen dem breiten, nun steinigen Weg nach links, jetzt wieder steiler bergab. Zur Rechten schneidet sich der Fluß tief in eine Felsbarriere ein. Bald darauf sehen wir dann schon den oberen Parkplatz und steigen auf Flußniveau hinunter zum **Chalet du Clot** (5 Std. 30 Min.) am oberen Ende des Parkplatzes.

Wir gehen zum Campinggelände hinüber und auf dem uns schon bekannten Weg zurück zum unteren Parkplatz in **Pont d'Espagne.**

Nationalpark Ordesa

Direkt an den französischen Pyrenäen-Nationalpark grenzt auf spanischer Seite der schon 1918 gegründete Ordesa-Park. Heute lautet sein offizieller Name ›Parque Nacional de Ordesa y Monte Perdido‹. 1982 wurde er auf insgesamt 156 km^2 erweitert und umfaßt nun große Teile des Monte-Perdido-Massivs mit den vier Tälern Valle de Ordesa, Cañón de Añisclo, Garganta de Escuain und Valle de Pineta. Um die Zentralzone wurde ein Peripheriegebiet von 196 ha Größe eingerichtet, in dem althergebrachte Landnutzung in Einklang mit den Schutzbestimmungen des Nationalparks betrieben wird. Schließlich werden die umliegenden Gemeinden finanziell gefördert, um die Abwanderung der Bevölkerung aufzuhalten und Kultur, Tradition und ursprüngliche Wohnformen der Gebirgsbewohner zu bewahren.

Das Monte-Perdido-Massiv gehört nicht zu der alten, kristallinen Zentralzone der Pyrenäen. Vielmehr ist es aus kalkigen Sedimentgesteinen des Erdmittelalters und des Alttertiärs sowie aus Flyschablagerungen (schiefrig-tonigen Gesteinen, die während der Heraushebung des Gebirges in den noch verbliebenen Meeresbecken entstanden) aufgebaut. Als sich im Verlauf der Gebirgsbildung die zentrale Granitzone immer stärker heraushob, kippten die darüberliegenden Sedimentgesteine zu den Seiten weg und rutschten ins Vorland ab. Dabei kam es im Bereich des Monte Perdido zu Verwerfungen und kleinen Überschiebungen. So bildeten sich Geländestufen, die später durch Erosion der Flüsse und Gletscher noch verändert wurden. Die am stärksten nach oben gekippten Bereiche des Monte-Perdido-Massivs erreichen Höhen von über 3000 m (der Monte Perdido selbst mißt 3355 m) und können damit durchaus mit den höchsten Granitmassiven der Zentralzone konkurrieren.

In den Tälern des Ordesa-Nationalparks ist der typische montane Buchen-Tannen-Wald entwickelt. An schattigen Standorten tritt die Tanne stärker hervor, an sonnigen Stellen sieht man hier und da auch die Kiefer. Artenarm ist der Unterwuchs. Himbeere *(Rubus idaeus)*, Walderdbeere *(Fragaria vesca)*, der kalkliebende Gelbe Fingerhut *(Digitalis lutea)*, Fuchs' Knabenkraut *(Dactylorhiza fuchsii)*, das ebenfalls Standorte auf Kalk bevorzugt, und seltener die Rotbraune Stendelwurz *(Epipactis atrorubens)*, eine rotbraunblühende, recht unscheinbare Orchideenart, sind hier zu finden.

Eine Abwandlung erfährt der montane Wald im geschützten, nach Süden geöffneten Cañón de Añisclo. Hohe Luftfeuchtigkeit und warme Fallwinde lassen einen artenreichen Mischwald am Grund der Schlucht und an schattigen Hängen bis in Höhen von 1400 m gedeihen, in dem neben der

Circo de Goriz im Ordesa-Nationalpark

vorherrschenden Buche Tannen und die für Schluchtwälder typischen, klimatisch eher anspruchsvollen Baumarten wie Sommerlinde *(Tilia platyphyllos)*, Esche *(Fraxinus excelsior)*, Bergahorn *(Acer pseudoplatanus)* und Bergulme *(Ulmus glabra)* vorkommen. Unter schattigen Felsüberhängen wächst das Großblütige Fettkraut *(Pinguicula grandiflora)* mit seinen veilchenähnlichen Blüten und den als Insektenfalle dienenden, leicht eingerollten Blättern. An trockenen, sonnigen Standorten an den Hängen der Schlucht wird der Buchenmischwald durch einen Kiefernwald *(Pinus sylvestris)* abgelöst.

Die oberen Abschnitte der Täler werden noch heute vielfach als Weidefläche genutzt und sind daher nicht bewaldet. Niederliegender Geißklee *(Cytisus decumbens)*, der im Sommer einen gelben Blütenteppich bildet und von weitem sehr an den verwandten Ginster erinnert, wächst oft im Talgrund und bedeckt die flacheren Hangabschnitte. Dazwischen gedeihen zahlreiche Blütenpflanzenarten wie Pyrenäen-Schwertlilien *(Iris latifolia)*, Gelber Enzian *(Gentiana lute)* und Gelbes Sonnenröschen *(Helianthemum nummularium)*, ein Zistrosengewächs, von dem im Ordesa-Tal vorwiegend eine rosablühende Form auftritt.

Der Ordesa-Nationalpark ist von vier Stellen aus zugänglich. Das Pineta-Tal bietet mit dem staatlichen Parador ›Monte Perdido‹, unmittelbar am Eingang des Nationalparks, eine Übernachtungsmöglichkeit gehobener Kategorie. Dort befindet sich auch ein inoffizielles, aber geduldetes Campinggelände. Einen offiziellen Campingplatz gibt es einige Kilometer talabwärts, und einfache Hotels und Pensionen findet man in dem hübschen Ferienort Bielsa am Eingang des Pineta-Tals, etwa 12 km vom Nationalpark entfernt.

Eine einfache Pension bietet der kleine Ort Escalona am Eingang des Cañón de Añisclo. An der Straße nach Aínsa gibt es einige Kilometer talabwärts in Labuerda einen Campingplatz, und im Provinzstädtchen Aínsa findet man mehrere Hotels und Pensionen.

Als Standort am besten geeignet ist Torla am Eingang des Ordesa-Tals. In dem lebhaften Ferienort gibt es Unterkünfte verschiedener Kategorien, und in der Nähe befinden sich mehrere Campingplätze. Von hier aus sind es nur wenige Kilometer bis zum Parkplatz am Rande des Nationalparks, dem Ausgangspunkt verschiedener Wanderrouten. Entsprechend der Bedeutung des Ordesa-Tals als eine der touristischen Hauptattraktionen auf der spanischen Seite der Pyrenäen sind die Unterkünfte in Torla während der Monate Juli/August meist stark belegt, so daß sich eine Vorausbuchung empfiehlt.

Die Anreise erfolgt mit dem Auto von Frankreich aus über Lourdes und den Portalet-Paß nach Torla oder durch den Tunnel von Bielsa nach Aínsa. Von der spanischen Mittelmeerküste aus erreicht man Aínsa über Lérida. Eine Anreise ohne Pkw ist weniger empfehlenswert, da man den Ordesa-Nationalpark mit öffentlichen Verkehrsmitteln nicht erreichen kann. Als einzige Möglichkeit bietet sich die Anreise per Bahn bis Huesca an. Von dort verkehrt ein Linienbus nach Barbastro, das wiederum per Bus mit Aínsa verbunden ist. Die Linie endet talaufwärts von Aínsa in Boltaña. Die beiden Orte Torla und Bielsa sind nicht an das Busnetz angeschlossen.

Nicht versäumen sollte man einen Ausflug in die historische Stadt **Jaca** mit der wohl ältesten Kathedrale Spaniens aus dem 11. Jh. Jaca war die erste Stadt Spaniens, die von der Maurenherrschaft befreit wurde.

Auskünfte erteilen: Servicio Provencial de Comercio y Turismo de la Diputación General de Aragón, Avenida del Santo Grial, 6, E-22071 Huesca; Parque Nacional de Ordesa y Monte Perdido, Plaza de Cervantes, 5, E-22071 Huesca.

Transhumanz

Ähnlich wie in anderen Gebirgslandschaften des Mittelmeerraums hat sich in den Pyrenäen eine besondere Form der Viehhaltung, die *Transhumanz*, entwickelt. Dabei wird der klimatische Gegensatz zwischen Hochgebirge und Ebene auf recht engem Raum genutzt, indem man die Schafherden im Sommer auf die Gebirgsweiden treibt, ab Oktober dagegen auf gepachtete Weiden in den Ebenen, die den Pyrenäen beiderseits vorgelagert sind. Im Mai bringt man die Tiere auf Weiden in mittleren Höhen, bevor sie dann etwa im Juli wieder die Hochweiden erreichen. Im Durchschnitt beträgt die Entfernung zwischen Sommer- und Winterweide 30–75 km.

Der Weidewechsel wird in den Pyrenäen noch vielfach über die alten Triftwege vorgenommen. Besonders in Navarra und Aragón sind noch viele dieser Cañadas erhalten. Zu den Winterweidegebieten in Katalonien und im Roussillon gibt es allerdings erheblich größere Entfernungen zu überwinden. Andorranische Herden ziehen im Extremfall bis in die Camargue. Ähnlich sieht es im zentralen und westlichen Teil der französischen Pyrenäen aus, wo zahlreiche Pachtweiden bei Bordeaux oder im Armagnac (bei Toulouse) liegen. Diese Entfernungen werden heute mit Hilfe von Lastkraftwagen oder der Eisenbahn überbrückt.

26

Am Rande des Gletschers

Vom Valle de Pineta zum Circo de Lalarrí

Das Valle de Pineta, östlichstes der vier Täler des Ordesa-Nationalparks, ist Ausgangspunkt der Wanderung, die durch artenreiche Bergwälder und über die Llanos de Lalarrí, eine Almweide, zum Talschluß Circo de Lalarrí führt. Zahlreiche Wasserfälle und der Blick zum Gletscher des Monte Perdido machen den Reiz dieser Route aus.

i

WEGVERLAUF: Parador Nacional de Monte Perdido – Cascadas (50 Min.) – Llanos de Lalarrí (1 Std. 30 Min.) – Circo de Lalarrí (2 Std. 10 Min.) – Cascadas (3 Std. 15 Min.) – Campinggelände im Valle de Pineta (4 Std. 10 Min.) – Parador Nacional de Monte Perdido (4 Std. 30 Min.).

DAUER: 4 Std. 30 Min.

HÖHENUNTERSCHIED: Etwa 300 m.

SCHWIERIGKEITSGRAD: Mittelschwer.

WEGBESCHAFFENHEIT: Mäßig steiler An- und Abstieg auf gut ausgebauten Wegen.

AUSRÜSTUNG: Feste Bergschuhe, Wanderkleidung, Sonnenschutz.

JAHRESZEIT: Juni bis September.

KARTENMATERIAL: Parque Nacional de Ordesa y Monte Perdido. Mapa Esquemático 1:75 000. Camping Peña Montañesa. Oder Carte de Randonnées 1:50 000, Pyrénées, carte nº 4: Bigorre. Oder Mapa Topográfico Excursionista. Ordesa – Vignemale – Monte Perdido. 1:40 000, Editorial Alpina, Barcelona.

EINKEHRMÖGLICHKEIT: Im Parador Nacional am Ausgangs- und Endpunkt der Wanderung.

VERKEHRSANBINDUNG: Mit öffentlichen Verkehrsmitteln ist der Ausgangspunkt der Wanderung nicht zu erreichen. Von Bielsa mit Auto, Taxi oder zu Fuß (etwa 12 km) zum Parador Nacional im Valle de Pineta.

DER WANDERWEG

Unsere Wanderung beginnt am **Parador Nacional** im Valle de Pineta. Direkt vor dem Gebäude verläuft ein Pfad steil zum Río Cinca hinunter. Über eine schmale Holzbrücke gelangen wir an das andere Ufer. Dann wenden wir uns rechts und gehen am Fluß entlang auf einem bequemen Weg talaufwärts. In einer Flußbiegung vor einem Wasserfall verläßt der Weg das Ufer und führt geradeaus weiter. Die Stelle ist durch eine kleine Steinpyramide markiert. Zunächst durch schattigen Buchenwald, dann über eine freiere Fläche geht es genau auf die Wasserfläche im Hintergrund des Talkessels zu. Im Wald wird der Pfad schmaler, steiler und recht steinig.

Dann stoßen wir auf einen breiten Fahrweg (40 Min.) und gehen rechts. Der Weg führt zu den imposanten mehrfach gestuften **Cascadas** (Wasserfall), die sich tief in rötliches Kalkgestein eingeschnitten haben (50 Min.). Kurz vor dem Wasserfall weist rechts ein Schild mit der Aufschrift ›Camino de las Cascadas‹ zu einer kleinen Aussichtsterrasse hinunter. Nach diesem Abstecher überqueren wir den Wasserfall auf einer breiten Brücke. Hier lohnt ein Blick zurück. Hoch oben am Talrand ist der Gletscher des Monte Perdido zu erkennen.

Ein rot-weiß markierter, steiler Pfad quert den breiten Fahrweg. Wir wählen den bequemeren Weg und halten uns geradeaus. In Serpentinen führt die Piste durch eine Farnwiese steiler bergauf. Zur Linken erblicken wir wiederum den Gletscher. Zwei hohe Wasserfälle entspringen ihm, die sich auf halber Höhe vereinigen und gemeinsam 100 m weit in die Tiefe stürzen. Der Weg verläuft nun sanfter und mündet in die Almwiese **Llanos de Lalarrí** (1 Std. 30 Min.). Ein Schild zeigt nach links zum ›Camino del Montaspro‹. Um zum Ende des Talkessels zu gelangen, müssen wir jedoch der rot-weißen Markierung geradeaus folgen.

Der Weg führt an einem einzelnen Felsblock vorbei. Ein Metallkreuz ist auf seiner Spitze befestigt und eine Tafel erinnert an jene baskische Bergsteigerin, die 1980 in diesem Gebiet tödlich verunglückte. Nachdem ein trockenes Bachbett überquert ist, gabelt sich der Weg. Wir gehen links auf den großen Wasserfall am Ende des **Circo de Lalarrí** zu (2 Std. 10 Min.). Hier läßt es sich in grandioser Umgebung verweilen.

Für den Rückweg wählen wir zunächst den uns schon bekannten Weg. Wir passieren die **Cascadas** und bald

Wanderung 26: Vom Valle de Pineta zum Circo de Lalarrí

darauf auch die Abzweigung, an der wir auf dem Hinweg auf die breite Piste getroffen waren. Wir durchschreiten ein trockenes Bachbett, dann geht es auf dem Fahrweg durch schattigen Buchenwald fast unmerklich bergab. Eine beschilderte Abzweigung nach rechts lassen wir unbeachtet. Kurz darauf überqueren wir auf einer Brücke einen donnernden Wasserfall. Dies ist der Abfluß des Gletschers vom Monte Perdido.

Durch lichtes Gebüsch geht es hinab ins Tal. Eine weitere Abzweigung, die rechs hinauf zum ›Camino de la Cueva‹ führt, lassen wir ebenfalls unbeachtet. Kurz darauf passieren wir eine Kette (4 Std. 10 Min.). Dies ist die Grenze des Nationalparks. Quer durch das **Campinggelände** geht es auf die Informationshütte der Nationalparkverwaltung zu und über eine breite Brücke zum anderen Flußufer. Dort treffen wir auf die Straße und wenden uns links hinauf. Zur Rechten passieren wir zunächst die Einsiedelei Nuestra Señora de Pineta und erreichen kurz darauf den **Parador Nacional.**

In der Nähe der Einsiedelei Nuestra Señora de Pineta

AM WEGE

Am Nordosthang des **Monte Perdido** sind **Reste eines Gletschers** erhalten, der während der letzten Eiszeit das Tal des Río Cinca bis südlich von Bielsa ausfüllte und es zu einem Trogtal ausschliff. Der heutige Gletscher paßt sich als typischer Kargletscher dem Gelände an. Seine größte Breite beträgt etwa 1500 m, seine Fläche erreicht rund 46,5 ha. Er besitzt alle Eigenschaften eines Gebirgsgletschers, wie sie auch bei Alpengletschern gegeben sind: so fließt beispielsweise das Eis hangabwärts, es bilden sich Spalten, und er hinterläßt dort, wo das Eis abschmilzt, Gesteinsmoränen. Jedoch befindet er sich heute eindeutig auf dem Rückzug, ein Vorgang, der weltweit in den letzten Jahren zu beobachten ist. Bis 1953 reichte der Monte-Perdido-Gletscher noch auf 2250 m herunter, also etwa 150 m tiefer als heute. Damals wies er eine homogene Oberfläche auf. Heute ist er in zwei Abschnitte gespalten, die auf übereinanderliegenden Nischen der Karwand liegen und keine Verbindung mehr miteinander haben.

27

Die tiefe Schlucht des Río Vellos

In den Cañón de Añisclo

Zu den eindrucksvollsten Naturwundern der spanischen Pyrenäen gehört der Cañón de Añisclo, der sich Hunderte von Metern tief, fast senkrecht in das Kalkgestein de Monte-Perdido-Massivs eingeschnitten hat. Bemerkenswert ist der Reichtum der Vegetation tief unten in der Schlucht und an ihren Hängen in geschützter, südexponierter Lage. Am Ausgangspunkt der Wanderung kann man eine Einsiedelei und die Brücke von San Urbano (Urbez) besichtigen, letztere gilt als kleines architektonisches Meisterwerk. An zahlreichen Wasserfällen vorbei geht es bis zu den Wiesen von Ripareta, die inmitten eines herrlichen Gebirgspanoramas liegen.

i

WEGVERLAUF: Parkplatz am Cañón de Añisclo – Ermita de San Urbano (20 Min.) – Ripareta (ca. 3 Std. 15 Min.).

DAUER: Mit Rückweg 6 Std. 30 Min.

HÖHENUNTERSCHIED: Etwa 500 m.

SCHWIERIGKEITSGRAD: Mittelschwer; Trittsicherheit erforderlich.

WEGBESCHAFFENHEIT: Zunächst breit und bequem, dann schmaler und mit Steigungen verläuft der Wanderweg durch die Schlucht des Río Vellos.

AUSRÜSTUNG: Feste Bergschuhe, Wanderkleidung, Sonnenschutz.

JAHRESZEIT: Mai bis September.

KARTENMATERIAL: Parque Nacional de Ordesa y Monte Perdido. Mapa Esquemático 1:75 000. Camping Peña Montañesa. Oder Mapa Topográfico Excursionista. Ordesa – Vignemale – Monte Perdido. 1:40 000. Editorial Alpina, Barcelona.

EINKEHRMÖGLICHKEIT: Keine.

VERKEHRSANBINDUNG: Mit öffentlichen Verkehrsmitteln ist der Ausgangspunkt der Wanderung nicht zu erreichen. Von Escalona (zwischen Aínsa und Bielsa) mit Auto, Taxi oder zu Fuß (etwa 13 km) bis zum Parkplatz am Cañón de Añisclo (beschildert).

DER WANDERWEG

Vom Parkplatz am **Cañón de Añisclo** gehen wir auf der Straße ein Stück zurück, bis ein breiter Fußweg links abzweigt (10 Min.). Schilder weisen auf den Nationalpark hin. Es geht zunächst etwas bergab. Nach 100 m überqueren wir den Cañón auf einer neuen Beton-

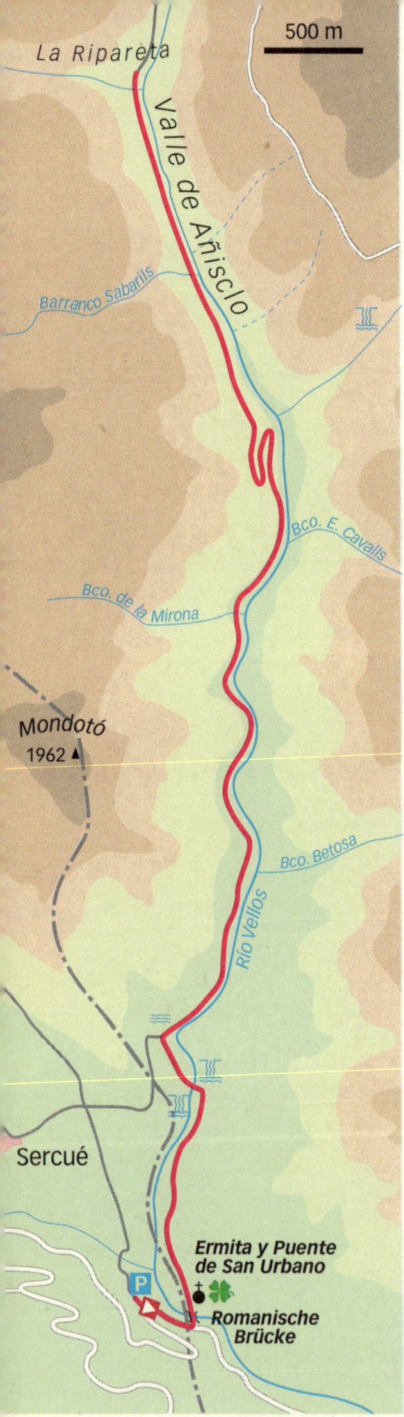

brücke. Direkt daneben steht noch die alte romanische Steinbrücke (Puente de San Urbano), die für die Fahrzeuge der Nationalparkverwaltung zu schmal geworden war. Von der Brücke aus schaut man gut 50 m in die tiefe, enge Schlucht des Río Vellos hinab.

Beim Weitergehen sehen wir links oben am Berg die Kapelle des kleinen Ortes Sercué liegen und erreichen kurz darauf die **Ermita de San Urbano** (20 Min.). Die Felsenkapelle erinnert so gar nicht an ein Gotteshaus: Sie besteht aus einer langen Mauer, die eine Felsnische verkleidet, in der ein kleiner Altar aufgestellt wurde.

Weiter geht es auf dem sehr bequemen, breiten und ebenen Wanderweg. Er führt zunächst bergab zur Talsohle. Hier erweitert sich die Schlucht etwas und geht in ein Waldstück über. Dort lebt die Gebirgsstelze *(Motacilla cinerea)*, die sich von unserer Bachstelze durch die zitronengelbe Färbung des Unterbauches unterscheidet. Sie lebt ganzjährig im Gebirge und baut ihr Nest in Uferhöhlungen.

Wir kommen an einem schönen, breiten Wasserfall vorbei und queren dann den Fluß auf einer Betonbrücke (45 Min.). Dahinter wird der Weg schmaler und steiler. Im Bogen geht es bergauf. Eine enge Seitenschlucht überschreiten wir auf einer kleinen Brücke und vernehmen wenig später ein lautes Tosen von rechts unten. Zwischen den Bäumen ist eine breite Kaskade zu erblicken, die wie ein Vorhang in ein türkisgrünes Wasserbecken fällt.

Das Tal erweitert sich, und eine Flußschlinge umfließt einen Felsvorsprung. Kurz darauf sprudelt zur Linken eine kleine Quelle aus dem Stein. Wir queren das fast ausgetrocknete Bett eines kleinen Wasserfalls (1 Std. 35 Min.). Der Weg ist hier mit Eisendrähten gesichert. Tief unten liegt nun der Fluß.

Wanderung 27: In den Cañón de Añisclo

Eine schmale Abzweigung nach rechts lassen wir unbeachtet. Von links mündet hier ein enges Tal; rechts versperrt ein riesiger Felsblock die Schlucht. Unser Weg verläuft zwischen großen Gesteinsbrocken und über einige Stufen in Serpentinen bergan. Hoch über dem Fluß wird die Steigung wieder sanfter. Wir durchschreiten ein weiteres trockenes Bachbett, in dem große Felsbrocken liegen (2 Std. 10 Min.). Kurz darauf ragt vor uns eine steile Felswand auf, und der Weg führt im Bogen zur Linken daran entlang aufwärts.

Kräftezehrend schraubt sich der Pfad den Hang hinauf. Noch zweimal überquert er das trockene Bachbett, dann stehen wir auf einer kleinen Bergwiese, auf der es nun sanft bergab geht. In einem Kieferngebüsch bietet sich von der nahen Felskante ein atemberaubender Ausblick nach rechts auf einen Wasserfall, der von der gegenüberliegenden Wand gut 100 m ins Flußbett hinabstürzt. Durch dichten Wald wandern wir weiter an der Felskante entlang auf dem nun schmaleren Pfad, der aber nirgends gefährlich wird.

Voraus kommt jetzt der Monte Perdido mit seinen Firnschneefeldern in Sicht. Bald sind wir wieder unten am Fluß, queren ein beinahe ausgetrocknetes Bachbett und vernehmen nun das starke Rauschen eines Wasserfalls, der aber noch nicht zu sehen ist. Kurz darauf ist das Ziel der Wanderung erreicht. Der Weg tritt aus dem Wald heraus auf die Wiese von **Ripareta** (3 Std. 15 Min.), die direkt am Fluß zum Rasten einlädt. Oberhalb des Wasserfalls fließt der Fluß hier träge in einem breiten, flachen Bett dahin. Das weite Tal von Pardina trifft an dieser Stelle auf das Haupttal des Río Vellos.

Auf dem Weg zum Cañón de Añisclo

AM WEGE

Brücke und **Einsiedelei von San Urbano** sind die einzigen Kulturdenkmäler im Bereich des Ordesa-Nationalparks. Die Errichtung der Ermita de San Urbano steht – wie der Bau vieler alter Einsiedeleien in den Zentralpyrenäen – in direktem Zusammenhang mit den harten Lebensbedingungen, denen die Menschen hier seit jeher ausgesetzt waren. Das extreme Klima, die isolierte Lage, die Furcht vor der schroffen Landschaft haben die Bergbewohner zum Bau von kleinen Kirchen und bescheidenen Einsiedeleien veranlaßt, deren einfaches Mauerwerk sich oft in Felsnischen einfügt und in der Landschaft fast verschwindet, so auch die Ermita de San Urbano. Kirchenfeste und Pilgerfahrten sind Höhepunkte im

Leben der Gebirgsbewohner, stellen das Gleichgewicht zur täglichen harten Arbeit und dem strengen Klima her. Auch San Urbano ist alljährlich im Frühjahr Ziel einer *Romería*, einer Pilgerfahrt, zu der die Bewohner der umliegenden Orte aufbrechen. Doch locken die besseren Lebensbedingungen viele Leute in die Städte, und die kleineren Dörfer sind oft schon verlassen oder nur noch von alten Leuten bewohnt.

Der Cañón de Añisclo

Dem Prozeß der Verkarstung verdankt der Cañón de Añisclo seine Entstehung. Während der letzten Eiszeit reichte der Añisclo-Gletscher bis über den Ort Broto hinaus und schuf ein sanftes, trogförmiges Tal. Reste davon sind oberhalb des heutigen Cañóns noch erhalten. Dort, wo heute der Río Vellos in einer bis zu 1000 m tiefen Schlucht fließt, befindet sich eine Schwächezone im Gebirgsmassiv. An dieser Linie konnten nach Abschmelzen des Gletschers Verkarstungsvorgänge das Gestein besonders leicht lösen, und es entstanden Karstschlote entlang der schon vorhandenen Klüfte. Das Wasser sickerte Hunderte von Metern tief bis zum Grundwasserspiegel, dem sogenannten Karstwasserkörper. Nach der Schneeschmelze jedoch war regelmäßig das Wasserangebot so groß, daß nur Teile davon versickern konnten und der Rest oberirdisch abfloß. Unter Ausnutzung der Klüfte und Schlote schnitt sich der Fluß alljährlich etwas tiefer ins Gestein und konnte so innerhalb von einigen tausend Jahren den heutigen, tiefen Cañón de Añisclo schaffen, in dem der Río Vellos auf nur wenigen Kilometern mehr als 2000 m Gefälle überwindet.

Río Vellos im Cañón de Añisclo

28

Im Land der Wasserfälle

Ins Ordesa-Tal

Dieser Wanderweg führt ins Kerngebiet des Ordesa-Nationalparks. Bemerkenswert sind sowohl die üppige Vegetation als auch die bizarren Felsformationen und zahlreichen Wasserfälle. Über die Cascadas, eine Serie breiter Wasserfälle im Flußbett des Río Arazas, geht es zu den Gradas de Soaso, wo der Fluß in zahlreichen Kaskaden hinunterstürzt. Unsere Wanderung endet im imposanten Talschluß Circo de Soaso.

i

WEGVERLAUF: Parkplatz im Valle de Ordesa – Cascada del Abanico (1 Std.) – Gradas de Soaso (2 Std. 20 Min.) – Puente de Soaso (3 Std. 15 Min.) – Puente de Arripas (5 Std. 20 Min.) – Parkplatz im Valle de Ordesa (6 Std. 30 Min.).

DAUER: 6 Std. 30 Min.

HÖHENUNTERSCHIED: Etwa 500 m.

SCHWIERIGKEITSGRAD: Mittelschwer.

WEGBESCHAFFENHEIT: Vom Parkplatz im Ordesa-Tal führt ein bequemer Weg zunächst sanft bergan. Nach einem etwas steileren Anstieg werden die Gradas de Soaso erreicht. Zuletzt geht es auf einem schmaleren Weg quer über eine Almwiese.

AUSRÜSTUNG: Feste Bergschuhe, Wanderkleidung, Sonnenschutz.

JAHRESZEIT: Mitte Juni bis Ende September.

KARTENMATERIAL: Parque Nacional de Ordesa y Monte Perdido. Mapa Esquemático 1:75 000. Camping Peña Montañesa. Oder Carte de Randonnées 1:50 000, Pyrénées, carte nº 4: Bigorre. Oder Mapa Topográfico Excursionista. Ordesa – Vignemale – Monte Perdido. 1:40 000. Editorial Alpina, Barcelona.

EINKEHRMÖGLICHKEIT: Restaurant am Parkplatz (Ausgangs- und Endpunkt der Wanderung).

VERKEHRSANBINDUNG: Mit öffentlichen Verkehrsmitteln ist der Ausgangspunkt der Wanderung nicht zu erreichen. Von Torla mit dem Auto, Taxi oder zu Fuß (etwa 8 km) zum Parkplatz im Valle de Ordesa.

DER WANDERWEG

Vom Parkplatz am Eingang des Ordesa-Nationalparks im **Valle de Ordesa** führt ein breiter Weg auf der linken Seite des Flußbetts durch hohen Wald talaufwärts. Schon bald gabelt sich der Weg, und wir gehen rechts weiter, dem Schild Richtung ›Circo de Soaso‹ fol-

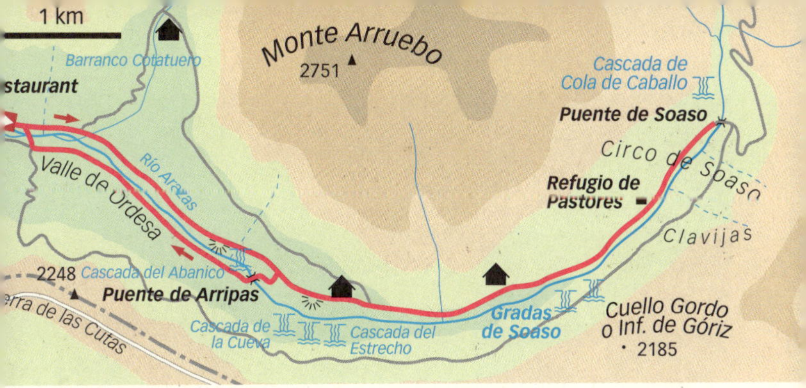

Wanderung 28: Ins Ordesa-Tal

gend. Auf einer Brücke queren wir den Bach, der vom Cotatuero-Talschluß hinunterstürzt (20 Min.). Wenige Minuten später führt rechts eine Brücke über den Fluß, die wir uns für den Rückweg merken. Zunächst geht es geradeaus weiter.

Bald verläuft der Weg hoch über dem Fluß in dichtem Wald. Links zweigt ein Pfad ab, der jedoch lediglich eine weite Kurve des breiten Weges abschneidet. Die Piste führt jetzt in Serpentinen bergauf. Wir überschreiten einen Bach, der in mehreren Stufen zu Tal fällt, und erreichen bald darauf eine Aussichtsterrasse (1 Std.), von der aus sich ein lohnender Blick auf den breiten Wasserfall **Cascada del Abanico** (›Fächer-Kaskade‹) bietet. Weiter geht es auf der kurvenreichen Piste bergauf. Eine steile Abzweigung links kürzt wiederum eine Wegkurve ab. An der nächsten Gabelung gehen wir links, dem Schild Richtung Gradas folgend.

Dann zweigt rechts vor einer Mauer ein Weg steil nach unten ab (1 Std. 20 Min.). Wir lassen ihn unbeachtet. Wenige Meter weiter weist ein Schild nach rechts unten zum ›Mirador‹. Wir können hier einen kleinen Abstecher zu einer Aussichtsterrasse machen, von der aus wiederum eine Kaskade zu sehen ist. Am Ende der Mauer biegt schließlich ein weiterer Pfad zu einem Aussichtspunkt direkt oberhalb des Wasserfalls ab.

Danach geht es wiederum in Serpentinen bergauf. Wir passieren eine kleine Schutzhütte und können 50 m weiter eine langgezogene Rechtskurve durch einen steilen Pfad abkürzen. An einer Gabelung zeigt ein Schild mit der Aufschrift ›Cotatuero‹ nach links. Wir aber gehen geradeaus weiter Richtung ›A la Pradera‹.

Der Weg führt nun leicht bergab und verläuft danach fast eben durch lichte Landschaft, direkt am Bach entlang. Voraus öffnet sich das Tal des Río Arazas. Wir passieren eine zweite Schutzhütte. Hier befindet sich ein Rastplatz. Dahinter wird der Pfad schmaler, steiniger und steiler. Wir kommen an einem Schild mit der Aufschrift ›Cola-Caballo‹ vorbei. Kurz darauf sind die **Gradas de Soaso** erreicht (2 Std. 20 Min.), ein

Der Ordesa-Nationalpark läßt sich auch mit Maultieren erwandern

kaskadenartiger Wasserfall. Hier stürzt der Fluß nacheinander viele breite Stufen hinunter.

Voraus kommt jetzt schon der Talschluß Circo de Soaso in Sicht. An den oberen Hängen ›kleben‹ das ganze Jahr über kleine Firnschneefelder. Wir überschreiten auf einer Brücke einen Seitenbach. 50 m weiter überqueren wir einen weiteren Bach, der als kleiner Wasserfall vom Hang herunterstürzt. Beide Gewässer entspringen Karstquellen, wie man von unten deutlich erkennen kann. Kurz darauf durchschreiten wir ein ausgetrocknetes Bachbett und kommen anschließend an der steinernen Schutzhütte Refugio de Pastores vorbei.

Wir halten jetzt auf den Talschluß zu. Im hinteren Teil treffen wir auf eine riesige Felsklippe, an der wir rechts vorbeigehen. Dann erreichen wir eine Holzbrücke, die **Puente de Soaso** (3 Std. 15 Min.), die über das hier fast völlig ausgetrocknete Flußbett führt. Damit ist das Ziel der Wanderung erreicht. Wir können noch bis zu dem fächerförmig nach unten verbreiterten Wasserfall, der Cascada de Cola de Caballo (›Pferdeschwanz-Wasserfall‹), klettern.

Anschließend gehen wir zunächst auf dem uns schon bekannten Weg zurück, bis wir links zu einer breiten Abzweigung Richtung ›Cascadas‹ gelangen. Sie führt uns bergab zu einer Holzbrücke, der **Puente de Arripas** (5 Std. 20 Min.). Durch schattigen Wald geht es nun auf der anderen Seite des Río Arazas sanft talabwärts. Zur Rechten liegt der Aussichtspunkt ›Mirador del paso de los bucandos‹ auf einer Felsnase. Von dort aus kann man nochmals die Cascada del Abanico betrachten. Auf einer breiten Holzbrücke überqueren wir den Fluß (ca. 6 Std.) und treffen dahinter wieder auf die vom Hinweg bekannte Piste.

In Kaskaden stürzt der Río Arazas die Gradas de Soaso hinunter

Der Pilgerpfad nach Santiago de Compostela

Bei Roncesvalles erreichen die Pyrenäengipfel nur noch mittlere Höhen. Während die östlich des Ibañeta-Passes gelegenen Berge mit dem Ortzantzurieta (1569 m) noch eher Gebirgscharakter aufweisen, dehnt sich in westlicher Richtung ein Hügelland aus, dessen auffälligster Gipfel, der Lindux, sich auf 1221 m erhebt. Gneise und kristalline Schiefer bauen diese Berge auf. Nach Süden, zum Ebro-Tal hin, wird der alte Gebirgskern dann von Sedimentgesteinen bedeckt. Mehrere Sierren aus Kalkgestein, wo schräggeneigte Gesteinspakete schroff aus der Ebene herausstehen, sind der zentralen Gebirgskette vorgelagert. Vom Gipfel des Ortzantzurieta aus kann man weit in diese Schichtkammlandschaft hineinblicken.

Tälchen und Abhänge sind dicht mit montanem Buchenwald bedeckt, der durch die Nähe des Atlantiks und die damit verbundene hohe Feuchtigkeit und das ausgeglichene Klima geprägt ist. Im Schatten der Bäume wächst mit der Stechpalme *(Ilex aquifolium)* eine recht frostempfindliche und zugleich trockenheitsunverträgliche Art. Der Unterwuchs enthält zahlreiche Farnarten und den Violetten Fingerhut *(Digitalis purpurea)*. Die auffallenden Lärchenbestände am Osthang des Lindux sind im Rahmen der Forstwirtschaft angelegt worden. Von Natur aus kommt die Lärche nicht in den Pyrenäen vor.

Pilger auf dem Weg nach Santiago de Compostela

Die flachere, unbewaldete Gipfelregion wurde vor langer Zeit abgeholzt und dient bis heute als Weidefläche. Eine Heidelandschaft ist entstanden, in der Besenheide *(Calluna vulgaris)*, Glockenheide *(Erica tetralix)* und Heidelbeere *(Vaccinium myrtillus)* dominieren.

Die Tierwelt von Navarra ist noch recht unverfälscht erhalten geblieben und präsentiert sich sehr vielseitig. Besonders erwähnenswert sind die Gänsegeier *(Gyps fulvus)*, die in Schwärmen von zehn und mehr Tieren die Gipfel umkreisen. Sie ernähren sich nicht nur von Aas, sondern schlagen auch Maulwürfe, die in großer Zahl auf den Weideflächen der Gipfelregion leben.

In kleineren Tümpeln, die nicht von Forellen besiedelt sind, trifft man häufig den Spanischen Wassermolch *(Triturus boscai)*, der nur auf der Iberischen Halbinsel vorkommt. Der kleine Molch, der nur knapp 10 cm lang wird, ähnelt unserem Teichmolch. Er ist olivgrün gefärbt, mit dunklen Punkten an den Flanken. Ständig führen die etwas kleineren männlichen Tiere ihre Balztänze auf.

Zwei seltene Libellenarten entdeckt man hier an Fließgewässern, nämlich die Zweigestreifte Quelljungfer *(Cordulegaster boltoni)*, die durch ihre Größe und ihre schwarzgelbe Färbung auffällt, und die Gebänderte Prachtlibelle *(Calopteryx splendens)*, die etwas kleiner und leuchtend blau bis blaugrün gefärbt ist. Beide Libellenarten bevorzugen natürliche Gebirgsbäche und sind in Mitteleuropa durch die ständig fortschreitende Verbauung der Gewässer stark gefährdet.

Ausgangspunkt der beschriebenen Wanderungen ist der Weiler Roncesvalles, der mit einem angenehmen Hotel (Posada) auch als Standort in Frage kommt. Ebenfalls geeignet

Ländliche Idylle in den Dörfern Navarras

ist der nahegelegene Ort Burguete, in dem es mehrere Gasthöfe gibt. Ein schöner Campingplatz liegt etwa 2 km außerhalb von Burguete an der Straße nach Pamplona.

Mit öffentlichen Verkehrsmitteln sind Roncesvalles und Burguete von Frankreich aus nicht zu erreichen. Reisende ohne Pkw können mit der Eisenbahn über Paris nach Bayonne und weiter per Bus nach St-Jean-Pied-de-Port fahren. Mit dem Taxi kann man von dort nach Roncesvalles und Burguete gelangen. Von Pamplona besteht eine Busverbindung nach Burguete, von wo aus man per Taxi nach Roncesvalles fahren kann.

Lohnend ist ein Abstecher nach **Pamplona**, der ehemaligen Hauptstadt des Königreichs Navarra. Aus dieser Zeit sind noch zahlreiche Bauten erhalten, und im Juli feiert Pamplona ein ausgelassenes Volksfest, die Feria de San Fermín.
Auskünfte erteilt: Dirección General de Turismo del Gobierno de Navarra, Avenida del Ejército, 2, E-31071 Pamplona.

St-Jean-Pied-de-Port

Roncesvalles

Roncesvalles wurde durch die Rolandssage berühmt. Am Ibañeta-Paß oberhalb des Ortes soll beim Rückzug Karls des Großen nach seinem kurzen Spanienfeldzug im Jahre 778 die Nachhut von Basken und Mauren überfallen und vollständig vernichtet worden sein (s. auch Kapitel ›Basken, Mauren und Franken‹, S. 36 f.). Dabei fiel auch der legendäre Roland (Hruotland), Graf der Bretagne. Das altfranzösische Rolandslied zu seinen Ehren entstand erst im 11. Jh. Es gilt als schönstes Gedicht des Mittelalters. Verfaßt wurde es vermutlich von dem Normannen Turoldo. Fahrende Sänger verbreiteten die Legende in ganz Europa. Die Heldensage wurde in den verschiedensten Formen überliefert und ist bis heute lebendig geblieben, wobei im Laufe der Zeit das eine oder andere fabulöse Element hinzugefügt wurde, um die Niederlage der fränkischen Truppen aufzuwerten und als entscheidenden Kampf des Christentums gegen den Islam darzustellen.

Seit Menschengedenken stand am Ibañeta-Paß eine kleine Kapelle, die Ermita de San Salvador. Im Jahr 1071 wurde sie erstmals urkundlich erwähnt. Die Überlieferung schreibt ihre Gründung Karl dem Großen zu, sie dürfte jedoch älter gewesen sein. An der gleichen Stelle ließ Bischof Sancho von Larrosa 1127 eine Pilgerherberge errichten zum Schutz gegen winterliche Kälte, Wölfe und Wegelagerer, denen zuvor viele Reisende zum Opfer gefallen waren. Bald erwies sich die Lage des von Augustinermönchen geleiteten Hospitals auf der Paßhöhe jedoch als zu unsicher, und man verlegte die Herberge schon 1137 an einen günstigeren Platz, nämlich nach Roncesvalles am Südabhang des Gebirges.

Auch ein Kreuz soll einst am Ibañeta-Paß gestanden haben, das mit Karl dem Großen in Verbindung gebracht wird. Tatsächlich gab es dort im 16. Jh. ein sogenanntes Rolandskreuz, das jedoch lediglich dazu diente, die Grenze der Diözesen von Bayonne und Pamplona zu markieren. Heute findet man am Ibañeta-Paß einen Neubau der Kapelle San Salvador sowie ein Rolandsdenkmal aus dem Jahre 1967.

Roncesvalles wurde bald zu einer der wichtigsten Stationen am Jakobsweg. Unzählige Pilger wanderten, von Frankreich kommend, auf der alten Römerstraße über den Ibañeta-Paß Richtung Pamplona und weiter nach Santiago de Compostela. Im Jahr 812 war dort angeblich das Grab des Apostels Jakob entdeckt worden. Aber erst vom 11. Jh. an nahmen die Pilgerreisen der Gläubigen aus ganz Europa zu und hielten bis zum ausgehenden Mittelalter unvermindert an.

Nicht nur Pilger schätzten die Herberge von Roncesvalles, auch die Herrscher von Navarra bewiesen durch wertvolle Geschenke und Gewährung zahlreicher Vorrechte immer wieder ihre Vorliebe für das Kollegiat. Das königliche Stift

Stiftskirche von Roncesvalles: Gotisches Fenster im königlichen Pantheon

wurde wohlhabend und konnte zeitweise pro Jahr bis zu 30 000 Essensportionen, ausgeben, bestehend aus Brot, Wein, Suppe und Fleisch. Doch mit dem Ende des Mittelalters kam der Verfall. Wiederholte Feuerkatastrophen, interne Streitigkeiten innerhalb des Augustinerordens und etliche Kriegswirren im 16. Jh. stürzten das Stift in eine Krise.

Nach einer ruhigeren Zeit mußten dann die Mönche während des Krieges der konservativen Kräfte Europas gegen das aufständische Frankreich 1793 erstmals das Hospital verlassen. Französische Truppen besetzten die Gebäude, steckten einige Häuser in Brand und benutzten die Kirchen als Unterkünfte. Auch zerstörten die Franzosen damals das sogenannte Rolandskreuz am Ibañeta-Paß, um, wie sie es nannten, die Beleidigung zu rächen, die der französischen Nation seit langer Zeit widerfahren sei. Sie wollten sich nicht mehr weiter demütigen lassen durch ein Monument, das an die siegreiche Schlacht der Basken gegen die Franken erinnerte.

Die Karlistenkriege des 19. Jh. brachten erneute Schwierigkeiten. Nach der Eroberung Navarras durch die liberalen Truppen im Ersten Karlistenkrieg kam es unter der Regentin María Cristina zur Verfolgung und Unterdrückung aller kirchlichen Orden. Das Vermögen der Klöster sollte versteigert werden. Doch der Protest war groß, und Roncesvalles wurde schließlich von der Verfügung ausgenommen. Noch einmal mußten die Mönche dann 1873 während des Dritten Karlistenkrieges das Stift verlassen und konnten erst nach Kriegsende (1876) zurückkehren.

Ältestes Gebäude von Roncesvalles ist die Kirche Espiritu Santo. Früher nahm man an, daß Karl der Große hier seine in der Schlacht gefallenen Kampfgenossen hatte beerdigen lassen, daher trägt das Gebäude auch den Namern ›Silo de Carlomagno‹ (Leichenkammer Karls des Großen). Tatsächlich befindet sich auch unter der quadratischen Kirche eine Grabhöhle. Doch wurden hier einst die im Hospital verstorbenen Pilger beigesetzt. Der Kirchenbau stammt eindeutig nicht aus dem 8. Jh., wahrscheinlich wurde er erst später, im 12.

Jh. errichtet. Zudem fehlen jegliche Hinweise auf Reste älterer Bauten.

Unmittelbar neben dem ›Silo Karls des Großen‹ steht die Kirche Santiago, auch Pilgerkirche genannt. Sie ist dem spanischen Schutzheiligen und Apostel Jacob geweiht. Gleichartige Kirchen säumten einst den Jakobsweg. Sie dienten der Orientierung der Pilger und bereiteten als Orte der Verehrung und Andacht die Gläubigen auf den Höhepunkt der Pilgerfahrt, die Ankunft in Santiago de Compostela, vor. Angeblich ließ Sancho VII., der Starke, von Navarra (1154–1234) die Iglesia de Santiago im 13. Jh. erbauen. Die Glocke stammt aus der alten Kapelle San Salvador de Ibañeta. Ihr Läuten wies verirrten und Hilfe suchenden Pilgern den Weg zur Herberge von Roncesvalles.

Ebenfalls unter Sancho dem Starken wurde die Stiftskirche Santa María (um 1220) errichtet. Ihr frühgotischer Stil war ursprünglich stark von den französischen Kathedralen der Ile-de-France beeinflußt und damit einzigartig für das damalige Spanien. Nicht immer stilgerechte Umbauten im Spätmittelalter, während des Barock und auch in jüngerer Zeit veränderten ihr Gesicht stark und nahmen ihr zum Teil die einstige Eleganz.

Mittelpunkt des dreischiffigen Baus und Zentrum der Verehrung ist die Statue ›Unserer Lieben Frau von Roncesvalles‹, auch ›Königin der Pyrenäen‹ genannt. Majestätisch thront die fast vollständig mit Silber belegte Madonnenfigur unter einem Baldachin auf dem Hochaltar. Es handelt sich um eine Arbeit aus Toulouse (um 1300), die eine ältere, romanische Statue aus der früheren Kirche ersetzte.

Der ursprünglich gotische Kreuzgang wurde im Winter des Jahres 1600 durch das Gewicht auflastenden Schnees zerstört. 1615 baute man einen neuen, solideren Kreuzgang, an den sich unmittelbar der ehemalige Kapitelsaal aus dem 14. Jh. anschließt. Er dient heute als königliches Pantheon. In der Saalmitte steht der einfache Steinsarg, der die sterblichen Reste Sanchos des Starken und seiner Gemahlin enthält, darüber eine überlebensgroße, liegende Statue des Königs. Vom einst reich ausgestatteten Mausoleum König Sanchos, das sich bis 1622 in der Stiftskirche befand, blieb nichts außer dieser Statue erhalten.

Ein Glasfenster in der Südwand des Kapitelsaals bildet die Schlacht von Las Navas de Tolosa (1212) ab, in der die christlichen Staaten Spaniens den entscheidenden Sieg gegen die Mauren errangen. Dargestellt ist der Augenblick, in dem König Sancho die Ketten zerbricht, die das Zelt des Maurenkönigs Miramamolin umgeben hatten. Er nahm diese Ketten als Trophäen mit nach Navarra. Fragmente der Kette hängen an der Wand des Kapitelsaals.

29

Auf den Gipfel der Gänsegeier

Von Roncesvalles zum Lindux

Der Reiz dieser Waldwanderung liegt in der Verbindung kultureller Höhepunkte mit einem einmaligen Naturerlebnis. Ausgangspunkt ist Roncesvalles, berühmt durch die Rolandssage, bekannt auch als Pilgerstation auf dem Jakobsweg nach Santiago de Compostela. Die Route verläuft durch einen mitteleuropäisch anmutenden Buchenwald mit solch vielfältiger Fauna, wie sie bei uns heute nicht mehr zu finden ist. Dann geht es zum Doppelgipfel des Lindux mit seinen prähistorischen Grabstätten und weiter zum Ibañeta-Paß, dort erinnert das Rolandsdenkmal an den legendären Sieg der Basken über die Nachhut Karls des Großen beim Zug über die Pyrenäen.

i

WEGVERLAUF: Roncesvalles – Lindux (2 Std. 20 Min.) – Puerto de Ibañeta (3 Std. 30 Min.) – Roncesvalles (4 Std. 30 Min.).

DAUER: 4 Std. 30 Min. (ohne Besichtigungszeiten).

HÖHENUNTERSCHIED: Etwa 300 m.

SCHWIERIGKEITSGRAD: Leicht bis mittelschwer; Orientierung stellenweise schwierig.
Wer sich die Orientierung beim Aufstieg auf den Lindux nicht zutraut, der kann den Gipfel auch über den Ibañeta-Paß erreichen. Dazu folgt man der Wegbeschreibung in umgekehrter Richtung. Der Rückweg erfolgt genauso.

WEGBESCHAFFENHEIT: Ein Waldweg führt zunächstt sanft, dann steiler zum Lindux hinauf. Auf einem breitem Fahrweg, später auf einem schmalerem Waldweg geht es zurück nach Roncesvalles.

AUSRÜSTUNG: Feste Wanderschuhe, Regenschutz.

JAHRESZEIT: April bis Oktober.

KARTENMATERIAL: Cartografía Militar de España. Mapa general. 1 : 50 000. Valcarlos 26–6 (91).

EINKEHRMÖGLICHKEIT: Hotel ›La Posada‹ in Roncesvalles.

BESICHTIGUNGSZEITEN: Das Museum im Kloster von Roncesvalles ist geöffnet vom 1. Juni bis 30. September täglich 11–13.30 und 16–18 Uhr, sonst nur an Sonn- und Feiertagen.

VERKEHRSANBINDUNG: Von Burguete mit dem Auto, Taxi oder zu Fuß (etwa 3 km) nach Roncesvalles.

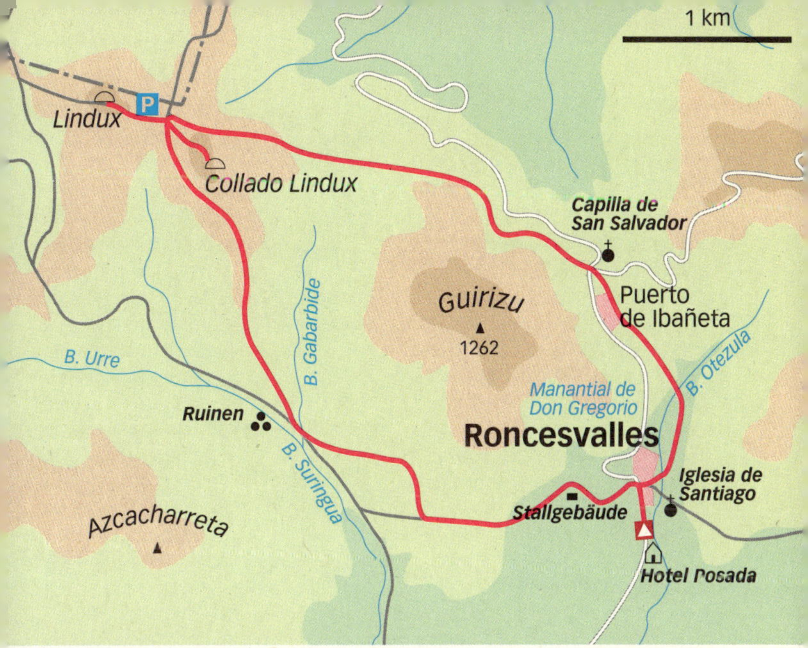

Wanderung 29: Von Roncesvalles zum Gipfel des Lindux

DER WANDERWEG

Vom Parkplatz am Hotel ›La Posada‹ in **Roncesvalles** gehen wir an der Straße etwa 100 m bergauf und biegen dann links zwischen den beiden Gebäuden der ehemaligen Pilgerherberge in einen Fahrweg ein. Hinter den Häusern treffen wir nach ungefähr 50 m auf ein Tor. Für Autos ist der Weg von hier ab gesperrt, Fußgänger können aber rechts neben dem Tor den Zaun mit Hilfe einer kleinen Holztreppe überqueren und gelangen so auf eine breite Eschenallee. Nach weiteren 100 m gabelt sich der Weg. Wir halten uns rechts, folgen dem Feldweg über eine Schafweide und gehen auf ein großes Stallgebäude zu.

Am Waldrand (15 Min.) müssen wir einen Bach überschreiten und treffen 50 m weiter auf einen breiten Fahrweg, auf dem wir erst rechts hinauf und dann links gehen. Parallel zum Hang führt der Weg nun durch hochstämmigen Buchenwald.

An der nächsten Kreuzung (35 Min.) folgen wir dem orangefarbenen Pfeil nach rechts auf einen breiten Waldweg und gehen kurz darauf an einer Gabelung links, also sanft bergab. Nach 200 m gabelt sich der Weg erneut. Hier wenden wir uns nach rechts, um durch eine Farnwiese steiler bergab zu steigen. Schon bald gilt es, ein sumpfiges Bachbett zu queren; dahinter führt der Weg als Wiesenpfad wieder sanft bergauf. Hier müssen wir aufpassen, da der Wegverlauf nur undeutlich zu erkennen ist. Man muß sich etwas nach rechts halten, auf eine flache, etwa 50 m entfernte Kuppe zu. Dort geht es dann links auf dem nun wieder breiteren Weg bergab. Von rechts oben kommt ein Weg, den wir nicht beachten. Kurz darauf stoßen wir auf einen Stacheldrahtzaun (45 Min.). Dahinter verläuft ein breiter Fahrweg. Der Zaun muß überstiegen werden (etwa 100 m weiter rechts gibt es eine Holztreppe), dann folgen wir dem Fahrweg nach rechts, gemächlich talaufwärts.

Der Weg quert den Bach (1 Std. 10 Min.), der von nun an zu unserer Rechten fließt. Kurz darauf passieren wir die Ruinen mehrerer Gebäude; dann gabelt sich der Weg. Wir gehen rechts, dem orangenen Pfeil folgend, an einem kleineren Bach entlang. Zwei kleine Täler treffen zusammen (1 Std. 40 Min.), genau auf dem Rücken dazwischen verläuft der Weg. Er ist wiederum mit einem orangefarbenen Pfeil markiert. Nach einigen Metern gehen wir auf dem breiteren Weg links weiter.

Wiederum gabelt sich der Weg (1 Std. 45 Min.), und wir folgen dem orangefarbenen Pfeil nach links. Ganz allmählich führt der Weg am rechten Talrand bergauf. Dann verläuft er wieder steiler, und ein schmaler Pfad zweigt nach links ab, den wir nicht beachten. Zuletzt wird der Anstieg sehr steil und anstrengend. An einer Gabelung (2 Std.) gehen wir rechts hinauf, wiederum dem orangefarbenen Pfeil folgend. 20 m weiter zweigt erneut ein Weg ab, wir gehen links, auf einem breiten, grasbewachsenen Waldpfad.

Am oberen Ende des Tales treffen wir auf einen hangparallelen Weg, den wir überqueren, um quer durch den Wald bis zum Sattel aufzusteigen. Dort stoßen wir auf ein Gatter. Davor halten wir uns links, auf den Gipfel des **Lindux** zu (2 Std. 20 Min.). Nun ist der Tumulus auf der höchsten Erhebung deutlich zu erkennen. Auch auf dem Nachbargipfel im Osten gibt es eine ähnliche Begräbnisstätte. Er ist ebenfalls leicht zu besteigen. Von beiden, waldfreien Kuppen genießt man eine hervorragende Rundumsicht.

Der Abstieg zum Ibañeta-Paß beginnt am Parkplatz unterhalb des östlichen Gipfels. Durch ein Gatter treten wir auf den Fahrweg und wandern zunächst steil bergab, dann wieder sanft bergauf. Wir kommen an einem Haus vorbei; bald mündet von rechts ein Weg, den wir nicht beachten. Nach 3 Std. 30 Min. ist der **Puerto de Ibañeta** erreicht.

Gegenüber der Straße sehen wir die moderne Kapelle San Salvador, daneben befindet sich ein Parkplatz. Auf einer kleinen Kuppe hinter der Kapelle steht das Rolandsdenkmal. Hinter dem Parkplatz führt rechts ein rot-weiß markierter Weg ins Tal hinunter. Diesem folgen wir am linken Talrand in den Wald hinein. Die Straße verläuft nun jenseits des Baches. An einer Gabelung (4 Std.) geht es rechts hinunter, wenige Minuten später an einer weiteren Abzweigung ebenfalls rechts. Schließlich treffen wir auf einen breiten Fahrweg und folgen ihm nach rechts Richtung Roncesvalles, dessen Gebäude man von hier aus schon sehen kann. Ein Tor ist zu passieren. Dann gehen wir hinter der Stiftskirche an der Klostermauer entlang links auf einem Pflasterweg weiter und kommen bald an eine Treppe, die zwischen der Kirche Santiago und dem ›Silo Karls des Großen‹ rechts hinauf zum Parkplatz von **Roncesvalles** führt.

Während einer Prozession bei Roncesvalles

Tumuli, Cromlechs und Menhire

Den Gipfel des Lindux nimmt ein *Tumulus* (Hügelgrab) der Megalithkultur ein (s. auch ›Die Pyrenäen im Dunkel der Vorgeschichte‹, S. 31 f.). Ähnliche Tumuli finden sich auf anderen Erhebungen der Umgebung. Es handelt sich um riesige Begräbnisstätten, in denen oft Hunderte von Toten in Steingräbern (Dolmen) bestattet wurden. Anschließend bedeckte man die Gräber mit Erde und schichtete sie zu einem flachen Hügel auf.

Der Grund für diese Erdbedeckung ist unbekannt, ebenso ungeklärt ist, ob hier nur hierarchisch hochgestellte Persönlichkeiten oder ob alle Toten im Tumuli beerdigt wurden. Vieles spricht dafür, daß die Hügelgräber zu Beginn des 2. Jh. v. Chr., also in der Blütezeit der Megalithkultur, errichtet wurden und danach bis in die keltische Zeit hinein immer wieder als Begräbnisstätte dienten.

Die bedeutendsten Tumuli befinden sich zwischen 600 und 1000 m Höhe. In höheren Lagen, wie z. B. auf dem Lindux, findet man dagegen kleinere Tumuli, der geringeren Bevölkerungsdichte in diesen Gebieten entsprechend. Seßhafte, zum Teil noch in Höhlen lebende Hirten, die eine Form der Wanderweidewirtschaft (›*Transhumanz*‹, s.S. 175) betrieben, bestatteten hier ihre Toten.

Der Tumulus auf dem Lindux war von einem Steinkreis umgeben, den man heute nur noch erahnen kann. Bei diesen sogenannten *Cromlechs* (von bretonisch *crom* = krumm, *lech* = Stein) handelt es sich um Opferplätze der Megalithkultur. *Menhire* (Opfersteine) wurden im Kreis oder Halbkreis angeordnet und dienten sehr wahrscheinlich dem Sonnenkult. Überreste von Tierknochen sprechen dafür, daß an diesen Stellen der Gottheit Blutopfer dargebracht wurden.

30

Auf den Spuren Napoleons

Von Roncesvalles auf den Gipfel des Ortzantzurieta

Diese Wanderung führt zum höchsten Berg der Umgebung von Roncesvalles, dem Ortzantzurieta (1569 m), der eine hervorragende Rundumsicht bietet. Die waldfreie Gipfelregion wird von Geierschwärmen umkreist. Zurück führt der Napoleonweg, den einst die französischen Truppen wählten, als sie Spanien zu erobern hofften.

WEGVERLAUF: Roncesvalles – Burreguieta-Rücken (2 Std.) – Ortzantzurieta (ca. 3 Std.) – Burreguieta-Rücken (3 Std. 50 Min.) – Roncesvalles (5 Std.).

DAUER: 5 Std. mit Rückweg.

HÖHENUNTERSCHIED: Etwa 600 m.

SCHWIERIGKEITSGRAD: Mittelschwer; Orientierung stellenweise schwierig. Einfacher ist der Aufstieg zum Ortzantzurieta über den Ibañeta-Paß. Dazu folgt man der Wegbeschreibung 29 in umgekehrter Richtung bis zum Paß und wendet sich dann rechts auf dem geteerten, wenig befahrenen Weg Richtung Ortzantzurieta.

WEGBESCHAFFENHEIT: Nach steilem Aufstieg führt ein geteerter Fahrweg zum Ortzantzurieta.

AUSRÜSTUNG: Feste Wanderschuhe, Wanderkleidung.

JAHRESZEIT: April bis Oktober.

KARTENMATERIAL: Mapa Topográfico Excursionista. Roncesvalles. 1 : 40 000. Editorial Alpina, Barcelona.

EINKEHRMÖGLICHKEIT: Hotel ›La Posada‹ in Roncesvalles.

VERKEHRSANBINDUNG: Von Burguete mit dem Auto, Taxi oder zu Fuß (etwa 3 km) nach Roncesvalles.

DER WANDERWEG

Am Parkplatz vor dem Hotel ›La Posada‹ in **Roncesvalles** geht es los. Zwischen dem ›Silo Karls des Großen‹ und der Kapelle steigen wir eine Treppe hinab, unten wenden wir uns links. Der Weg führt zunächst an der Stiftskirche und dem Kloster vorbei und dann geradeaus weiter durch ein Tor. An einem Bach halten wir uns talaufwärts. Links zweigt ein Weg in ein Nebental ab (10 Min.), doch wir bleiben auf dem Fahrweg.

Kurz hintereinander queren wir zweimal den Bach. Zwei kleine Nebentäler münden wenig später von links, aber wir gehen am Hauptbach weiter und überschreiten diesen noch mehrmals. Dann kommen wir an eine Tal- und Weggabelung (40 Min.) und folgen dort dem kleineren Bach nach rechts. Durch dicht bewaldeten Talgrund geht es aufwärts, bis nach wenigen Minuten drei kleine Täler zusammentreffen. Unser Weg steigt am rechten Rand des linken, größten Tales steil an. Er ist bald nur noch als schmaler Pfad auszumachen. Später verläuft er auf dem Bergrücken zwischen dem linken und dem mittleren Tal weiter.

Sobald wir auf einen beinahe hangparallelen Pfad treffen (55 Min.), folgen wir diesem nach links, bis er sich im linken Tal verläuft. Quer durch den Wald, ein Weg ist hier nicht zu erkennen, steigen wir wiederum steil bergauf und halten uns dabei an den rechten Rand des Tälchens. Nach einem Aufstieg von etwa 30 m treffen wir erneut auf einen schmalen, hangparallelen Pfad (1 Std.). Wir queren ihn und steigen bis auf den Bergrücken. Dabei gilt es, auf einen deutlich sichtbaren Felsen zuzuhalten.

Nach einem Aufstieg von weiteren 60 m kreuzt unser Pfad nochmals einen Weg. Er ist, wie die anderen auch, sichtlich selten begangen. Wir halten nun direkt auf die rechte, unsere Felsengruppe zu (1 Std. 10 Min.), gehen noch etwa 40 m geradeaus weiter und treffen an der jenseitigen Kante des Bergrückens auf den sogenannten Napoleonweg, einen regelmäßig begangenen Waldweg, der mit rot-weißen Zeichen und gelben Pfeilen markiert ist. Ihm folgen wir nach links, also bergauf.

An einer Weggabelung zeigt die gelbe Markierung nach rechts, die rot-weiße nach links. Wahlweise können beide Wege benutzt werden, da sie schon bald wieder zusammentreffen. Der rechte Weg ist schmaler und steiler. Rechts bergauf geht es anschließend weiter.

Kurz darauf wird der Blick auf die unbewaldeten Gipfel des Ortzantzurieta (rechts, mit Sendemast) und des Mendimotz (links) frei. Wir passieren die Ruine einer Steinhütte (2 Std.) und steigen im nun wieder dichteren Wald auf der linken Seite des **Burreguieta-Rükkens** steil bergauf bis zu der wenig befahrenen Teerstraße zum Ortzantzurieta. Dieser folgen wir nach rechts durch eine Heidelandschaft. Von hier oben kann man ganz Navarra überblicken. Im Vordergrund liegen Roncesvalles und Burguete.

An einer Straßengabelung (2 Std. 20 Min.) halten wir uns rechts und folgen dem schmaleren Fahrweg. Er führt hangparallel auf den Mendimotz zu. Beide Fahrwege treffen später wieder zusammen. Unterhalb des Mendimotz-Gipfels geht es geradeaus weiter.

Wanderung 30: Von Roncesvalles auf den Gipfel des Ortzantzurieta

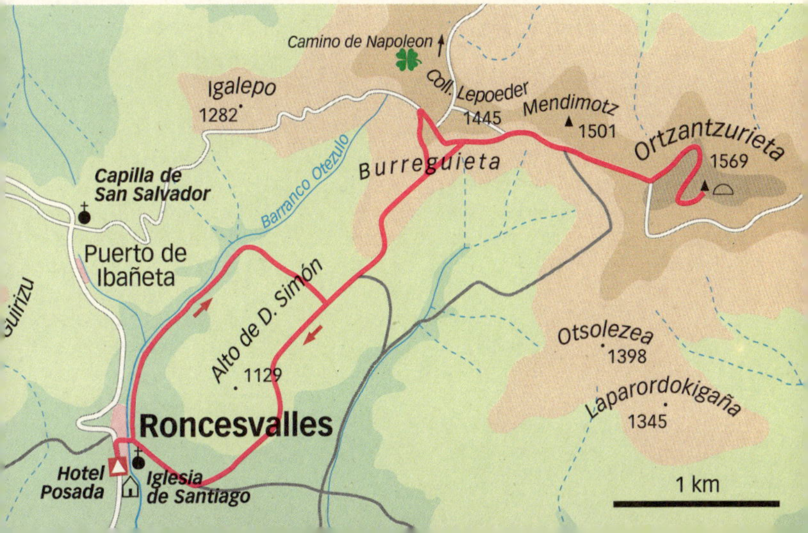

In der Ferne sind die gezackten Formen der Zentralpyrenäen zu erkennen. Erneut gabelt sich die Straße, und links erreichen wir den Gipfel des **Ortzantzurieta** (ca. 3 Std.). Oben steht ein Sendemast, und die höchste Stelle (1569,8 m) ist durch einen geodätischen Vermessungspunkt markiert. Man kann hinaufklettern und die Rundumsicht genießen. Jetzt ist auch deutlich zu erkennen, daß der Gipfel von einem Tumulus (s. Wanderung 29) gekrönt wird.

Für den Rückweg wählen wir zunächst wieder die Asphaltstraße, bis wir die Stelle erreichen, an der der rot-weiß markierte Napoleonweg kurz vor einem bewaldeten Tälchen die Straße kreuzt (3 Std. 50 Min.). Hier, auf dem **Burreguieta-Rücken**, sind wir auf dem Hinweg heraufgekommen, und jetzt gehen wir hier wieder hinunter, stets der rot-weißen Markierung folgend.

An der unteren Felsengruppe, an der wir auf dem Hinweg den Napoleonweg getroffen hatten, bleiben wir jetzt auf dem markierten Weg. Er führt über eine vorgelagerte Kuppe und dann wieder abwärts, zunächst sanft, dann steiler. Einen weiteren Weg, der von links oben kommt, lassen wir unbeachtet. 30 m danach treffen wir auf eine Gabelung. Hier gehen wir rechts weiter, gelbe Pfeile und rot-weiße Markierungen dienen zur Orientierung.

Unser Weg mündet in einen breiten Fahrweg, der bergab zum Kloster von Roncesvalles führt. Wir queren den Bach und gehen geradeaus auf ein Tor zu. Dieses passieren wir und steigen zur Kapelle hinauf. Links daneben führt eine Treppe zum Parkplatz in **Roncesvalles.**

AM WEGE

Im Jahre 1808 drangen napoleonische Truppen über die Pyrenäen nach Spanien vor, um das Land zu besetzen. Dabei benutzten sie unter anderem den als **Napoleonweg** bekannten Pfad bei Roncesvalles, der heute als Wanderweg gepflegt wird. Während des fünfjährigen Unabhängigkeitskrieges waren starke französische Einheiten in Roncesvalles stationiert, die zwar die Mönche respektierten, jedoch durch hohe Steuern dem Kloster erhebliche Vermögenseinbußen bescherten. Nur durch den Verkauf von Grundstükken und Mobiliar konnten die finanziellen Mittel für den Unterhalt der Truppen erbracht werden.

1808 marschiert Napoleon mit seinen Truppen in Spanien ein

Die baskische Küste

Die baskische *Corniche* hat sich seit ihrer ›Entdeckung‹ im vorigen Jahrhundert durch die spanischen und französischen Herrscherhäuser zu einem beliebten Ferienzentrum entwikkelt. Bis weit in den Herbst hinein kann man im Atlantik baden, und die angrenzende aquitanische Küste mit ihrem schier endlos scheinenden Sandstrand und den zahlreichen Strandseen ist heute ein riesiges Surferparadies.

Ruhige Oberflächenformen kennzeichnen diese Landschaft. Bestes Beispiel dafür ist der Rhune, aus rötlichem Gneis aufgebaut, der den Einheimischen seit jeher als Baumaterial dient. An der Küste des Baskenlandes tauchen die Falten des Gebirges in den Atlantik ab. Dort ist eine malerische Felsküste entstanden, an der sich breite Sandstrände mit steilen, von der Brandung zernagten Klippen abwechseln.

Die Nähe der Atlantikküste äußert sich in einem besonders feuchten, ausgeglichenen Klima, das einen fast reinen Buchenwald gedeihen läßt. In der kollinen Stufe ist er reich an Unterwuchs, in dem Brombeeren *(Rubus sp.)* und Stechpalme *(Ilex aquifolium)* vorherrschen. Hier und da ist eine Traubeneiche *(Quercus petraea)* eingestreut. Dort, wo der Wald abgeholzt wurde, um Weideflächen Platz zu machen, bedecken Farne und teils auch Seggen die Hänge – ein Zeichen für die ganzjährig außerordentlich hohe Luftfeuchtigkeit.

Unmittelbar in Meeresnähe wächst oberhalb der Klippen nur noch niedriges Gebüsch oder Farngestrüpp. Die kargen Felsstandorte werden von salz- und windresistenten Pflanzenarten besiedelt, die im Naturschutzgebiet von Abbadia bei Hendaye bewahrt werden sollen.

Unterkünfte stehen an der französischen Atlantikküste in großer Auswahl zur Verfügung. Die Badeorte Biarritz, St-Jean-de-Luz und Hendaye besitzen zahlreiche Hotels, Pensionen, Ferienhausanlagen und Campingplätze und eignen sich gleichermaßen als Standorte. Engpässe dürfte es allenfalls in den Hochsommermonaten Juli und August geben, wenn alle Franzosen gleichzeitig in Urlaub fahren.

Von allen genannten Orten sind die Ausgangspunkte der beschriebenen Wanderungen leicht mit öffentlichen Verkehrsmitteln zu erreichen. Daher eignet sich das Baskenland in besonderem Maße für Reisende ohne eigenen Pkw. Die Anreise erfolgt sowohl per Bahn als auch per Auto über Paris, Bordeaux und Bayonne.

Eine besondere Sehenswürdigkeit ist das **Doppelhöhlensystem von Isturits und Oxocelhaya**, dessen Besuch man auf keinen Fall versäumen sollte. Die Höhle von

Isturits birgt zahlreiche vorgeschichtliche Funde, und die nahegelegene Grotte von Oxocelhaya besticht durch schöne Tropfsteinbildungen.
Auskünfte erteilt: Agence Touristique du Pays Basque, B. P. 147, F-64108 Bayonne Cédex.

Schon im letzten Jahrhundert war Biarritz ein mondäner Badeort

Das Pelota-Spiel

Unter den verschiedenen baskischen Ballspielen, die sich einer lebendigen Tradition erfreuen, ist die Pelota das bekannteste. Popularität gewann dieser Sport in unserem Jahrhundert dank der herausragenden Spielerpersönlichkeit Joseph Apesteguy (1881–1950), den man auch Chiquito de Cambo nannte. Beim Großen Spiel, der beliebtesten Variante der Pelota, stehen sich zwei Mannschaften mit je drei Spielern auf dem steinharten Feld gegenüber, das an der Stirnseite mit einer Spielwand *(frontón)* ausgestattet ist. Die Spieler schlagen abwechselnd die Pelota, ein Geschoß etwa von der Größe eines Tennisballs, gegen die Wand. Der Ball muß zwar elastisch, zugleich aber auch recht hart sein. Eine Lederhaut umgibt den Holz- oder Gummikern, dazwischen wird zur Federung Wolle gestopft. Zum Schlagen verwenden die Spieler die *Chistera*, eine Art Korb, der an den Unterarm geschnallt wird. Bei anderen Varianten benutzt man Holzschläger oder spielt mit der bloßen Hand. Der von der Wand abgeprallte Ball wird von einem Spieler der gegnerischen Mannschaft entweder aus dem Flug oder nach einem ersten Aufspringen zurückgeschlagen. Dabei darf er nicht über die Spielfeldgrenzen geraten.

31

Mit der Zahnradbahn auf den Aussichtsberg des Baskenlandes

Der Rhune

Ein großartiges Panorama erwartet den Wanderer vom Aussichtsberg des Baskenlandes, dem Rhune. Eine altertümliche Zahnradbahn aus den zwanziger Jahren, fährt zum Gipfel. Oben verläuft die französisch-spanische Grenze. Auf spanischer Seite hat sich ein kleines Einkaufsparadies zum Erwerb steuergünstiger Waren entwickelt. Über Farnwiesen und durch Lebensbaumwäldchen geht es zurück nach Ascain.

i

WEGVERLAUF: Ascain – Etchegaraya (30 Min.) – Talstation am Col de St-Ignace (1 Std. 10 Min.) – Bergstation am Rhune – Col Zizkouitz (1 Std. 40 Min.) – Ascain (3 Std.).

DAUER: 3 Std. (zuzüglich 30 Min. Fahrtzeit mit der Zahnradbahn und bis zu 1 Std. Wartezeit an der Talstation).

HÖHENUNTERSCHIED: Bergauf etwa 150 m, bergab etwa 900 m.

SCHWIERIGKEITSGRAD: Mittelschwer mit langem, steilem Abstieg; Orientierung teilweise schwierig.

WEGBESCHAFFENHEIT: Auf bequemem Weg erreichen wir von Ascain aus zunächst die Talstation der Zahnradbahn, die bis zum Gipfel des Rhune hinauffährt. Ein langer, steiler Abstieg führt nach Ascain zurück. Nicht trittsichere Wanderer sollten den Abstieg vom Rhune vermeiden und mit der Zahnradbahn hinunterfahren. Von der Talstation kann man wie auf dem Hinweg nach Ascain zurückkehren oder auch mit dem Bus über Ascain nach St-Jean-de-Luz fahren.

AUSRÜSTUNG: Feste Bergschuhe, Wanderkleidung, Sonnenschutz.

JAHRESZEIT: Ostern, Pfingsten, 1. Juli bis 30. September (Verkehrszeiten der Zahnradbahn).

KARTENMATERIAL: Carte de Randonnées 1:50 000, Pyrénées, carte nº 1: Pays Basque Ouest.

EINKEHRMÖGLICHKEIT: Mehrere Bars und Restaurants an der Tal- sowie Bergstation der Zahnradbahn.

FAHRZEITEN DER ZAHNRADBAHN: Der Zug auf den Rhune fährt alle 30 Min. Allerdings muß im Juli und August mit bis zu 1 Std. Wartezeit gerechnet werden. Fahrkarten werden nicht im voraus verkauft, sondern erst nach Abfahrt des Zuges für den jeweiligen nächsten. Es ist in jedem Fall empfehlenswert, frühzeitig einzutreffen, um dem großen Andrang der Ausflügler und Wanderer am späten Vormittag zu entgehen.

VERKEHRSANBINDUNG: Mit der Bahn nach St-Jean-de-Luz. Von dort mit dem

Wanderung 31:
Der Rhune

Bus (Abfahrt am Bahnhof der S.N.C.F.) nach Ascain (im Juli/August viermal täglich außer an Sonn- und Feiertagen).

DER WANDERWEG

Ausgangspunkt ist die Kirche von **Ascain.** Wir wenden uns links, gehen etwa 200 m an der Straße nach Sare entlang und biegen an der nächsten Kreuzung rechts ab, dort zeigt ein Schild ›La Rhune à Pied‹ an. Aber schon nach weiteren 50 m verlassen wir den Fußweg zum Rhune und gehen einen Fahrweg links hinein. Ein Schild weist das Tal hinauf nach Etchegaraya.

Einige Minuten später passieren wir ein Gehöft und gleich darauf einen Tennisplatz. Hinter einer Brücke liegt rechts der uralte Bauernhof Haranaderrea. Später wandern wir durch eine kleine Platanenallee. Voraus sieht man schon die Häuser von **Etchegaraya.** Eine Abzweigung nach links beachten wir nicht. 150 m weiter, vor einem Müllcontainer, gabelt sich der Fahrweg (30 Min.). Links geht es nur zu einem Farmgelände. Wir aber halten uns rechts hinauf und folgen dem Fahrweg durch den kleinen Weiler. Der Weg steigt in einem Tälchen steiler an. Oben auf dem Berg stehen weitere Häuser. Hier geht es geradeaus weiter, also auf keinen Fall den Pfad nach rechts hinauf einschlagen!

Der Asphaltweg endet bald darauf. Rechts führt an dieser Stelle eine steile Auffahrt zu einem Haus. Wir wählen jedoch den linken Feldweg, der in einen verwilderten Buchenwald führt. Nachdem ein kleines Tal durchquert ist, geht es stets geradeaus auf dem breiten Weg weiter.

Nach 200 m zweigt rechts hinauf ein breiter, mit einem Gatter versperrter Weg ab. Hier wandern wir auf einem schmalen Weg links ins Gebüsch hinein. Eine weitere Abzweigung nach rechts (1 Std.) beachten wir nicht. Oben am Hang ist ein Bauernhof zu erblikken, dann führt der Weg wieder in den Wald hinein. Unvermittelt tauchen zwei Häuser auf, zwischen denen unser Weg verläuft, um dahinter auf eine Straße zu treffen. Links geht es auf einen Parkplatz zu. Auf der rechten Seite liegt die Station der Zahnradbahn am **Col de St-Ignace** (1 Std. 10 Min.).

Der heilige Berg

La Rhune (ursprünglich Larrun) ist die baskische Bezeichnung für einen guten Weideplatz. Dies deutet auf eine uralte Nutzungsform des Berges hin, die bis heute erhalten blieb. Aber auch als heiliger Berg hatte der Rhune eine Funktion. Der Fund einer diskoidalen Stele aus dem Jahr 33 deutet an, daß auf dem Gipfel einst ein Druidentempel gestanden haben dürfte. Diskoidale Stelen findet man heute noch häufig auf den Friedhöfen des Baskenlandes als Grabsteine. Sie werden von einer scheibenförmigen Steinplatte gekrönt, die beidseitig seltsame Ornamente trägt.

Als die Naturreligion dem Christentum weichen mußte, gründete man auf dem Rhune die Einsiedelei Olhain. Während des 16. Jh. wurde sie vorübergehend verlassen, und der Berggipfel verwandelte sich nun – ebenso wie der Strand von Hendaye – in einen Schauplatz für Hexensabbate. Bis zu 12 000 Personen sollen sich mehrmals im Jahr hier versammelt haben, um den Teufel anzubeten und schwarze Messen zu feiern. Diese Veranstaltungen gingen mit Orgien aller Art einher. Die Behörden waren dagegen weitgehend machtlos. Erst im 17. Jh. zogen dann wieder Kaplane in die Eremitei ein, die damals von vier umliegenden Gemeinden unterhalten wurde. Die endgültige Zerstörung der Einsiedelei erfolgte während der Französischen Revolution. 1793 im Krieg gegen Spanien errichteten die revolutionären Truppen hier eine Schanze, die sich später als recht nutzlos erwies. Die Einsiedelei wurde anschließend nicht wieder aufgebaut.

1859 bestieg die französische Kaiserin Eugénie, Gemahlin Napoleons III., den Rhune. Ihr zu Ehren wurde bei dieser Gelegenheit ein Denkmal eingeweiht, ein Obelisk, gekrönt von einem Bronzeadler. Eine Inschrift auf dem Sockel erinnert an das Ereignis. Den Bronzeadler entfernten die Deutschen während des Zweiten Weltkriegs, da alles Metall eingezogen wurde. In den Wirren des Befreiungskrieges erlitt dann auch der Obelisk bei der Zerstörung der deutschen Radarstation, die auf dem Gipfel gestanden hatte, große Schäden. Von dem Denkmal blieb kaum mehr als der Sockel mit der Inschrift erhalten.

Die herrliche Rundumsicht macht den Rhune zu einem außerordentlich attraktiven Berg. Deshalb wurde schon zu Anfang des Jahrhunderts eine Zahnradbahn geplant, die den Touristen den anstrengenden Aufstieg ersparen sollte. Von 1912–1924, durch den Ersten Weltkrieg unterbrochen, währten die Bauarbeiten, bis am 30. Juni 1924 die Bahn schließlich eingeweiht werden konnte. Der Tourismus im Baskenland erhielt dadurch erheblichen Auftrieb. Auf der 4200 m langen Strecke überwindet der Zug 830 m Höhenunterschied. Heute sind die altmodischen Holzwaggons aus den zwanziger Jahren eine Attraktion.

Nach halbstündiger Fahrtzeit erreicht die altertümliche Bahn die Bergstation am Gipfel des **Rhune**. Von hier aus sind es nur wenige Meter bis zum höchsten Punkt (900 m), an dem eine Orientierungstafel aufgestellt wurde. Ein Schild markiert die französisch-spanische Grenze, die genau über den Gipfel verläuft. Jenseits der Grenze haben sich einige spanische Geschäfte angesiedelt, die vor allem steuergünstige Alkoholika anbieten. Wir steigen zum unteren dieser Läden hinunter, der sich etwas abseits in östlicher Richtung befindet. Links am Haus vorbei führt ein breiter, blau-weiß markierter Weg weiter bergab. Wir passieren ein verlassenes und verbarrikadiertes Steingebäude. Dann ist der Panoramablick auf die spanische Seite des Gebirges frei. Verstreut liegen unten zwischen Hecken und Waldflecken die typischen weißen Baskenhäuser mit den roten Dächern.

Der holprige Fahrweg verläuft im Bogen steil bergab zum **Col Zizkouitz**, einem Sattel vor einer kleinen Kuppe (1 Std. 40 Min.). Rechts des Weges steht ein Grenzstein, und an dieser Stelle zweigen mehrere schmale Pfade ins Farngebüsch hinein ab. Auf dem ganz rechts gelegenen Pfad kommen wir nach wenigen Metern an einem niedrigen Steinkreuz vorbei. Nun wieder auf französischer Seite führt der Pfad am Hang des Rhune entlang auf eine kleine Lebensbaumpflanzung zu und geradeaus in den Wald hinein. Wenig später ist eine kleine Kuppe erreicht, hier stehen links des Weges an einer Felsengruppe die Ruinen eines Hirtenunterstandes. Von hier aus geht es steil bergab. Wir queren ein Bachbett und gelangen über eine Farnwiese auf einen breiten Weg (2 Std. 5 Min.).

Diesem Weg folgen wir etwa 200 m nach links hinunter bis zu einer weiteren Lebensbaumgruppe. Dort zweigen zwei Pfade nach rechts ab. Wir wählen den linken und überqueren eine Farnwiese. Ein schmales Rinnsal wird überschritten, und auf der anderen Seite geht es durch einen kleinen Wald weiter. Dahinter führt der Pfad steil bergab und quert einen weiteren Bach. Zurückblickend sind jetzt die drei Bäche zu erkennen, die den Trois Fontaines (Drei Quellen) entspringen und hier im Tal zusammenfließen. Wieder überschreiten wir einen der Bäche, dann verläuft der Weg am linken Talhang entlang.

An einer Gabelung gehen wir rechts hinunter. Der Weg wird breiter und sehr steinig und führt mehr oder weniger steil bergab. Rechts unten kommt ein Steinbruch in Sicht, voraus bietet sich ein schöner Ausblick auf Ascain und St-Jean-de-Luz. Wir passieren die Ruine eines Hauses und kurz darauf einen Motocrossplatz. Dann gabelt sich der Weg. Rechts versperrt ein Steinbalken die Durchfahrt. Wir gehen links um die Kurve und treffen nach 150 m auf einen Parkplatz. Von hier aus geht es stets auf der Straße bergab. An der ersten Gabelung halten wir uns rechts, danach stets geradeaus, an schönen, teils neuen, teils alten Baskenhäusern vorbei, bis wir schließlich wieder an der uns schon bekannten Straßenkreuzung stehen, von der aus es nur wenige Schritte nach links bis zur Kirche von **Ascain** sind.

In St-Jean-de-Luz

32 Durch das Naturschutzgebiet von Abbadia

Rund um Hendaye

Ausgangspunkt ist der Bahnhof von Hendaye-Plage. Quer durch den Ort und am Strand entlang geht es auf die Klippen hinauf, wo sich das Naturschutzgebiet von Abbadia ausdehnt. Von dort ergeben sich immer wieder schöne Ausblicke auf die Bucht von Hendaye, auf bizarre, vom Meer zernagte Felsformationen und nicht zuletzt auf das Schloß von Abbadia.

i

WEGVERLAUF: Bahnhof Hendaye-Plage – Chapelle Ste-Anne (10 Min.) – Centre Hélio Marin (ca. 30 Min.) – Pointe Ste-Anne (ca. 1 Std.) – Maison Nekatoenia (1 Std. 20 Min.) – Route de Corniche (1 Std. 45 Min.) – Bahnhof Hendaye-Plage (2 Std.).

DAUER: 2 Std. mit Rückweg.

HÖHENUNTERSCHIED: Etwa 50 m.

SCHWIERIGKEITSGRAD: Leicht.

WEGBESCHAFFENHEIT: Bequemer Weg hoch über den Klippen der Atlantikküste.

AUSRÜSTUNG: Leichte Wanderschuhe, Sonnenschutz.

JAHRESZEIT: Frühjahr bis Herbst.

KARTENMATERIAL: Carte de Randonnées 1:50 000, Pyrénées, carte nº 1: Pays Basque Ouest.

EINKEHRMÖGLICHKEIT: Nur in Hendaye-Plage.

VERKEHRSANBINDUNG: Mit der Bahn nach Hendaye-Plage. Mit dem Auto von der Strandpromenade in Hendaye-Plage (an der Kapelle Ste-Anne vorbei) landeinwärts halten bis zum Bahnhof.

DER WANDERWEG

Die Wanderung beginnt am Bahnhof **Hendaye-Plage**, wo es auch genügend Parkmöglichkeiten für Fahrzeuge gibt. Wir verlassen den Bahnhof, wenden uns nach links und gehen gleich darauf am Kreisverkehr rechts hinunter. Durch ein Villenviertel führt die Straße geradeaus auf die **Chapelle-Ste-Anne** zu. Um das Kirchengebäude geht es rechts herum und in die zweite Straße rechts hinein. Diese mündet direkt auf der Strandpromenade (10 Min.). Dort wenden wir uns rechts und wandern entweder direkt am Strand oder oben auf der Promenade nach Nordosten.

Links zurück liegt auf der spanischen Seite die Halbinsel Fuenterrabía, voraus fällt der Blick auf die zwei isoliert stehenden, von der Brandung stark zernagten Jumeaux-Felsen vor dem Kap Pointe Ste-Anne. Das Ende der Strandpromenade ist bald erreicht. Spätestens am Poste de Secours (Rettungsstation) heißt es, zum Strand hinunterzusteigen. Dort geht es noch ein Stück weiter. Oben rechts ist jetzt schon das Schloß Abbadia über den Klippen zu sehen. Nach wenigen Minuten treten wir hinter dem Strand rechts durch eine Öffnung in der Mauer auf eine schmale, geteerte Straße, die am Behindertensportplatz des **Centre Hélio Marin** vorbei hinauf auf die Klippen führt (ca. 30 Min.).

Nach etwa 150 m zweigt links ein Schotterweg ab, dem wir aufwärts bis zu einer Sperre folgen. Ein Schild weist darauf hin, daß wir uns nun im Naturschutzgebiet Abbadia befinden. Kurz darauf gabelt sich der Weg. Links verläuft ein Pfad genau auf einen der Jumeaux-Felsen zu. Von nun an halten wir uns nah an dem Steilabhang zur Linken. Immer wieder führen kurze Abzweigungen an die Kante und eröffnen schöne Ausblicke auf die Felsküste.

Auf diese Weise umrunden wir auch die große Halbinsel der **Pointe Ste-Anne.** Vorn an der Spitze steht ein Obelisk (ca. 1 Std.), kurz darauf kommen wir an Bunkerruinen aus dem Zweiten Weltkrieg vorbei. Wenig später ist von der Kliffkante aus die sich nach Nordosten fortsetzende Steilküste zu erblicken. Dann geht es über eine große Wiese direkt auf das Schloß Abbadia zu. Ein Zaun verhindert das weitere Vordringen auf dem Privatgelände. Von hier aus kann man sich links haltend noch beliebig lange auf dem Küstenweg Richtung St-Jean-de-Luz weitergehen und anschließend an diese Stelle zurückkehren.

Wir wenden uns nun nach rechts und folgen einem Wiesenweg am Zaun entlang. Bald ist ein kleines Waldstück durchquert; dahinter stoßen wir auf das Gehöft **Nekatoenia** (1 Std. 20 Min.). Zwischen den Gebäuden des Hofes verläuft ein Schotterweg hindurch, der bald darauf zu einem kleinen Gatter führt. Dahinter treffen wir auf eine Gabelung. Rechts geht es zum Strand hinunter, wir aber wählen den geteerten Weg nach links zu einem Campingplatz hinauf. Oberhalb des Campingplatzes geht es rechts etwas bergab, und dann verlassen wir durch ein Tor das Naturschutzgebiet und halten uns geradeaus; zur Linken befindet sich ein zweiter Campingplatz.

Wanderung 32: Rund um Hendaye

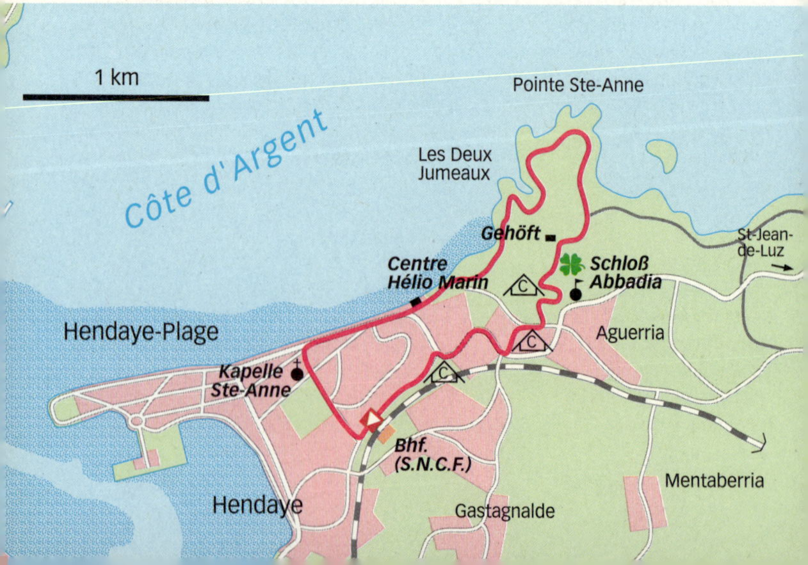

Hendaye-Plage

Die Hauptstraße, die **Route de Corniche** (1 Std. 45 Min.), überqueren wir und folgen ihr ein Stück bergab. Bald gelangen wir zu einem weiteren Campingplatz, hinter dem wir links in eine schmale Straße einbiegen. Voraus ist nun schon der Bahndamm zu sehen. An einer Straßengabelung halten wir uns geradeaus, Richtung Bahnhof, gehen also nicht unter dem Bahndamm hindurch. Dann ist bald der Bahnhof **Hendaye-Plage** erreicht.

AM WEGE

Inspiriert durch Modelle mittelalterlicher Wehrschlösser ließ Antoine d'Abbadie d'Arrast zwischen 1862 und 1870 das **Schloß Abbadia** erbauen. Der Sohn einer reichen baskischen Familie, die nach Irland ausgewandert war, interessierte sich schon frühzeitig für die Wissenschaften. Seine besondere Vorliebe galt der Geographie, der Astronomie und der orientalischen Kultur. Als Forscher führte er ein bewegtes Leben, blieb aber stets seiner Heimat, dem Baskenland, verbunden und erwarb dort schließlich um die Lebensmitte herum ein 340 ha großes Grundstück zwischen Hendaye und St-Jean-de-Luz, um sein Schloß zu errichten.

Der imposante Bau beherbergt unter anderem ein astronomisches Observatorium, eine Druckerei sowie eine Kapelle. Abbadie vermachte das Schloß in seinem Testament der französischen Akademie der Wissenschaften. Heute dient es einem ihrer ständigen Schriftführer als Wohn- und Arbeitsstätte und ist daher der Öffentlichkeit nicht zugänglich.

Auf der Hafenmole von Socoa

eedol

ABBILDUNGSNACHWEIS

Archiv für Kunst und Geschichte (Berlin) S. 33, 35 oben, 43, 45, 117, 200
Bongartz, Marianne (Köln) Titelvignette unten rechts
Heeb, Christian (St. Gallen) S. 56/57
Hoffmann, Wolfgang (Bochum) S. 17 Mitte, 23, 24, 25 rechts, 112, 139, 181
Imm, Gerhard (Mühlheim/Main) Titelvignette oben, S.138
Jeiter, Michael (Merzenich) S. 10, 39, 190
Jung, Georg (Hamburg) Titelbild, Titelvignette unten Mitte, Rückseite Mitte, S. 1, 9, 14/15, 17 oben und unten, 18, 25, 27, 78, 128/129, 130, 131, 135, 136, 141, 148, 162 unten, 169, 170, 172/173, 178, 186, 187, 189, 192, 202/203, 204, 205, 208/209, 214/215
Lipps, Susanne (Düsseldorf) S. 59, 69, 91, 93, 116, 121, 125 oben, 132, 133, 140, 182, 183
Okapia (Frankfurt/Main) S. 26
Richner, Werner (Saarlouis) S. 82/83, 88, 94, 100, 104, 108/109
Thiele, Klaus (Warburg) S. 196
Thomas, Martin (Aachen) S. 11, 20, 21, 29, 34, 35 unten, 38, 47, 51, 52/53, 62, 64, 66, 72/73, 74, 95, 98, 103, 107, 120, 125 unten, 143, 146, 151, 152/153, 157, 185, 210, 213
Transglobe (Hamburg) Titelvignette unten links, Rückseite unten, S. 49, 85
VISUM (Hamburg) S. 40, 162 oben
White Star (Hamburg) 188

Alle übrigen Abbildungen stammen aus den Archiven der Autorin und des Verlages.

Bitte schreiben Sie uns, wenn sich etwas geändert hat!

Alle in diesem Buch enthaltenen Angaben wurden von der Autorin nach bestem Wissen erstellt und von ihr und dem Verlag mit größtmöglicher Sorgfalt überprüft. Gleichwohl sind – wie wir im Sinne des Produkthaftungsrechts betonen müssen – inhaltliche Fehler nicht vollständig auszuschließen. Daher erfolgen die Angaben ohne jegliche Verpflichtung oder Garantie des Verlags oder der Autorin. Beide übernehmen keinerlei Verantwortung und Haftung für etwaige inhaltliche Unstimmigkeiten. Wir bitten dafür um Verständnis und werden Korrekturhinweise gerne aufgreifen.
DuMont Buchverlag GmbH & Co., Mittelstraße 12–14, 50672 Köln.

Informationen von A–Z

ANREISE

Mit dem **Pkw** sind die Pyrenäen auf dem französischen Autobahnnetz (gebührenpflichtig) bequem zu erreichen. Die Anfahrt erfolgt entweder über Lyon auf der A 7 bis Orange und weiter auf der A 9, die südlich von Perpignan Anschluß an die spanische A 7 Richtung Barcelona hat, oder über Paris auf der A 10 nach Bordeaux und von dort auf der N 10 Richtung Bayonne oder auf der A 62 und D 932/934/935 nach Tarbes.

Mit der **Bahn** besteht ebenfalls Anschluß über Lyon nach Perpignan und von dort Richtung Spanien oder nach Font-Romeu, das auch über Toulouse zu erreichen ist. Außerdem bestehen über Bordeaux Verbindungen an die baskische Atlantikküste, nach Lourdes und über den Somport-Paß nach Aragón. Eine interessante Alternative für Autofahrer sind die Autoreisezüge, die verschiedene Ziele in Südfrankreich direkt anfahren.

Auch eine Anreise per **Bus** ist möglich. Europabuslinien verkehren regelmäßig über Paris/Bordeaux/Irún nach Portugal und über Lyon/Perpignan nach Barcelona. Auskunft erteilt die

Deutsche Touring-Gesellschaft
Am Römerhof 17
60486 Frankfurt/Main

Linienfluggesellschaften (Iberia, Air France, Lufthansa u. a.) bieten täglich **Flüge** von deutschen Städten zu den internationalen Flughäfen in Toulouse, Bordeaux, Bilbao und Barcelona an.

Charterflüge gibt es nach Gerona.

Die Städte Biarritz, Pau, Toulouse, Tarbes-Lourdes und Perpignan sind an das innerfranzösische Linienflugnetz angeschlossen und werden von kleineren Fluggesellschaften regelmäßig von Paris aus angeflogen.

AUSKUNFTSBÜROS

Französische Fremdenverkehrsämter

... in Deutschland:

40212 Düsseldorf
Berliner Allee 26
✆ 02 11-8 03 75

60325 Frankfurt/M.
Westendstraße 47
✆ 0 69-7 56 08 30

... in der Schweiz

8022 Zürich
Bahnhofstraße 16
✆ 01-2 11 30 85

1201 Genf
2 rue Thalberg
✆ 0 22-7 32 86 10

... in Österreich

1033 Wien
Landstraßer Hauptstraße 2
✆ 02 22-7 15 70 62

Spanische Fremdenverkehrsämter

... in Deutschland

40210 Düsseldorf
Graf-Adolf-Straße 81
✆ 02 11-37 04 67

60323 Frankfurt/M.
Myliusstraße 14
✆ 0 69-72 50 33/38

80331 München
Oberanger 6
✆ 0 89-2 60 95 70

... in der Schweiz

8008 Zürich
Seefelder Straße 19
© 01-2 52 79 30/31

1207 Genf
40 bld. Helvétique
© 0 22-7 35 95 94/95

... in Österreich

1010 Wien 1
Rotenturmstraße 27
© 02 22-63 14 25/66 31 91

Andorra besitzt keine Auskunftsstellen in deutschsprachigen Ländern.

Fast jeder Ort in Frankreich hat ein Fremdenverkehrsamt (Office de Tourisme) oder einen Verkehrsverein (Syndicat d'Initiative), die Prospektmaterial und Fahrpläne zur Verfügung stellen, Hotelzimmer vermitteln und Auskünfte erteilen. Einige Anschriften sind in den Einleitungskapiteln zu den einzelnen Wanderregionen zu finden.

Der Verkehrsverein von Andorra (Sindicat d'Iniciativa de les Valls d'Andorra), 5 rue Anna Maria Janer, Andorra la Vella, besitzt mehrere Zweigstellen in den Orten Pas de la Casa, Canillo, Ordino, La Macana, St. Julià de Lòria und Les Escaldes. Die Informationsbüros sind in kleinen Kiosken untergebracht, die direkt an den Hauptstraßen stehen und leicht zu finden sind. Ihre Leistungen entsprechen denen der französischen Verkehrsvereine.

In Spanien wurden in größeren Städten und Fremdenverkehrszentren Informationsbüros des Ministeriums für Transport, Tourismus und Kommunikation (M.T.T.C.) eingerichtet. In den anderen Orten gibt es teilweise lokale Fremdenverkehrsämter (Oficina de Información oder Centro de Iniciativas de Turismo). Sie erteilen die üblichen Hinweise und geben Prospektmaterial aus. Adressen finden Sie in den Einleitungskapiteln zu den Wanderregionen.

AUSRÜSTUNG UND PROVIANT

Für alle Hochgebirgswanderungen, aber auch für die meisten Touren in tieferen Lagen benötigt man unbedingt feste Bergschuhe, die die Knöchel umschließen und mit einem guten Profil Halt auf dem meist steinigen Grund bieten. Vor Antritt der Reise sollte man neue Schuhe auf jeden Fall schon zu Hause einlaufen, damit schmerzende Blasen und Druckstellen das Wandern nicht zur Qual machen.

Die Kleidung sollte der jeweiligen Witterung angepaßt werden.

In den Ferienzentren findet man problemlos Geschäfte aller Art. Vor allem in Frankreich und Andorra bleiben keine Wünsche offen. In entlegenen Gegenden, insbesondere in Spanien, kann sich die Versorgung bisweilen etwas schwierig gestalten. Doch hat auch hier jeder Campingplatz oder kleinere Ort einen Laden, in dem zumindest das Notwendigste erhältlich ist.

Wer sich mit Zelt oder Wohnmobil mehrere Tage im Gebirge aufhalten will, sollte vorher in einem größeren Ort für Verpflegung sorgen, da in den Wandergebieten des Hochgebirges der nächste Laden meist mehrere Kilometer entfernt ist.

CAMPING

In Frankreich besitzt fast jeder Ort einen oder mehrere Campingplätze. Während der französischen Ferien (Juli/August) empfiehlt es sich, bei den besser ausgestatteten Campingplätzen seinen Stellplatz schriftlich reservieren zu lassen. Auf einfacheren Plätzen (jedoch alle mit warmen Duschen ausgestattet) ist es dagegen auch während der Hauptsaison immer möglich, einen Stellplatz zu bekommen.

Andorra verfügt über zahlreiche gut ausgestattete, aber stark frequentierte Campingplätze im Haupttal, die wegen des Straßenlärms nicht zu empfehlen sind. Wer ruhige und weniger besuchte, dafür aber sehr einfache Plätze vorzieht, kann auf die Nebentäler ausweichen.

In den spanischen Pyrenäen gibt es weniger Campingplätze als in Frankreich. Jedoch besitzen sämtliche Fremdenverkehrszentren einen oder mehrere gut ausgestattete Plätze, die auch während des Hochsommers nicht überfüllt sind.

Die Campingplätze in den Pyrenäen sind in der Regel nur von Juni bis September geöffnet. Lediglich in Andorra und in den Küstengebieten findet man ganzjährig geöffnete Plätze. Verzeichnisse versenden die Fremdenverkehrsämter. Wildes Campen wird in Frankreich nur mit Genehmigung des Grundstücksbesitzers toleriert und ist im Nationalpark ganz verboten (doch wird einmaliges Übernachten im Zelt geduldet). Wohnmobile sind neuerdings in vielen Gemeinden und an Stränden nicht mehr erwünscht. Im Hochgebirge außerhalb der Ortschaften ist es meist ein Problem, ein Zelt zum Übernachten aufzuschlagen oder ein Wohnmobil für eine Nacht abzustellen. Ähnliches gilt für Andorra.

In Spanien ist wildes Campen grundsätzlich außerhalb der Ortschaften erlaubt. Da die spanischen Pyrenäen dünner besiedelt und weniger besucht sind als die französischen, gestaltet sich die Suche nach einem Platz für Zelt oder Wohnmobil meist einfach.

DEVISEN UND GELDWECHSEL

Kreditkarten, Euroschecks und Reiseschecks werden bei jeder Bank und Wechselstube akzeptiert. In Frankreich ist es inzwischen fast überall üblich, mit Kreditkarten (Visa, Eurocard) zu bezahlen. Inhaber von Postsparbüchern können sowohl in Frankreich (nur bei bestimmten Postfilialen) als auch in Spanien (bei den Postsparkassen) monatlich Geld im Gegenwert von bis zu DM 2000,– abheben. Beim Geldwechsel oder beim Einlösen von Schecks ist meist der Personalausweis oder Reisepaß vorzulegen.

Andorra hat keine eigene Währung. Offizielles Zahlungsmittel sind sowohl der französische Franc als auch die Peseta. Meist kauft man mit Peseten wesentlich günstiger.

DIPLOMATISCHE VERTRETUNGEN

... in Frankreich:

Deutschland

Botschaft:
75008 Paris
13–15, av. Franklin D. Roosevelt

Konsulate:
31000 Toulouse
24, rue de Metz

66000 Perpignan
12, bld. Wilson

Schweiz

Botschaft:
75007 Paris
142, rue de Grenelle

Österreich

Botschaft:
75007 Paris
6, rue Fabert

... in Spanien:

Deutschland

Botschaft:
28010 Madrid
Calle Fortuny 8

Schweiz

Botschaft:
28001 Madrid
Calle Núñez de Balboa 35
Edificio Goya

Österreich

Botschaft:
28046 Madrid
Paseo de la Castellana 180

Konsulat:
17000 Gerona
Carretera Barcelona 43

FESTE UND FEIERTAGE

Offizielle Feiertage sind ...

... in Frankreich:
Neujahr
Ostermontag
1. Mai
8. Mai (Waffenstillstand 1945)
Christi Himmelfahrt
Pfingstmontag
14. Juli (Nationalfeiertag)
15. August (Mariä Himmelfahrt)
1. November (Allerheiligen)
11. November (Waffenstillstand 1918)
Erster Weihnachtsfeiertag

... in Andorra:
Neujahr
6. Januar (Drei Könige)
Rosenmontag
19. März (Sankt Josef)
Karfreitag
Ostermontag
1. Mai
Christi Himmelfahrt
15. Mai (Isidor der Arbeiter)
Pfingstmontag
Fronleichnam
29. Juni (Peter und Paul)
15. August (Mariä Himmelfahrt)
16. August (Sant Roc)
8. September (Madonna von Meritxell)
1. November (Allerheiligen)
8. Dezember (Mariä Empfängnis)
21. Dezember nachmittags (Sankt Thomas)
Erster und Zweiter Weihnachtsfeiertag

... in Spanien:
Neujahr
6. Januar (Drei Könige)
19. März (Sankt Josef)
Gründonnerstag
Karfreitag
Ostermontag
1. Mai
Christi Himmelfahrt
Fronleichnam
24. Juni (Johannisfest)
29. Juni (Peter und Paul)
25. Juli (Sankt Jakob)
15. August (Mariä Himmelfahrt)
12. Oktober (Tag der Entdeckung Amerikas)
1. November (Allerheiligen)
8. Dezember (Mariä Empfängnis)
Erster Weihnachtsfeiertag

Daneben gibt es zahlreiche lokale Feste, die ihre Volkstümlichkeit bewahren konnten und daher besonders sehenswert sind. Den Auftakt bildet der Karneval im Februar, der in Prats-de-Mollo (Roussillon) am Sonntag mit dem traditionellen Bärenfest seinen Höhepunkt erreicht (s. auch ›Die Pyrenäen – Ein Wildtierrefugium‹, S. 26 f. und ›Der Bär‹, S. 158 f.).

Am Karfreitag finden in verschiedenen Orten des Roussillon (Arles-sur-Tech, Collioure, Perpignan) seit dem ausgehenden Mittelalter die traditionellen Prozessionen der Schwarzen Bü-

Sardana-Tanz

ßermönche statt. Die Mönche gehören dem Orden der Sanch (Blutorden) an, der den zum Tode Verurteilten beistand. Unter Lobgesängen tragen die in schwarze oder rote Kapuzenmäntel gekleideten Büßer die sogenannten *Misteris* (Passionsfiguren) durch die Straßen.

Der 30. Juni, der Tag des Heiligen Martials, ist in Irún Anlaß, den Sieg von 1521 im Kampf des Habsburgerreiches gegen Frankreich zu feiern. Dabei wird ein prächtiger Festzug *(Alarde)* mit Militärparade veranstaltet.

In Foix finden in der ersten Julihälfte mittelalterliche Festspiele mit Kostümparade, Licht- und Tonvorführungen statt.

Das größte Volksfest Navarras sind die *Sanfermines.* In der zweiten Juliwoche strömen zahlreiche Besucher zur Feria des Heiligen Firminus. Die Hauptattraktion dieser Feria, die Stierkampftage, beginnen mit den *Encierros.* Dabei werden die Kampfstiere durch die Straßen zur Arena getrieben, und junge Männer beweisen ihren Mut, indem sie mit den Tieren um die Wette laufen. Hemingway hat diese Szenen in seinem Roman ›Fiesta‹ auf eindrucksvolle Art beschrieben.

Am 8. September feiert Andorra seinen Nationalfeiertag mit einer Wallfahrt nach Meritxell. Alle Würdenträger des Zwergstaates sind bei der Messe zu Ehren der Muttergottes in vollem Ornat zugegen. Anschließend wird, der katalanischen Tradition entsprechend, ein Picknick auf den Wiesen bei der Kirche veranstaltet.

Ebenfalls am 8. September wird in Fuenterrabía die Befreiung von der zweimonatigen Belagerung durch die Franzosen 1638 während des Dreißigjährigen Krieges mit einem prächtigen Festzug *(Alarde)* gefeiert.

An den Wochenenden im Sommer kann man in vielen Pyrenäenorten Volksfeste miterleben, die das alte Brauchtum noch lebendig erhalten. So wird beispielsweise in Katalonien sonntags auf dem Stadtplatz der traditionelle Sardana-Tanz aufgeführt (s. auch ›Völker, Sprachen, Traditionen‹, S. 21). In Aragón begeistert der *Jota*, ein von Saiteninstrumenten begleiteter Bauerntanz aus dem 18. Jh., und im Baskenland finden Umzüge mit Tanz und Gesang sowie verschiedenste originelle Wettkämpfe statt.

GESUNDHEIT

Deutschland und Österreich haben sowohl mit Spanien als auch mit Frankreich Abkommen über soziale Sicherheit abgeschlossen. Bei Vorlage eines Auslandskrankenscheins erhält der Pflichtversicherte kostenlose ärztliche Behandlung. Mit der Schweiz besteht kein solches Abkommen. Den Merkblättern der Krankenkassen ist zu entnehmen, wie im Fall einer Erkrankung medizinische Hilfe der französischen oder spanischen Krankenversicherung in Anspruch genommen werden kann. Auslandskrankenscheine stellt Ihnen Ihre Krankenkasse vor der Reise aus.

Die Sachleistungen richten sich nach den in Frankreich oder Spanien üblichen Kostensätzen. Daher können im Einzelfall Kosten nicht abgedeckt sein, die die Krankenkasse im Heimatland übernehmen würde. Es empfiehlt sich also in jedem Fall der Abschluß einer privaten Reisekrankenversicherung.

KARTEN UND BÜCHER

Zur Übersicht sind die Straßenkarten von Michelin zu empfehlen (Blatt 989: Frankreich, Blatt 990: Spanien/Portugal). Den gesamten Pyrenäenraum deckt im Maßstab 1:400 000 die Carte Générale Touristique ›Pyrénées‹ ab (herausgegeben von IGN France, IGN España und Randonnées Pyrénéennes).

Für die französischen Pyrenäen sowie Andorra ist das Wanderkartenprogramm des Institut Géographique National empfehlenswert. Von der ›Carte de Randonnées‹ im Maßstab 1:50 000 sind 11 Blätter erschienen, die auch über den Buchhandel erhältlich sind.

Ein vergleichbares Wanderkartenprogramm (Mapa Topográfico Excursionista) gibt in Spanien der Verlag Editorial Alpina in Barcelona heraus. Es deckt die wichtigsten Wandergebiete der spanischen Pyrenäen im Maßstab 1:80 000, 1:40 000, 1:25 000 ab. Für alle anderen Regionen muß man auf die militärische topographische Karte (Mapa militar) im Maßstab 1:50 000 des Servicio Geográfico del Ejército zurückgreifen. Alle genannten spanischen Kartenwerke können über den deutschen Buchhandel bezogen werden.

Andorra gibt sehr gute topographische Karten in den Maßstäben 1:50 000 und 1:10 000 heraus (Mapes Oficials d'Andorra), die im örtlichen Buchhandel erhältlich sind.

Pflanzenbestimmungsbücher in deutscher Sprache, die sich nur mit den Pyrenäen befassen, gibt es nicht. Viele Pflanzen der Hochgebirgsregion findet man jedoch in den einschlägigen Werken zur Alpenflora wieder. Für die tieferen Lagen ist ein Bestimmungsbuch der Pflanzen Mitteleuropas von Nutzen, für die mediterran beeinflußten Ostpyrenäen bieten sich verschiedene Bücher über die Mittelmeerflora in deutscher Sprache an.

Sehr ausführlich und anschaulich, aber nur in französischer Sprache erhältlich ist das vom französischen Pyrenäen-Nationalpark herausgegebene, zweibändige Werk von Georges Dupias: ›Fleurs du Parc National des Pyrénées‹, das im örtlichen Buchhandel oder bei den Informationsstellen der Nationalparkverwaltung zu erwerben ist.

Zur Vorbereitung einer Pyrenäenreise empfehlen sich als Literatur:

Fittko, Lisa: Mein Weg über die Pyrenäen. Erinnerungen 1940/41, Hanser-Verlag, München 1985

Tucholsky, Kurt: Ein Pyrenäenbuch. Rowohlt TB-Verlag, Reinbek 1966

KLIMA UND REISEZEIT

Für Hochgebirgswanderungen ist die günstigste Zeit der Sommer (Juni bis September), wobei man in den französischen Pyrenäen nach Möglichkeit die Monate Juli und August vermeiden sollte, da in diese Zeit die französischen Ferien fallen. Ab Ende September kann es allerdings zu Kälteeinbrüchen kommen. Mit Schnee ist bis Anfang Juni zu rechnen.

In den tieferen Lagen der Ostpyrenäen ist das Wandern ganzjährig möglich, jedoch kann es in den Sommermonaten extrem heiß werden. Empfehlenswert ist vor allem die Blütezeit im Frühjahr (April bis Anfang Juni), aber auch die Zeit der Weinlese im September/Oktober.

Les Escaldes	Temperaturen (°C)			Niederschläge
	Mittl. Max.	Mittl. Min.	Mittelwert	mm/ Monat
Jan.	5,9	–1,3	2,3	34
Feb.	7,3	–1,1	3,1	37
März	12,3	1,7	7,0	46
April	14,2	3,8	9,0	63
Mai	16,9	5,9	11,4	105
Juni	23,0	9,7	16,4	69
Juli	26,1	12,4	19,3	65
Aug.	24,2	11,8	18,0	98
Sep.	21,8	9,6	15,7	81
Okt.	15,8	5,7	10,8	73
Nov.	10,3	1,8	6,1	68
Dez.	5,8	–0,8	2,5	69

Biarritz	Temperaturen (°C)			Niederschläge
	Mittl. Max.	Mittl. Min.	Mittelwert	mm/ Monat
Jan.	8,5	0,8	4,5	49
Feb.	10,1	1,3	5,4	46
März	14,4	4,1	9,0	53
April	16,9	6,1	11,4	50
Mai	20,3	9,4	14,8	75
Juni	24,4	13,0	18,6	61
Juli	26,8	14,7	20,8	44
Aug.	26,8	14,9	20,7	54
Sep.	23,7	12,9	18,0	64
Okt.	18,3	8,4	13,0	45
Nov.	12,7	4,6	8,3	51
Dez.	8,7	2,1	5,3	67

Perpignan	Temperaturen (°C)			Niederschläge
	Mittl. Max.	Mittl. Min.	Mittelwert	mm/ Monat
Jan.	11,8	3,7	7,5	39
Feb.	12,9	4,5	8,4	52
März	15,9	7,1	11,3	66
April	18,7	9,5	13,9	39
Mai	21,8	12,7	17,1	51
Juni	25,9	16,3	21,1	38
Juli	28,8	18,8	23,8	24
Aug.	28,4	18,7	23,3	31
Sep.	25,2	16,5	20,5	82
Okt.	20,3	12,1	15,9	74
Nov.	15,8	7,9	11,5	56
Dez.	12,5	5,2	8,6	87

Pic du Midi	Temperaturen (°C)			Niederschläge
	Mittl. Max.	Mittl. Min.	Mittelwert	mm/ Monat
Jan.	–4,6	–10,0	–7,3	124
Feb.	–4,8	–10,6	–7,7	74
März	–2,3	–8,3	–5,3	74
April	–0,5	–7,1	–3,8	80
Mai	2,7	–3,9	–0,5	61
Juni	7,0	0,6	3,8	71
Juli	10,5	3,7	7,1	52
Aug.	10,1	3,5	6,8	90
Sep.	7,2	1,2	4,2	82
Okt.	2,3	–3,0	–0,4	82
Nov.	–1,3	–6,8	–4,1	98
Dez.	–4,4	–9,4	–6,9	125

Die atlantiknahen Westpyrenäen zeichnen sich durch ganzjährig mildes Wetter aus. Auch im Sommer wird es hier nicht zu heiß, und man kann bis weit in den Herbst hinein im Meer baden. Vermeiden sollte man wiederum auf französischer Seite die Ferienzeit im Juli/August.

KRIMINALITÄT

An der Mittelmeerküste muß man mit Autoeinbrüchen und Trickbetrügereien rechnen. Im übrigen Gebirge ist die Kriminalität gering. Selbstverständlich sollte man auch hier die übliche Sorgfalt walten lassen. Auf einsamen Parkplätzen kommen auch hier ab und zu Autoeinbrüche vor. Am besten beugt man vor, indem man nichts offen im Auto liegen läßt und nach Möglichkeit an belebteren Stellen parkt.

NATIONALPARKS

In den französischen und spanischen Pyrenäen-Nationalparks sind Jagen, Sammeln von Pflanzen und Tieren sowie das Mitführen von Haustieren (auch an der Leine) strikt verboten. Ansonsten sind die Parks für jedermann frei zugänglich. Der Wanderer findet Parkplätze, ein markiertes Wegenetz, bewirtschaftete Berghütten, zahlreiche Schutzhütten und Campingmöglichkeiten vor.

An den Eingängen zu den Nationalparks befinden sich Informationsbüros, die auch geführte Wanderungen veranstalten. Außerdem stehen an vielen Stellen Informationstafeln, allerdings nicht in deutscher Sprache.

ÖFFENTLICHE VERKEHRSMITTEL

Nicht alle Ausgangspunkte für Wanderungen sind mit öffentlichen Verkehrsmitteln zu erreichen. Für Wanderer ohne Auto empfehlen sich daher vorwiegend die Wandergebiete ›Die Mittelmeerküste‹ (gute Bahn- und Busverbindung zwischen allen Küstenorten), ›Rund um den Kleinen Gelben Zug‹ (gute Bahnverbindung zu den Ausgangspunkten der Wanderungen), ›Zwergstaat Andorra‹ (gutes Busliniennetz), ›Nationalpark Aigüestortes‹ (Taxianschluß von Espot zum Nationalpark), ›Der Pilgerpfad nach Santiago de Compostela‹ und ›Die baskische Küste‹ (gute Bus- und Bahnverbindungen). Dagegen sind die Wandergebiete ›Das Land der Katharerburgen‹, ›Rund um Bagnères-de-Luchon‹, ›Der französische Pyrenäen-Nationalpark‹ und ›Nationalpark Ordesa‹ eher für Reisende mit eigenem Auto geeignet. Die Wandergebiete befinden sich oft in entlegenen, dünn besiedelten Gebirgsgegenden ohne Anschluß an Bus oder Bahn. Taxifahren oder Trampen sind dort die einzige Alternative zum Pkw.

ÖFFNUNGSZEITEN

In allen drei Ländern gibt es keine festen Ladenschlußzeiten. Die **Geschäfte** sind daher bis in die Abendstunden und, insbesondere in Frankreich, oft sogar am Sonntagvormittag geöffnet. Dafür wird (vor allem in Spanien) oft eine längere Mittagsruhe eingehalten. Die auf Einkaufstourismus eingerichteten Geschäfte in Andorra sind auch am Wochenende durchgehend geöffnet.

Banken sind in Frankreich meist am Montag geschlossen, dafür oft am Samstag geöffnet. Ansonsten gibt es keine einheitliche Regelung. In Spanien sind die Banken montags bis freitags von 9–13 Uhr geöffnet, Wechselstuben vielfach auch länger.

Die **Post** öffnet in Frankreich montags bis freitags von 8 oder 9–18.30 oder 19 Uhr, samstags bis 16 Uhr. Kleinere Filialen schließen oft über Mittag. In Spanien sind die Postämter von 9–13 und 16–18 Uhr geöffnet. Andorra besitzt keine eigene Post, sondern spanische und französische Postämter.

RESTAURANTS

Bei den einzelnen Wanderbeschreibungen wird auf Möglichkeiten zum Restaurant- oder Snackbar-Besuch hingewiesen. An vielen Ausgangspunkten für Wanderungen findet man Gaststätten, in denen man gut essen kann. In Frankreich werden oft recht preisgünstige Touristenmenüs (bestehend aus drei Gängen und einem Getränk) angeboten. In Spanien bietet man in vielen Kneipen (Bars) *Tapas* an, die von den

Einheimischen gegen Mittag zum Aperitif verzehrt werden. Es handelt sich dabei um verschiedene kleine Speisen, bespielsweise Tortilla (eine Art Omelette), belegte Brötchen oder Bauernschinken mit Brot. Sie können durchaus ein Mittagessen ersetzen. Auch in den recht einfachen Berghütten der Nationalparks kann man Kleinigkeiten zu essen bekommen.

SPRACHE

In Frankreich sollte man nicht mit Fremdsprachenkenntnissen der Bevölkerung rechnen. Abgesehen von den Küstenregionen ist man vorwiegend auf einheimische Touristen eingestellt. In Spanien kann man sich eher in Englisch, manchmal auch in Deutsch verständigen. Auf jeden Fall sollte man sich einige wichtige Bezeichnungen und Redewendungen in Spanisch beziehungsweise Französisch einprägen. Das Katalanische findet zwar eine gewisse Verbreitung in Andorra und Katalonien, doch kommt man hier gut mit Französisch oder Spanisch zurecht. Ebenso verhält es sich mit dem Baskischen, das auch von den Basken selbst kaum benutzt wird.

Hier einige wichtige Bezeichnungen, die man in den Pyrenäen immer wieder antrifft:

agua, aigüe	Wasser
aran	Tal
auberge	Herberge
borda, borde	Bauernhof
cabane	Hütte
camino	Weg
cañón	Schlucht
capilla	Kapelle
cascada, cascade	Wasserfall
chalet	Sennhütte
chapelle	Kapelle
château	Schloß, Burg
chemin	Weg
circ, circo, cirque	Talzirkus, Talschluß
cloître	Kloster
col, coll, collado	Paß
convento, couvent	Kloster
ermita, ermitage	Einsiedelei
estany, étang	Teich, See
font, fuente	Quelle
gave	Gebirgsbach
gouffre	Abgrund, Schlund
grada	Stufe
grange	Scheune
hourgette	steiler Paß
lac	See
llano	Ebene
maison	Haus
mas	Bauernhaus
mendi	Berg
monastère, monasterio	Kloster
mont, monte	Berg
parador	staatliches Hotel (in Spanien)
pic, pico	Berggipfel
plan, plateaux	Ebene
pointe, punta	Landspitze
pont, puente	Brücke
port, portarró, puerto	Hafen; Bergpaß
prat	Wiese
refuge, refugi	Berghütte
río, riu	Fluß
sendero, sentier	Pfad
torre, tour	Turm
vall, valle, vallée	Tal

Zur besseren Verständigung sollte man ein paar spanische und französische Redewendungen beherrschen

STROM

In Frankreich gibt es mit der Stromversorgung kaum Probleme (normalerweise 220 Volt Wechselspannung). Jedoch findet man in seltenen Fällen auch noch 110-Volt-Anschlüsse. In Spanien existieren ebenfalls unterschiedliche Stromspannungen, nämlich neben 220 Volt auch 125 Volt. Die Mitnahme eines Adapters kann in beiden Ländern nützlich sein, da keine einheitlichen Steckdosennormen vorgegeben sind.

TELEFON

In Frankreich gibt es kaum noch Münzfernsprecher. Es empfiehlt sich der Kauf einer Telefonkarte *(Télécarte)*, die bei der Post oder Kiosken erhältlich ist. Die Direktwahl ist nur bei Telefonzellen mit der Aufschrift ›International‹ möglich. Man wählt zunächst die 19 und nach Erklingen des Wähltons die Vorwahl des Heimatlandes (Bundesrepublik Deutschland: 49, Österreich: 43, Schweiz: 41), die Ortsvorwahl ohne Null und die Teilnehmernummer.

In Spanien kann man in Telefonzellen wahlweise mit Telefonkarten *(Tarjeta)*, erhältlich in Tabakläden, oder mit Münzen telefonieren. Man wählt zunächst 07, nach einem hellen Ton dann weiter, wie oben beschrieben. Andorra hat spanische und französische Postämter und ist daher an die Telefonnetze beider Länder angeschlossen.

UNTERKUNFT

In Frankreich werden die Hotels in fünf Kategorien unterteilt. Hotellisten erhält man über die Fremdenverkehrsämter. Da es kaum Einzelzimmer gibt, muß man als Alleinreisender meist ein Doppelzimmer zu einem kaum ermäßigten Preis nehmen. Die Doppelzimmer in einfachen Häusern verfügen über ein (recht schmales) französisches Doppelbett. Insgesamt sind Übernachtungen in Frankreich billiger als bei uns. Das französische Frühstück ist recht einfach.

Auch in Andorra gibt es Hotels und Pensionen aller Preisklassen, die während des Sommers oft ausgebucht sind. Es empfiehlt sich daher, im voraus zu buchen. Eine Hotelliste versendet das örtliche Fremdenverkehrsamt oder die Touristik-Delegation Andorra in Berlin.

In Spanien stehen Hotels (fünf Kategorien), Hostals (drei Kategorien) und Pensionen (drei Kategorien) zur Auswahl. Normalerweise bereitet es auch während der Hauptsaison keine Probleme, kurzfristig ein Zimmer zu bekommen. Im Gegensatz zu Frankreich stehen in Doppelzimmern meist zwei Einzelbetten. Das Frühstück ist auch hier sehr einfach. Besonders empfehlenswert sind die Paradores, staatliche Hotels, die in historischen Gebäuden an landschaftlich besonders schönen Stellen eingerichtet wurden. Diese hervorragend ausgestatteten, allerdings nicht ganz billigen Paradores gibt es in La Seu d'Urgell, Arties, Vielha, Sos del Rey Católico und Fuenterrabia. Vorausbuchung ist ratsam; die Aufenthaltsdauer auf 5 Tage begrenzt. Hinweise auf Unterkünfte und die besten Standorte finden Sie in den Einleitungskapiteln zu den Wanderregionen.

WEITERREISE

Die Pyrenäen bieten sich durchaus für einen mehrtägigen Zwischenaufenthalt auf der Durchreise nach Süden an. Von den Westpyrenäen kann man mit Pkw oder Eisenbahn nach Portugal, Madrid oder an die nordspanische Küste weiterfahren, nach Portugal auch mit dem Europabus. Von den Zentralpyrenäen gelangt man über Zaragoza nach Madrid oder an die spanische Mittelmeerküste, von den Ostpyrenäen über Barcelona an der spanischen Küste entlang nach Südspanien (Autobahn bis Alicante, Europabus bis Málaga) und eventuell weiter nach Marokko (Fährverbindungen von Málaga, Algeciras, Gibraltar).

ZOLL

Zollbegrenzungen für Waren, die für den Privatgebrauch bestimmt sind, gibt es bei Reisen innerhalb der Europäischen Gemeinschaft seit 1993 nicht mehr. Allerdings geht der Zoll in Deutschland bei Überschreitung gewisser Höchstmengen (800 Zigaretten oder 200 Zigarren, 10 l Spirituosen) davon aus, daß die Waren für gewerbliche Zwecke eingeführt werden.

Bei der Einreise nach Österreich oder in die Schweiz sind pro Person (über 17 Jahre) zollfrei: Waren bis zu einem Gesamtwert von öS 1000,– beziehungsweise sfr 200,–, außerdem 300 Zigaretten oder 150 Zigarillos oder 75 Zigarren, 5 l Wein oder 3 l Spirituosen (Alkoholgehalt unter 22 %) oder 1,5 l Spirituosen (Alkoholgehalt über 22 %).

Einst waren die Pyrenäen ein beliebter Übergang für Schmuggler

Für Duty-free-Einkäufe (auch bei der Einreise nach Deutschland) gelten verringerte Höchstgrenzen.

LITERATURHINWEISE

Ayat, A.: Château-Fort Libéria, Boulogne 1989

Biarge, F. u. Pontroué, J.-P.: Parque Nacional de Ordesa y Monte Perdido, Huesca 1985

Birman, L.: Le Parc National des Pyrénées, Malesherbes 1983

Del Burgo, M. A.: Roncesvalles, Leon 1987

Dendaletche, C.: Faune sauvage des Pyrénées, Toulouse 1985

Dendaletche, C.: Flore sauvage des Pyrénées, Toulouse 1988

Duhourcau, B.: Guide des Pyrénées mystérieuses, Paris 1985

Dupias, G.: Fleurs du Parc National des Pyrénées (2 Bände), Tarbes 1987

Editions Dino: Tourisme et voyage par le Petit Train Jaune de Cerdagne, Barcelona 1988

Enriquez de Salamanca, C.: Por el Pirineo Catalán, Madrid 1979

Goudin, P.: Roussillon. Guide touristique, Barcelona 1987

Parc National des Pyrénées: Les glaciers des Pyrénées, Tarbes 1985

Saint-Lebe, N.: L'ours des Pyrénées, Cahors 1987

Sarret, J.-P.: Le Château de Montségur, Carcassonne 1985

Serrus, G. u. Roquebert, M.: Château Cathares, Fonsegrives 1989

Société des Voies Ferrées Départementales du Midi: Chemin de fer a crémaillère de la Rhune, Pau 1983

PERSONENREGISTER

ORTS- UND SACHREGISTER

Bitte beachten Sie auch folgende Veröffentlichungen aus unserem Verlag:

Katalonien und Andorra

Von den Pyrenäen zum Ebro
Costa Brava - Barcelona - Tarragona - Die Königsklöster
Von Fritz Allemann und Xenia von Bahder. 368 Seiten mit 49 farbigen und 167 einfarbigen Abbildungen, 59 Plänen und Zeichnungen, 14 Seiten praktischen Reisehinweisen, Literaturangaben, Register (DUMONT Kunst-Reiseführer)
»Der Leser begleitet die Autoren nahezu leibhaftig auf ihren zahlreichen Kreuz- und Querwegen und läßt sich mit Sicherheit von ihrer Entdeckerfreude anstecken.« *FAZ*

Richtig Reisen: Katalonien

Von Hartmut Klüver. 303 Seiten mit 25 farbigen und 141 einfarbigen Abbildungen, 20 Karten, 12 Seiten praktischen Reisehinweisen, Register

DUMONT Video-Reiseführer

Katalonien

Von Sitges in die Pyrenäen
Ein Film von Jürgen Boettcher. Eine Produktion des Senders Freies Berlin. Video-Kassette im Schuber, Spielzeit 45 Minuten

Richtig Wandern: Cevennen und Languedoc

Von Hans Georg Deggau. 222 Seiten mit 28 Wanderungen und Spaziergängen, 16 farbigen und 76 einfarbigen Abbildungen, 29 Karten und Plänen, 13 Seiten praktischen Reise- und Wanderhinweisen, Register
»Hier hat sich jemand mit der Region, die er vorstellt, gründlich vertraut gemacht. Jedem Tourenvorschlag wird auch ein Kapitel über Regionalgeschichte und Alltagsleben zugeordnet.
Mit der Bildauswahl ist es gelungen, einer Gegend gerecht zu werden, die selbst vielen Franzosen fremd ist.« *Die Zeit*

Languedoc - Roussillon

Von der Rhône bis zu den Pyrenäen - Kunst, Kultur und Geschichte
Von Rolf Legler. 352 Seiten mit 48 farbigen und 145 einfarbigen Abbildungen, 102 Karten und Zeichnungen, 16 Seiten praktischen Reisehinweisen, Register, (DUMONT Kunst-Reiseführer)
»Dieser Kunst-Reiseführer ist ein kenntnisreicher und verläßlicher Begleiter bei einer Fahrt durch dieses schöne Land.« *Neue Osnabrücker Zeitung*

Richtig Reisen: Languedoc - Roussillon

Von Dirk Althoff. 396 Seiten mit 27 farbigen und 140 einfarbigen Abbildungen, 31 Karten und Plänen, 37 Seiten praktischen Reisehinweisen, Register

Südwest-Frankreich

Entlang der Jakobs-Pilgerwege vom Zentralmassiv zu den Pyrenäen
Von Rolf Legler. Etwa 300 Seiten mit etwa 34 farbigen und etwa 120 einfarbigen Abbildungen, 70 Zeichnungen, 10 Karten und Plänen, etwa 16 Seiten praktischen Reisehinweisen, Register, Literaturverzeichnis und Glossar (DUMONT Kunst-Reiseführer)

Richtig Reisen / Richtig Wandern

- <u>Ägypten</u>
  - Kairo
  - Sinai und Rotes Meer
- Arabische Halbinsel
- Australien
- Bahamas
- <u>Belgien und Luxemburg</u>
  - Belgien mit dem Rad

<u>Bundesrepublik Deutschland</u>

- »Richtig wandern«: Allgäuer und Ammergauer Alpen
- Berlin
- »Richtig wandern«: Bodensee und Oberschwaben
- Deutsche Ostseeküste
- »Richtig wandern«: Eifel
- »Richtig wandern«: Franken
- München
- »Richtig wandern«: Ostfriesland
- »Richtig wandern«: Sächsische Schweiz
- »Richtig wandern«: Thüringer Wald
- China
- Cuba
- <u>Dänemark</u>
  - Bornholm
- Finnland

<u>Frankreich</u>

- »Richtig wandern«: Bretagne
- »Richtig wandern«: Burgund
- »Richtig wandern«: Cevennen und Languedoc
- Elsaß
- Korsika
- »Richtig wandern«: Korsika
- Languedoc und Roussillon
- Paris
- »Richtig wandern«: Provence
- »Richtig wandern«: Pyrenäen
- <u>Griechenland</u>
  - Die griechischen Inseln
  - Kreta
  - »Richtig wandern«: Nordgriechenland
  - »Richtig wandern«: Peloponnes
  - »Richtig wandern«: Rhodos

<u>Großbritannien</u>

- London
- Nord- und Mittelengland
- »Richtig wandern«: Nord-England
- »Richtig wandern«: Schottland
- »Richtig wandern«: Englands Süden
- Süd-England
- Guadeloupe – Martinique
- <u>Holland</u>
  - Amsterdam
- Hongkong mit Macau und Kanton

<u>Indien</u>

- Nord-Indien
- Süd-Indien
- Indonesien
- Irland
- »Richtig wandern«: Island
- <u>Italien</u>
  - Ischia, Capri, Procida
  - Mittelitalien
  - Neapel
  - Oberitalien
  - Rom
  - Sardinien
  - »Richtig wandern«: Sardinien
  - Sizilien
  - Süditalien
  - »Richtig wandern«: Südtirol
  - Toscana

Richtig Reisen / Richtig Wandern

- »Richtig wandern«: Toscana und Latium
- Venedig
- Jamaica

Kanada und Alaska

- Ost-Kanada
- West-Kanada und Alaska
- Lappland
- »Richtig wandern«: Lappland

Luxemburg

- Belgien und Luxemburg
- Madagaskar – Komoren
- Malediven
- Marokko
- Mauritius
- Mexiko
- Nepal
- Neuseeland
- »Richtig wandern«: Neuseeland
- Norwegen

Österreich

- Graz und die Steiermark
- »Richtig wandern«: Kärnten
- »Richtig wandern«: Tirol
- Wien
- Ostafrika
- Philippinen
- Portugal
- Azoren
- Prag
- Reunion
- Schweden

Schweiz

- »Richtig wandern« Tessin
- Seychellen
- Spanien
- Andalusien
- »Richtig wandern«: Andalusien
- Barcelona
- Extremadura
- Gran Canaria
- Ibiza/Formentera
- »Richtig wandern«: Der spanische Jakobsweg
- Katalonien
- Lanzarote
- »Richtig wandern«: La Palma, La Gomera, El Hierro
- Madrid und Kastilien
- »Richtig wandern«: Mallorca (Herbst 1994)
- »Richtig wandern«: Der Osten Spaniens
- »Richtig wandern«: Pyrenäen
- Teneriffa

Südamerika

- Argentinien – Chile – Paraguay – Uruguay
- Peru und Bolivien
- Venezuela, Kolumbien und Ecuador
- Südsee (Herbst '94)
- Thailand
- Türkei
- Istanbul
- Tunesien

Ungarn

- Budapest

USA

- Florida
- Hawaii und Südsee
- Kalifornien
- Los Angeles
- Neu-England
- Südwesten – USA
- Texas
- USA – Der Westen
- Washington D. C.
- Zentralamerika
- Zypern